普特南的
实在论思想研究

刘佳男　　著

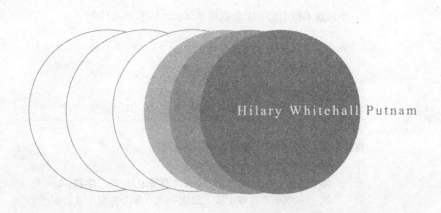

Hilary Whitehall Putnam

湖南大学出版社

内 容 简 介

本书试图关注普特南实在论思想转换的演进脉络和内在缘由，并挖掘其在现代科学哲学的演进过程中所扮演的角色和起到的作用。首先梳理了普特南实在论思想的研究脉络，之后从普特南思想研究的哲学基础、科学实在论的理论奠基方面，对从科学实在论到内在实在论的转变、自然实在论与感知的地位进行论述，最后总结了普特南实在论的多重面孔。

图书在版编目（CIP）数据

普特南的实在论思想研究/刘佳男著 . —长沙：湖南大学出版社，2020.1

ISBN 978-7-5667-1867-9

Ⅰ.①普⋯ Ⅱ.①刘⋯ Ⅲ.①普特南—实在论—思想评论 Ⅳ.①B712.59 ②B089

中国版本图书馆 CIP 数据核字（2019）第 278917 号

普特南的实在论思想研究

PUTENAN DE SHIZAILUN SIXIANG YANJIU

著　　者：刘佳男
责任编辑：刘　芳　　责任校对：刘湘琦
印　　装：长沙宏发印刷有限公司
开　　本：710mm×1000mm　16 开　印张：13.75　字数：226 千
版　　次：2020 年 1 月第 1 版　印次：2020 年 1 月第 1 次印刷
书　　号：ISBN 978-7-5667-1867-9
定　　价：48.00 元

出版人：雷　鸣
出版发行：湖南大学出版社
社　　址：湖南·长沙·岳麓山　　邮　编：410082
电　　话：0731-88822559（发行部），88821594（编辑室），88821006（出版部）
传　　真：0731-88649312（发行部），88822264（总编室）
网　　址：http://www.hnupress.com
电子邮箱：presszhusy@hnu.edu.cn

序　言

　　现代科学哲学的思想发展表现为如下趋势：不再认定科学能够具有一种稳定的内在基础、固化的形式原则或者统一的发展目标，进而要求将科学理解为一种社会化、情景化，具有差异性和地方性，处于持续调整和重组过程的属人活动。简而言之，科学哲学正在当下经历"历史化"的转向：科学家的自主行为和整个社会群体的互动不仅持续塑造着科学本身，而且还动态地描绘着科学的边界。不可否认的是，科学哲学的这种转向打破了自然与人类行为之间的边界，但这也引发了相当的思想困难，因为它触碰到了科学在常识事物中的起源问题。科学哲学已经无法回避这样的问题：如果科学同样隶属于人类日常的行为活动，那么我们为什么还需要科学？科学是否还应享有最高的权威？回答这些问题如今已迫在眉睫，因为科学进步与良序社会之间的矛盾已愈演愈烈。

　　试图理解科学哲学持续"历史化"的深层原因促使我们关注科学哲学内部的理论发展。由于分析哲学同样试图运用分析的方法对语言与经验等问题进行理解，科学哲学的兴衰可谓依附于分析哲学的自我演进。当科学哲学走向历史的同时，分析哲学内部也出现了向所谓"新实用主义"的转向。那么，一个有关科学及其地位的常识性问题就转化成了一个学术性问题：分析哲学何以走向了自身的反面？毫无疑问，在分析哲学自我解构的过程当中，当代理论大家普特南是一个无法被绕过的焦点。他以不拘泥于各种主义之争的广阔视野，持续为现代思想提供着独特的智识资源。一方面，在普特南的哲学生涯划上句号之后，重新系统、全面地审视普特南思想的宏旨与内涵成了眼下的当务之急。另一方面，我们是否能够挖掘出普特南诸种实在论转换的内在线索和深层脉络，进而探索分析哲学向"新实用主义"转向的哲学理路，构成了对普特南思想进行再次解读的重要动机。

　　在早期的科学实在论中，普特南就试图反对自笛卡尔以降的近代二元论传统。在普特南看来，这种传统以人与世界的"固化"和"疏离"作为其根本特点。因此，普特南通过驳斥分析与综合的二分法并打造外在论的语义学，恢复了科学对现实世界形成持续认识的渐进能力。但普特南的科学实在论仍然假设了下述前提：科学认识的是一个业已被造就的对象性世界，它可以被理论因果性地总体把握。为了破除其早期思想中暗含的这种"绝对世界观念"的本体论图景，普特南开始转向其思想的中期阶段。通过强调概念相对性的作用，内在实在论试图主张对任何事物的理解都将是认知性的，即依赖于人自身差异化的观念建构活动。由旁观世界的"上帝之眼"向人处于世界的行动者视角的转移，使普特南走向了人与世界的缠结观。科学的目标将是认知性观念不断明晰与进步的过程。然而由于所有来自世界的直接性都被理解为主体的观念化产物，内在实在论难以与无视世界的唯我论相互区分。在晚期的自然实在论中，普特南通过强调心灵与实在能够形成无中介的直接沟通，从而试图在保持二者相互缠结的同时，承认世界的实存性和开放性。科学因此将是心灵伴随实在持续交流的没有止境的动态过程。

普特南诸实在论的演进动力和内在脉络表现出如下的根本特点：第一，反对固化的世界和必然的本质，从而以动态发展的视角来理解世界；第二，认为人对自身和世界的认识都将处于一种不断进步的过程之中，任何知识都必须服从来自后世的修订；第三，反对人与世界的相互分离和各自封闭，进而主张心灵与实在的直接沟通或紧密缠结；第四，将人类的日常生活与对深层实在的根本关切相互结合。人类历史因此既是对实在的阐明，又是实在通过人的自我显现。总而言之，普特南的实在论展现出这样的思想特质：科学对自然的理解并非一劳永逸地判明世界的整体，而是涉入一个开放性的世界并与之持续交流的过程。

对普特南诸种实在论的哲学品质进行深入考察，能够为我们理解分析哲学的转向提供一条极有价值的线索。这种实用主义转向具有两个基本性的特征：其一是对世界直接的所予性观念发起攻击；其二是要求破除在人与世界之间的诸种"二分法"教条。其结果是伴随着感觉材料、语义结构等传统哲学范畴的失落，世界作为"原型"的地位受到了前所未有的质疑。这最终导致了对科学的重新审视，即认为科学或对自然的理解，从根本上讲只是一种属人的社会活动。

目　次

第一章　普特南实在论思想的研究脉络

第一节　当代科学哲学的整体转向

作为 20 世纪异军突起的智识现象，科学哲学一度经历过令人艳羡的辉煌。它曾以一种极富自信的强健形象笃信：只有如现代科学那般具有精确性、数学性与客观性的知识才是人类认识的典范。因此，哲学的使命就在于充分理解现代科学的运作模式，从而整肃凌乱虚弱的哲学现状。一旦判明科学获取知识的方式和手段，就能彻底回答一切与本体论、认识论相关的哲学问题，进而一劳永逸地安顿哲学的处境。科学哲学曾以此为纲领，严肃谨慎地试图捕获科学行为中任何可能的形式化原则与规范性依据，这促使科学哲学成功晋升为 20 世纪学院哲学的引力中心之一。然而，谁都无法否认科学哲学在当下所处的颓势，它正在逐渐丧失昔日拥有的生命力和影响力，进而不再信任一度作为自身基础的种种哲学规划。科学哲学曾经赞赏思维的清晰和严密，并拒绝把那些无法通过形式分析而得到阐明的思辨直觉纳入到哲学的范围之内。然而，科学哲学如今却在相当程度上经受着自我怀疑和自我解构。那些认为自然可以被一种系统性的理论所概括，而理论可以还原为纯粹形式的逻辑结构的基础主义，已经在科学哲学内部激起了广泛的纠偏。① 如果科学理论真的指向一个作为整体的自然，或者说指向一个能够被思维所把握的统一体，那么认识自然的努力本身就不能独立于人与自然的任何一方而得到单独理解。换言之，科学理论不能够脱离主体及其情境而获得全部意

---

① Joseph Rouse. Engaging Science: How to Understand its Practices Philosophically [M]. Chicago: Cornell University Press, 1996: 19-25.

义，而自然作为包含万物万象在内的整体，也不可能服从一种单调、片面的技术性分析。

科学哲学对自身理论前提的怀疑和动摇，在相当程度上开启了伊恩·哈金所谓的哲学家一贯缺少的"历史感"的全面解放。① 在学科内部，实证主义的传统科学观正在被一种普遍的"科学人文主义"取而代之。② 其特点是不再僵化地强调科学行为中的自然现象与人为现象之间具有刻板的严格区分。这种人文主义如今广泛地弥散在被称为"科学人类学""科学解释学"与"科学修辞学"等进路之下，进而主张任何科学所追求的客观性中都含有被人类价值所支配的旨趣成分。因此，任何物理或生理过程都需要通过人类自我诠释或自我表达的修辞现象来得到理解。与此同时，对实验室中的科学家行为进行的实际考察摧毁了那种认为自然可以在人工的拷问下温顺地展现出均质性与齐一性的理念。③ 默会行为与地方性知识的发现进一步促使思想不再认定科学能够拥有一种统一的形式化原则，而科学知识的获取和积累亦难以参照固定的行为模式。④ 我们可以把当下的发展趋势描述为一种要求作为主体的人和作为客体的世界再度融合的努力，进而承认无论面对现在还是过去，都需要充分肯定人类作为自主的精神参与建构世界的过程。然而，这将意味着科学哲学必须被一种科学的历史研究所取代，因为科学家们的自主行为和整个社会群体的广泛互动持续塑造着科学本身。对科学在不同历史时期下实际的发生状态进行考察远比将科学理解为不变的固化整体来得更有意义。

科学哲学的一系列变化向我们展示了这一学科如今的处境。思想似乎已经在人与世界的二元对立当中做出了自己的选择："人"而非"世界"，才是问题的核心。人并非通过委身于自然之下寻求自身的意义；相反，自然必须屈服于人类历史化的知识建构行为。如此一来，科学知识生产就具有文化上

---

① Ian Hacking. Historical Ontology [M]. Cambridge：Harvard University Press，2002：36-43.

② 孟建伟. 论科学人文主义 [J]. 自然辩证法通讯，2006（2）：9-15.

③ Bruno Latour，Steve Woolgar. Laboratory Life：The Construction of Scientific Facts [M]. New Jersey：Princeton University Press，1986：55-67.

④ Harry Collins. The Golem：What You Should Know about Science [M]. NY：Cambridge University Press，1998：89-94.

的天然性和自主性，并在根本上服从于人本身的偏好、目的和信念。科学就是人类自我诠释的活动，这种活动同时是时间性的，即永远处在不断变化的过程当中。这种洞察为科学哲学带来了范式上的剧变：必须以历史的持续流变，或者科学发展的时间性为依据，才能为现代科学提供合法化的辩护。

温和的历史主义如劳丹、拉卡托斯等试图将科学史打造为具备内在结构的规范化事业，拥有朝向某一确定目标的显著进步性。无论是拉卡托斯致力描述知识增长的理性研究纲领，还是劳丹为了说明科学解题能力的网状辨明模型，都为科学史提供了一种稳定的发展目标和统一的递进结构。其结果是，包括夏皮尔和盖里森等人在内的情境历史主义者一致同意需要再次解构科学的历史，破除那种对科学史整体结构的普遍性崇拜，进而强调科学只运作于诸问题明确的专门领域，并各自发展出不同的差异化原则。情境的历史主义为科学史提供了一种碎片化、非还原、交错式的诠释图景，但也令那个在事态中行动着的历史主体暴露于世。为了保证科学事业的合法性，情境历史主义者不得不乞援于将历史主体设想为理性的行动者，能够在充分明确的条件下做出合理的选择。当哲学的视线聚焦于历史主体本身时，历史主义就迎来了它最终的形态。在本体论领域以法因、科学文化领域以劳斯为主要代表，激进的历史主义反对就历史主体及其行为、产物强加任何外在的、事先的假设。哲学能对科学做出的唯一理解就是承认科学永远处于持续重组的变化之中，除此之外任何试图做出进一步阐释的哲学努力都是对科学本身的"施暴"。科学的历史进而是一种没有尽头的延续，一种历史主体持续释放自发性，从而促使科学不断自我分化的过程。

如此我们必须去追问，事情何以演变为当下这副局面？想要一劳永逸地回答该问题无疑是狂妄的，但在某种程度上，我们还是需要去关注科学哲学内部的理论基础在过往一个世纪内的自我演变。科学哲学从"哲学的语言转向"开始，进而演变为包含语言哲学、心灵哲学、认知哲学、经验论、观念论、实在论、反实在论等诸种领域在内的范围庞大的学派。然而，无论科学哲学如何拓展自身的规模，他都在相当长的历史时期内保留了一种独特的旨趣。那就是以逻辑性推论思维作为基础的技术手段，他盛赞理论的严密和清晰，不惮嘲讽那些在他看来是巨大错误的哲学传统。这种运用数学或者准数学技巧来处理智识资源以获得成功的方式，不消说，其产生于对现代科学的模仿。但是，科学哲学在当代却发生了诸多值得关注的变化，那些弗雷格的追随者们如今正被杜威和詹姆斯的仰慕者取而代之，在塞拉斯、蒯因、普特南、戴维森、古德曼、斯特劳森、罗蒂、布兰顿等人的协力下，科学哲学已经近乎摒弃了那种认为人类语言和经验可以还原为诸种单独的、必然陈述的基础主义解释，继而接受了一种有关认识者如何与世界相互作用的行动者视角。最终拒绝承认自在的世界与依据人类信念所显见的世界之间的区别。如今，维特根斯坦的名言"我们的语言是我们的界限"，已经被罗蒂创造性地改换为"我们的语言标示了自然的可能性"。①

总结来看，科学哲学的实用主义和历史主义转向促使整体思想从一种系统性的理论封闭中解脱了出来，进而开始重新审视人在现实世界中的行为方式。然而这种面向日常生活的回归使科学哲学展现出一种与它的对手存在主义相互和解的趋势。科学哲学已经通过自己的方式独立达到了尼采和海德格尔的洞见：世界在其本身之内具有一种构造，与主体性和解释无关，这是一种必须被打破的贫乏假设。甚至可以说，只有在完全由主体预先形成的视角和观念之下，一切对事物的逻辑推理和经验观察才是可能的。在呈现于我们面前的世界和由我们所建构的世界之间，不存在任何本质性的区别。总而言之，当代科学哲学走到了这样一种历史主义的立场，这种立场包含着三个根本性的洞见。第一，希腊意义上作为整体的直观自然是无法得到的，能够得到的只有依附于人类语言建构的属人世界。第二，完全客观的经验和真实的实在是无法得到的，能够得到的只有主体对其诸种不同的理解方式。第三，主体的不同理解处于持续的变化当中，因而对科学与世界均不存在任何稳定的、唯一的解释。无可置疑的是，我们正处在这样一种时代背景之下：由现代理性主义所构建的形式法则正摇摇欲坠，而思想在当下的一系列转变却迫使我们接受这样一种局面，即唯一可以仰仗的只有人类的生存激情，除此之外的任何原则和规范都是由我们自己发明的虚假约束。作为"沉思"的哲学生活因而被转变为一种激进的"行动"，陶醉在由自己所创造的世界之中。这种陶醉如今就标示了那难以规约的现代性：它必须为科技创新的激情给予

---

① Richard Rorty. Contingency, Irony, and Solidarity [M]. Cambridge: Cambridge University Press, 1989: 77-80.

无限的优先性，必须将科技在未来进步的可能转变为新的信仰。因为思想已经不再能够确定任何外在的客观约束，赞颂持续涌现的历史本身便成为了他唯一的选择。

第二节　持续演变中的普特南实在论

本书的理论背景已经由上述段落所呈现。在最表面的层次上，我们从中看到了科学哲学当下的困境，即它有被科学的历史研究所取代的风险。形式主义和基础主义的失败引起了科学哲学对自身信条广泛而全面的反思，从而开始强调语言和心灵的作用方式从根本上无法脱离人的社会实践和生活环境。在伴随着科学哲学转向历史的过程中，有一个人物不仅贯穿了科学哲学发展的始终，更亲自推动了科学哲学的种种变革。这个人物即希拉里·普特南。普特南素以其实在论思想的善变而著称，作为赖辛巴赫的弟子，其本人经受了充分的分析式思维训练，并一度坚信科学哲学的使命就是对语言与心灵的作用进行阐释，从而令科学能够向我们揭示真实的世界。然而，普特南本人亦参与了拆毁科学哲学赖以作为基础的诸多思想教条，并亲手促成了分析哲学向实用主义的蜕变。

不可否认的是，普特南因为经常更新自己对实在论问题的看法而闻名于世。从最初的科学实在论，经过内在实在论，达到晚近的自然实在论或直接实在论。普特南实在论思想的更替甚至令他的哲学同行和研究者们都感到无比困惑，以致理查德·罗蒂坦言"实在不知道他的立场与我的有何种不同"①。然而，普特南不断改换自己对实在论问题的基本看法却为我们洞察科学哲学转向历史的过程提供了一条捷径。某种程度上，普特南实在论思想的流变本身就伴随了历史意识对哲学的取代。可以据此将问题再向前推进一步：如果能够为普特南诸种实在论思想的转变提供一条内在的线索，或者能够真正理解普特南思想的深层脉络，那么就得或多或少地切近问题的核心。

---

① Richard Rorty. Consequences of Pragmatism [M]. Minneapolis: University of Minnesota Press, 1982: 56.

普特南思想的持续变化构成了我们深入考察其实在论内涵的重要契机。

因此，本书所关注的基本问题包括以下几点：

第一，普特南不同阶段的实在论思想各自有什么根本性的特点；

第二，催动普特南不断转换其实在论思想的内在动机和线索是什么；

第三，普特南实在论思想的流变背后，包含怎样的深层脉络和哲学立场；

第四，对普特南的认识是否能够向我们揭示历史取代哲学的真正原因。

对当代科学哲学、语言哲学还是心灵哲学来说，普特南都是一个无法被绕过的重点。其以不拘泥于各种主义之争的广阔视野，持续为现代思想提供着独特的智识资源。然而普特南对哲学多种多样的贡献无疑也为完整地评估他的思想带来了难度。因此，针对单纯的普特南研究来讲，本书将可能在如下两个层次上具有一定意义。第一，长期以来，研究者们乐于谈论普特南在不同时期内诸种实在论的差异，并把挖掘其早期与晚近思想的共通之处作为一种有益的哲学探索。笔者试图全面地再次审视普特南诸种实在论思想的宏旨与内涵，理解推动普特南变换自身实在论思想的原因，解读其在各个领域的哲学论述所具有的连贯性和一致性。第二，对于伴随普特南结束其哲学生涯的我们来说，如何在细致阐述普特南前后期思想的基础上对其本人理解哲学的方式，以及看待世界的根本态度进行判明就成为了眼下的当务之急。本书试图勾勒普特南自身所具有的哲学视野及其理论的真实意图，并尽力为其实在论的种种根本特点及其思想演进的内在机理提供一种统一的解释。

除此之外，本书亦是通过解读普特南实在论思想来理解科学哲学向历史转变的深层原因的一次尝试。如前所述，在理性主义中诞生的历史意识是一切问题的关键。历史意识不仅拒斥任何永恒不变的原则和规范，也反对任何超越于人本身的自然秩序和外在依据。尤其突出的是，历史主义不再承认自然与人之间能够存在任何清晰的界限，从而导致了自然本身被人工的建构物所取代。对历史主义而言，最高的价值被确立为进步主义的发展，或者单纯时间性的生成和分化的过程。因此，本书即是试图通过阐释普特南的实在论思想，来理解在科学哲学和现代理论中，历史意识所扮演的角色和承担的功能。尤其是考察在普特南本人的理论中是否体现了这种历史意识的重要影响，而历史意识又在哪些方面从根本上塑造了普特南的实在论思想。同时，本书还试图借助对普特南的阐释来为现代思想中历史意识、进步意识的崛起提供一种可理解的源头，探索二者之间可能具有的深刻关联。这种探索将超越单纯的理论领域，从而审视普特南本人拥有的复杂立场。这也会对我们理解当下科学哲学的处境和困难，努力使科学哲学重新回到学界视野的中央具有一定的积极意义。

　　鉴于普特南本人思想的不断变化，也鉴于普特南曾亲自承认他过去思想所犯下的一些错误，那么该如何处理思想家的这种扬弃的哲学态度呢？是把普特南看作一个不断犯错，乃至在许多地方水平还不及常人的失败者；还是把他看作一个具有穿透表层的深邃视野，从而不得不给人以自相矛盾的表面印象的哲学家。毫无疑问，本书对后一种态度有着更多的同情。因为研究者已经清醒地意识到，在哲学家承认失败的地方，亦留下了深入的思考。那种随意评价哲学理论对错的研究，无非是用自己的眼光抹平了思想者所留下的路标。如此一来，进入哲学深层的入口就被单纯地掩盖了。笔者秉承在批判之前应首先获得哲人自身的视野，并跟随这种视野拨开迷雾前往问题的最艰深处。在这里，本书所讲的哲学讨论乃是一种探寻的工作：当它注视时，它意在寻求。如果能够对科学哲学在当下的处境形成一种片面但却值得回味的理解，本书也就达到了自身的使命。

第三节　普特南思想研究的国内外现状

　　由于普特南本人在西方现代哲学界的活跃表现，以及其在各个主要问题领域所做出的卓越贡献，对普特南哲学思想的研究和探讨自上个世纪以来就在理论界占据了一席之地。这些探讨不仅针对普特南在各个时期的实在论思想，也涵盖对普特南的个别性理论做出的阐释和批判，且包括对普特南总体思想所表现出的哲学气质给予的关注。与此同时，许多著名的或重要的当代哲学家也都在各自的著作中提及了普特南本人的思想，并试图对普特南提出的各种理论进行回应或探讨。这些都构成了理解普特南思想的重要基础。具体而言，在现有的研究文献中值得提及的如下所列。

G. H. Merrill 在论文《反对实在论的模型理论论证》中，探讨了普特南中期的内在实在论思想与其所凭借的模型论之间的关系问题，尤其是这种理论能否与实在论的主旨相互兼容。① Jennifer Case 在论文《普特南多元主义实在论的中心》里，分析了普特南多元主义实在论思想的来源和观念相对性的特点，普特南本人给予了亲自答复。② Dermot Moran 在论文《希拉里·普特南与伊曼纽尔·康德：两种"内在实在论"?》中，详细说明了普特南内在实在论观点的哲学根源，即康德思想对他的影响及其理论方面的具体体现。③ Luca Bellotti 在论文《普特南与建构性》中，试图对比包括数学模型论和集合论与普特南实在论思想之间的区别，探讨实在论与建构论之间的关系。④ David Liggins 在论文《蒯因，普特南与"蒯因-普特南"不可或缺性论证》中，试图从普特南在数学哲学中提出的不可或缺性论证入手，分析他在本体论层次上的哲学立场。⑤ Panu Raatikainen 在论文《普特南，语言与世界》中，通过回顾普特南的实用主义思想与实在论立场相互融合的过程，试图阐释普特南看待世界的某种根本性立场。⑥ Panu Raatikainen 的另一篇论文《更多有关普特南与塔尔斯基》，则试图对比普特南本人与塔尔斯基的语义学和真理观，重点阐释了二者在语言转译、元语言和语义真理方面的思想差异。⑦ Gordon Steinhoff 在论文《普特南与"经验客体"》中，探讨了普特南的科学实在论与数学实在论，尤其试图说明普特南如何将物理和数学对象理解为一种经验性事物的过程。⑧ Jane McIntyre 在论文《普特南的大脑》中，试图通过普特南的心灵哲学，尤其是他本人提出的功能主义论证和钵中之脑的科幻叙事，来把握普特南从中展现出的哲学立场。⑨ Neil

---

① Merrill G H. The Model-Theoretic Argument Against Realism [J]. Philosophy of Science, 1980 (47): 69-81.

② Jennifer Case. The Heart of Putnam's Pluralistic Realism [J]. Revue Internationale de Philosophie, 2001 (4): 417-430.

③ Dermot Moran. Hilary Putnam and Immanuel Kant: Two "Internal Realist"? [J]. Synthese, 2000 (123): 65-104.

④ Luca Bellotti. Putnam and Constructibility [J]. Erkenntnis, 2005 (62): 395-409.

⑤ David Liggins. Quine, Putnam, and the "Quine-Putnam" Indispensability Argument [J]. Erkenntnis, 2008 (68): 113-127.

⑥ Panu Raatikainen. Putnam, Languages and Worlds [J]. Dialectica, 2001 (55): 167-174.

⑦ Panu Raatikainen. More on Putnam and Tarski [J]. Synthese, 2003 (135): 37-47.

⑧ Gordon Steinhoff. Putnam on "Empirical Objects" [J]. Dialectica, 1989 (43): 231-248.

⑨ Jane McIntyre. Putnam's Brains [J]. Analysis, 1984 (44): 59-61.

Williams 的论文《普特南传统的新本质主义》尝试从本体论的角度描述普特南看待"本质"的特别立场，并对比了普特南的"本质主义"与过往思想的不同。① David Hildebrand 的论文《普特南，实用主义与杜威》梳理了普特南实用主义实在论与经典实用主义者杜威思想之间的渊源，比较了二者在伦理学、相对主义和宗教观上的差异。② Mark Gottlieb 的论文《普特南与指称的自然化》抓住了普特南对一种他称为"形而上学实在论"的攻击，作者试图以此来分析普特南的思想转换。③ Jonathan Tsou 在论文《普特南对先验性的描述与科学变化：历史与当代的兴趣》中，探讨了普特南对先验认识论的持续反诘，并阐释了普特南专注于科学变化发展的过程。④ Janet Folina 的论文《普特南，实在论与真理》选择从宏观的角度分析普特南实在论与反实在论并存的思想特质，探讨了普特南对真理与客观性问题的理解。⑤ Timothy Bays 发表了一系列针对普特南实在论思想和数学哲学的阐释论文，包括《有关普特南与他的模型》⑥《更多有关普特南的模型：答复贝洛蒂》⑦《弗洛伊德与普特南有关维特根斯坦与哥德尔》⑧《两种反对实在论的论证》⑨《查理的问题：针对普特南、刘易斯和威廉斯的评论》⑩ 等等。Steven Gross 的论文《普特南，情境与实在论》，探讨了普特南后期思想中本体领域与现实领

---

①　Williams N E. Putnam's Traditional Neo-Essentialism [J]. The Philosophical Quarterly, 2011 (61)：151-170.

②　David Hildebrand. Putnam, Pragmatism, and Dewey [J]. Transactions of the Charles S. Peirce Society, 2000 (36)：109-132.

③　Mark Gottlieb. Putnam on Naturalizing Reference [J]. Iyyun: The Jerusalem Philosophical Quarterly, 1996 (45)：67-78.

④　Jonathan Y T. Putnam's Account of Apriority and Scientific Change: Its Historical and Contemporary Interest [J]. Synthese, 2010 (176)：429-445.

⑤　Janet Folina. Putnam, Realism and Truth [J]. Synthese, 1995 (103)：141-152.

⑥　Timothy Bays. On Putnam and His Models [J]. The Journal of Philosophy, 2001 (98)：331-350.

⑦　Timothy Bays. More on Putnam's Models: A Reply to Belloti [J]. Erkenntnis, 2007 (67)：119-135.

⑧　Timothy Bays. On Floyd and Putnam on Wittgenstein on Gödel [J]. The Journal of Philosophy, 2004 (101)：197-210.

⑨　Timothy Bays. Two Arguments against Realism [J]. The Philosophical Quarterly, 2008 (58)：193-213.

⑩　Timothy Bays. The Problem with Charlie: Some Remarks on Putnam, Lewis, and Williams [J]. The Philosophical Renew, 2009 (116)：401-425.

域的缠结性。① 另外 Ernest Sosa 的论文《普特南的实用主义实在论》，详细
描述了普特南思想中的各种倾向及其理论体现。② 在普特南生前的最后著作
《自然主义、实在论与规范性》中，普特南本人充分地对索萨的研究成果进
行了逐一回应。③

　　除了上述论文之外，对普特南的研究还有一系列完整性的专门著作和论
文集，包括提及或评价普特南本人思想的著作等等。其中主要的：
Christopher Norris 在 2002 年出版的《希拉里·普特南：实在论，理性与不
确定性的用途》中，围绕普特南对暂时性、不稳定性，以及动态性的诉求，
完整而详尽地阐释了普特南实在论思想的发展变化。④ Nicholas Rescher 在
1987 年出版的《科学实在论：一次重要的再评价》中，回顾了普特南早期的
科学实在论思想。⑤ Barry Stroud 在 1984 年出版的《哲学怀疑论的重要性》
中，描述了普特南的内在实在论思想与一种笛卡尔主义的怀疑论之间的联
系。⑥ 同时，Michael Williams 也在其 1996 年的著作《不自然的怀疑：认知
性的实在论与怀疑论的基础》中，阐释了对普特南内在实在论与怀疑论哲学
分享的内在基础。⑦ Neil Tennant 在 1987 年出版的著作《反实在论与逻辑》
中，通过阐释逻辑哲学与模型理论，探讨了普特南内在实在论与反实在论之
间的关系。⑧ Crispin Wright 在 1987 年出版的著作《实在论，意义和真理》⑨

---

① Steven Gross. Putnam, Context, and Ontology [J]. Canadian Journal of Philosophy, 2004
(34)：507-553.

② Ernest Sosa. Putnam's Pragmatic Realism [J]. Journal of Philosophy, 1993 (90)：605-626.

③ Hilary Putnam. Naturalism, Realism, and Normativity [M]. Cambridge, Massachusetts：
Harvard University Press, 2016：61-66.

④ Christopher Norris. Hilary Putnam：Realism, Reason and the Uses of Uncertainty [M]. NY：
Manchester University Press, 2002：10-12.

⑤ Nicholas Rescher. Scientific Realism：a Critical Reappraisal [M]. Dordrecht：D. Reidel, 1987：
1-9.

⑥ Barry Stroud. The Significance of Philosophical Scepticism [M]. Oxford：Oxford University
Press, 1984：27-28.

⑦ Michael Williams. Unnatural Doubts：Epistemological Realism and the Basis of Skepticism
[M]. NJ：Princeton University Press, 1996：1-10.

⑧ Neil Tennant. Anti-Realism and Logic [M]. Oxford：Clarendon Press, 1987：150-151.

⑨ Crispin Wright. Realism, Meaning and Truth [M]. Oxford：Blackwell, 1987：262-270.

中，以及 1992 年的著作《真理与客观性》① 中，均评价了普特南看待真理、实在与客观性概念的不同视角。William Alston 于 1996 年出版的著作《一个有关真理的实在概念》中，探讨并评价了普特南实在论思想所包含的真理观及其变化。② 1994 年由 Peter Clark 与 Bob Hale 编撰的论文集《阅读普特南（1994）》③，收录了诸多著名哲学家为普特南思想所专门撰写的论文，其中包括 Simon Blackburn 与 David Wiggins 等人的文章。晚近一些的论文集或专著包括 2005 年由 Yemima Ben-Menahem 编撰的论文集《希拉里·普特南（2005）》④，收录了包括 Nancy Cartwright、Richard Bernstein、Axel Muller 等当代重要的科学哲学家对普特南思想的启发性阐释，极具参考价值。2006 年由 Maximilian de Gaynesford 编撰的论文集《希拉里·普特南（2006）》⑤，以普特南所关注的基本问题和其思想的历时性变化为线索，总结了大量阐释普特南的文章。2010 年由 Alan Malachwski 出版的专著《新实用主义》⑥ 中，以"普特南的贡献"为一章，专门介绍了普特南后期的实用主义思想。2014 年由 Charles Parsons 出版的专著《二十世纪的数学哲学》⑦ 中，以"普特南与存在和本体论"为章节，讨论了普特南的实在论思想。2013 年由 Maria Baghramian 编撰的论文集《阅读普特南（2013）》⑧ 收录了包括 Ned Block、Tyler Burge、Charles Travis 等当代的著名哲学家对普特南思想一系列最新解读和阐释性文章，具有极高的研究价值。

　　除此之外，还有其他著名哲学家在自己的重要或代表性著作中对普特南

① Crispin Wright. Truth and Objectivity [M]. Cambridge, MA: Harvard University, 1992: 33-43.

② William Alston. A Realist Conception of Truth [M]. Ithaca, NY: Cornell University Press, 1996: 162-167.

③ Peter Clark. Reading Putnam [C]. Oxford: Blackwell, 1994.

④ Yemima Ben-Menahem. Hilary Putnam [C]. NY: Cambridge University Press, 2005.

⑤ Maximilian de Gaynesford. Hilary Putnam [C]. Ontario: McGill-Queen's University Press, 2006.

⑥ Alan Malachowski. The New Pragmatism [M]. Ontario: McGill-Queen's University Press, 2010: 61-70.

⑦ Charles Parsons. Philosophy of Mathematics in the Twentieth Century [M]. Cambridge: Harvard University, 2014: 267-289.

⑧ Maria Baghramian. Reading Putnam [C]. London, New York: Routledge, 2013.

思想及与之相关的理论立场表达了评价或作出了解释。这些人物包括且不仅限于 Robert Brandom、Donald Davodson、Michael Devitt、Michael Dummett、Nelson Goodman、Saul Kripke、John McDowell、Richard Rorty、Arthur Fine、Richard Boyd、Hartry Field、Larry Laudan、Stanley Cavell、Jerry Fodor、Daniel Dennett、Bernard Williams、James Conant、Tomas Nagel 等人。

纵观国外学界现有的普特南研究，加上其他重要的当代哲学家对普特南思想的评论，可以总结出目前理论界对普特南思想所看重的几个方面：第一，充分强调了普特南实在论的立场变化，对普特南思想的中后期表现出的理论转变给予了着重关注。第二，对普特南的后期思想与传统实用主义影响之间的对比研究较为充分，如 Ernest Sosa 与 David Macarthur 等人的研究都挖掘了两者之间的深层共性。第三，对普特南中期思想即"内在实在论"部分的关注最为突出。包括对这一时期普特南本人在看待实在与真理等问题的态度转变，尤其是与康德哲学或怀疑论问题的内在关联。第四，一些研究对普特南实在论思想所展现出的整体特征和内在脉络进行了较为深入的挖掘。如 Russell Goodman 在文章《普特南多元主义的思想来源》中，就强调了普特南专注于一种暂时性和动态性的意识；再如 Gary Ebbs 在文章《实在论与理性的询问》中，就发现了普特南对日常生活或科学研究中现实语言实践和语言交往的关注。

但是，当下的研究现状也存在着一些需要补充的方面，其中比较重要的几点包括：第一，仍然少见对普特南思想转换的内在动机的一种可以理解的清晰说明，也就是指明普特南为何必须抛弃过往的思想，并更新自己的立场。第二，对普特南思想展现出的某些特点仍然少见一种系统的归纳和整理，尤其是阐释这些特点与普特南实在论的转换之间拥有何种深层联系。第三，是否能够从一个统一的视角来解释普特南思想的流变，或者说普特南实在论的转变背后是否具有内在的脉络，仍然是一个亟待回答的问题。第四，学界目前形成了很多从实用主义的视角来审视普特南后期思想的研究，但无论普特南本人还是经典实用主义者如杜威或詹姆斯等人，都承认实用主义的某种宗教的源头。① 但除了 Maria Baghramian 编撰的论文集《相对主义与宗教》之外，很少有专门阐释实在论、反实在论等现代哲学论题与宗教之间的关系。本书希望能够以现有的智识资源为基础，为普特南思想的专门研究在上述方面补充一些值得参考的论点。

国内针对普特南思想的研究开始于 20 世纪末和 21 世纪初。在国内学界的通力合作下，时至今日，普特南绝大部分的重要著作都已经被国内学者译介为中文，其本人更是成为了在国内科学哲学、当代哲学与分析哲学等领域内占据重要影响的哲学家。国内介绍普特南思想的一般性著作较早的包括涂纪亮在 1987 年出版并日后再版的《分析哲学及其在美国的发展》②《美国哲学史》③；以及夏基松与沈斐凤在 1987 年出版的《西方科学哲学》④；等等。国内比较主要的专门论述普特南实在论整体思想的著作有陈亚军在 2002 年出版的《从分析哲学走向实用主义——普特南哲学研究》⑤，幸强国 1998 年出版的专著《语意、辨明与实用主义——普特南哲学研究》⑥。二者为国内的普特南研究奠定了基本理论、诠释视角和哲学进路方面的基础。

近年来国内学界仍然持续性地涌现出了大量专门研究普特南思想的学术论文，其中不乏极具启发性和具有重要理论意义的文章。它们包括且不仅限于陈亚军的《超越绝对主义与相对主义——普特南哲学的终极命意》⑦《功能主义错在哪里——论普特南的反功能主义及其与罗蒂的分歧》⑧《论普特南的实用主义实在论》⑨ 《论普特南后期由内在实在论向自然实在论的转变》⑩

---

① 有关实用主义与信仰之间的内在联系问题，具体可参考詹姆斯代表作《宗教经验之种种》，杜威代表作《共同的信仰》，以及普特南的专著《犹太哲学作为生活的指导》。

② 涂纪亮. 分析哲学及其在美国的发展 [M]. 武汉：武汉大学出版社，2007.

③ 涂纪亮. 美国哲学史 [M]. 北京：社会科学文献出版社，2007.

④ 夏基松，沈斐凤. 西方科学哲学 [M]. 南京：南京大学出版社，1987.

⑤ 陈亚军. 从分析哲学走向实用主义——普特南哲学研究 [M]. 北京：东方出版社，2002.

⑥ 幸强国. 语意、辨明与实用主义——普特南哲学研究 [M]. 成都：西南财经大学出版社，1998.

⑦ 陈亚军. 超越绝对主义与相对主义——普特南哲学的终极命意 [J]. 厦门大学学报（哲学社会科学版），2002（1）：50-57.

⑧ 陈亚军. 功能主义错在哪里——论普特南的反功能主义及其与罗蒂的分歧 [J]. 学术月刊，2008（3）：57-63.

⑨ 陈亚军. 论普特南的实用主义实在论 [J]. 自然辩证法通讯，1997（5）：23-28.

⑩ 陈亚军. 论普特南后期由内在实在论向自然实在论的转变 [J]. 哲学研究，2001（2）：52-58.

《"世界"的失而复得——新实用主义三大家的理论主题转换》①；胡军良的《超越"事实"与"价值"之紧张：在普特南的视域中》②；双修海《"事实-价值"鸿沟可以跨越吗？——试论从情感主义到实用主义的伦理学趋向》③；周濂的《从日常概念到科学概念：一种解释克里普克-普特南本质理论的可能途径》④；吴玉平的《当代哲学视域下的逻辑哲学——普特南论逻辑和模糊性的哲学启示探析》⑤；孙宁的《非唯我论心灵观的可能性——从麦克道威尔对普特南心灵观的批判来看》⑥；史清竹的《合理的可接受性——普特南内在实在论真理观试析》⑦；葛欢欢的《论克里普克和普特南的指称理论》⑧；吴玉平的《普特南的指称和真理观评析》⑨《普特南对逻辑实证主义的批判》⑩《当代哲学视域下的逻辑哲学——普特南论逻辑和模糊性的哲学启示探析》⑪《普特南内在实在论的多重面孔》⑫；任晓明、吴玉平的《普特南意义理论的意义——从分析哲学的视域看》⑬；孙大鹏的《普特南对哲学二分法的批判——内在实在论及其可能性》⑭；等等。

---

① 陈亚军."世界"的失而复得——新实用主义三大家的理论主题转换 [J].中国社会科学，2012（1）：27-47.

② 胡军良.超越事实与价值之紧张：在普特南的视域中 [J].浙江社会科学，2012（4）：84-91.

③ 双修海."事实—价值"鸿沟可以跨越吗？——试论从情感主义到实用主义的伦理学趋向 [J].大理学院学报，2015（11）：50-54.

④ 周濂.从日常概念到科学概念：一种解释克里普克-普特南本质理论的可能途径 [J].世界哲学，2004（6）：84-92.

⑤ 吴玉平.当代哲学视域下的逻辑哲学——普特南论逻辑和模糊性的哲学启示探析 [J].自然辩证法研究，2010（2）：13-17.

⑥ 孙宁.非唯我论心灵观的可能性——从麦克道威尔对普特南心灵观的批判来看 [J].世界哲学，2014（1）：131-139.

⑦ 史清竹.合理的可接受性：普特南内在实在论真理观试析 [J].社会科学辑刊，2011（1）：36-38.

⑧ 葛欢欢.论克里普克和普特南的指称理论 [J].理论界，2008（4）：92-95.

⑨ 吴玉平.普特南的指称和真理观评析 [J].淮南师范学院学报，2008（1）：104-107.

⑩ 吴玉平.普特南对逻辑实证主义的批判 [J].自然辩证法研究，2007（4）：35-38.

⑪ 吴玉平.当代哲学视域下的逻辑哲学——普特南论逻辑和模糊性的哲学启示探析 [J].自然辩证法研究，2010（2）：13-17.

⑫ 董礼.普特南内在实在论的多重面孔 [J].科学技术哲学研究，2010（6）：5-9.

⑬ 任晓明、吴玉平.普特南意义理论的意义——从分析哲学的视域看 [J]南开学报（社会科学版），2009（5）：81-85.

⑭ 孙大鹏.普特南对哲学二分法的批判——内在实在论及其可能性 [J].复旦学报（社会科学版），2000（5）：89-96.

从总体的国内研究现状上看，对普特南本人的研究处在一个持续繁荣的过程中。研究者所关注的理论问题主要集中于普特南的语言哲学，包括其指称理论和意义理论；以及如何理解普特南特殊的实在论思想，包括这种思想所带来的新真理观和事实与价值的融合；等等。但是国内研究有两个值得注意的问题，第一是针对普特南的具体技术性理论的研究较多，但缺乏将普特南在各种领域中提出的理论进行某种程度上的综合。第二是对普特南的阐释仍然带有较为明显的理解框架，即将普特南区分为前中后期的"三个普特南"，而如何将这"三个普特南"还原为一个真实完整的普特南，仍然有待进一步探索。

第二章　普特南思想开展的哲学基础

　　首先来探讨普特南思想在最开始发生的时候所面对的一些基本处境，包括他当时所处的哲学氛围及所继承的哲学图景等等。重点针对普特南面对来自 17、18 世纪的哲学遗产所具有的某种根本态度做出阐释，这种态度可以部分地总结为普特南对近代二元论哲学的强烈不满，进而试图克服近代哲学所固有的一系列缺陷。因而理解普特南遭遇现代思想时所抱有的看法，对他预先接受的哲学图景进行剖析，将为我们深入理解普特南在此之后的理论建构和思想意图铺平道路。在本章中，还会对普特南为科学实在论提出的基本要求进行探讨，通过探讨展示出普特南对科学实在论应有品质的某种占先性的看法。只有在此基础上，我们才能够理解普特南为何将科学实在论等同于一种语言哲学和心灵哲学理论的相互配合；也只有经过这种预先阐释，我们才能够深入理解普特南构建其科学实在论的动机和意图。

第一节　普特南所面对的哲学图景

一　从分析哲学到科学实在论

　　普特南的早期思想在其理论生涯中毫无疑问起到了奠基的作用。作为赖辛巴赫的弟子，普特南的早期思想一方面具有来自分析哲学理论性、数学性与形式性思维的明显影响，另一方面又表现为对分析哲学包括逻辑实证主义或先验认识论等学派在内的强烈反叛。然而重要的是，早期普特南对分析哲学的批判是以接受分析哲学的种种根本前提为基础的，因而与其说是对分析哲学传统教条的拒斥，不如说是一种分析哲学内部的自我转变。早期普特南所接受的哲学基础包括将主体与客体、人与世界的关系从根本上理解为一种语言现象的弗雷格主义，以及哲学的任务在某种程度上就是对语言所负载的命题和事实进行分析的罗素主义。同时，普特南也对分析哲学所继承的来自17、18世纪近代唯理论和经验论的哲学图景进行了充分的反驳，这些图景或多或少支持将外在的认识对象等同于主体内部的经验内容或心理状态的主观主义或经验主义，这在普特南看来损害了世界本身应有的真实性和严肃性。因此，对语言的意义和指称，以及主体与一种对象性客体之间的关系进行探讨和阐释，就是前期普特南哲学思想的核心特征，也是其本人的主要任务。

　　普特南早期思想的另一个重要特点是，其本人虽然从分析哲学出发来看待语言、心灵与经验之间的关系问题，但普特南并不认为这些专门的哲学分类是相互独立而毫无联系的。在他看来，对语言哲学的讨论不可能回避对语言使用者，即对主体本身心理状态的讨论。而对心灵哲学而言，想要完全拒绝谈论语言本身的作用亦是不可能的。因此，可以说普特南自始至终就在坚持一种整体性的全局眼光，从而试图将所有分析哲学中相互孤立的部分整合进一个完整的问题当中。而对普特南本人来说，这个具有提纲挈领的根本性意义的问题，毫无疑问就是现代科学的地位问题。① 在普特南看来，如果我们只是承认现代科学所具有的经验预测功能，或者只是承认其满足生理欲望功能的话，便无法为彻底坚持现代科学的地位提供一种牢靠的基础。也就是说，只有强调现代科学在真理的层面上向我们揭示了世界本来的面貌，才能真正为现代科学赢得其应有的尊严。这就意味着，如何坚持一种彻底而全面的科学实在论就是诸问题中最首要的问题，通过这种实在论我们完全可以信任现代科学向我们阐释的一切。毫无疑问，早期的普特南所思考的核心线索就是科学实在论的可能性。对普特南而言，只有首先解决现代科学是否具有一种接近于真理的功能问题，才能为一切现代化的哲学事业带来一种根本的合法性。

　　以逻辑实证主义为代表的早期分析哲学继承了由17、18世纪所形成的现代思想，将哲学从根本上理解为主体与客体之间的关系问题，也就是认识论的问题。更进一步地讲，分析哲学又将这一认识论问题改造为主体间性的

----

① 早期的普特南将科学哲学这一大的理论领域看作是由语言哲学与心灵哲学共同组成，而不是平行的关系。有关这一问题还可参照普特南论文集第二卷《心灵，语言与实在》的序言部分。

问题，也即对语言的理解问题；以及如何得到客观性的问题，也即对经验的确证问题。普特南对分析哲学的一大贡献在于，他意识到这一切都与如何看待现代科学的意义息息相关，因此可以统一合并为一种"科学哲学"。普特南并非像大多数科学哲学家那样，只关注科学事业本身和科学家群体之间的运作状况和规律，从而忽视了对一般哲学理论的审视。普特南试图从分析哲学的基础视角出发，来探讨如何根据一种有关语言和心灵的哲学理论，从而确认科学揭示真理的可能性。这种思维方式的整体运作亦是普特南科学实在论思想的一大特征。而根据这种特点，也可以将普特南早期思想，划分为由他最早出版的三本重要论文集《数学、物质与方法》①《心灵、语言与实在》② 和《实在论与理性》③ 的部分内容所标志的时期。在这一阶段里，普特南最主要的哲学任务，是祛除语言哲学与心灵哲学中先验的和神秘的部分，指出两者分别具有的严重问题，进而寻求一种全面祛魅化的，专注于现实性的替换方案。在这一过程中，人类在实际生活中的行为方式和语言交往实践，将取代由封闭的理智所产生的固化认识模式。我们将看到，普特南意欲恢复的是一种对科学的常识性观点：科学永远处于变化发展之中，永远将在未来得到改进。

二 现代科学与古典科学

然而需要强调的是，虽然普特南本人并没有仔细区分现代科学与前现代科学之间的重要区别，当他使用大写的"科学"一词时，毫无疑问探讨的是发迹于 17、18 世纪以来的现代科学。对现代科学而言，系统化的理论体系具有着突出的核心地位，这种理论体系又以对数学的全面应用作为根本特征。在这一过程中，世界被转化为一种封闭的对象性客体，从而能够被一种普遍性的数理法则一劳永逸地定义。根据笛卡尔，现代科学的全部秘密来自

---

① Hilary Putnam. Mathematics, Matter and Method (Philosophical Papers, vol. 1)[C]. Cambridge: Cambridge University Press, 1975.

② Hilary Putnam. Mind, Language and Reality (Philosophical Papers, vol. 2)[C]. Cambridge: Cambridge University Press, 1975.

③ Hilary Putnam. Realism and Reason (Philosophical Papers, vol. 3)[C]. Cambridge: Cambridge University Press, 1983.

于他为物理学奠定基础的"六个沉思"。① 总结来看，首先就是，将推理方法与数学直觉定义为一套新科学或新哲学的基础，从而找到一种不可倒退的衡量绝对确定性的标准，并因而诞生了"先天的清楚明白"的著名观念。其次则是，对一种普遍主义的怀疑一切的推崇，并因而得到了要对一切现实进行怀疑的"我思的自我"。② 普遍的怀疑意味着要对所有看似可疑的东西都实施过滤，而过滤的标准则要依靠先前得到的"清楚明白"的观念。至此，笛卡尔主义的那个"我思的自我"就成为了一种自发性理智思维的生产者，而这种纯粹思维的理智又是一种只在心灵内部发生的自明性，从而彻底与雅典原初意义上的"努斯"概念分道扬镳。以此为基础，笛卡尔改造物理学的最后一步就是依靠普遍怀疑的过滤，把心灵生产的理性秩序全面施加于世界。笛卡尔以一种对上帝存在的暧昧承认为手段，为绝对清晰与普遍明确的观念施加保护，进而为心灵对世界的各种改造敞开通道。"我思"的全面发挥使得一种由人的数学性思维所创造或设计的稳定秩序，成功地施加于作为空间性广延的全部物体之上。

这种将任何对象都理解为普遍同质性的物理广延的现代科学，对古人而言必然是完全陌生的。在前现代科学那里，即柏拉图-亚里士多德式的科学那里，并不拥有这种可以全面应用于自然的普遍性数学观念。人与自然的关系也并非一种封闭的主体和对象性客体之间的对立关系，而是处于一种开放而生动的整体秩序当中。对柏拉图而言，试图用稳固的知识取代世俗化的意见就代表着科学。一方面，科学等同于对纷繁的现实性事物所具有的共同本质的理解，或者说是从杂多性到整体性的上升。③ 而整体性的本质能够被理性所发现和认识，却并非是理性本身的创造物或产品。另一方面，在柏拉图那里，从个别性事物向"理式"的上升是对话和修辞式的，并非方法和理论式的，因此是不连续和不一致的。对亚里士多德而言，柏拉图意义上那种事

① 笛卡尔. 第一哲学沉思集 [M]. 王太庆，译. 北京：商务印书馆，2000.

② 有关笛卡尔哲学与现代主体性的"自我"概念的诞生，更多有价值的讨论还可参考凯莫林（Andreas Kemmerling）的专著《"我"之观念：笛卡尔哲学研究》。

③ 古典科学或柏拉图-亚里士多德意义上的科学同样追求数学的普遍性和清晰性，但雅典意义上的数学代表了一种完满和稳固的理念，和现代科学中作为绝对精确的操控和形式化的严密数学思维具有本质的不同。不可简单认为柏拉图也分享了现代人的思维方式。古代与现代数学观的巨大差异可参考雅各布·克莱因（Jacob Klein）的杰作《希腊数学思想与代数学的起源》。

物的"理式"被转化为一种处于过程中的存在，一种可以在现实理智中展现自身的存在。也就是作为 eidos 的"理念"与作为 energeia 的"现实"的互动过程。这就使得亚里士多德意义上的科学允许对现实事物进行实际意义上的研究，因为人类理智可以察觉到柏拉图的"理式"在现实事物中的显露过程。然而对亚里士多德而言，一种对所有事物进行全面理解的普遍性科学是不可能的。因为在不同学科中应用的方法和原则是不连贯的，并没有一种可以统摄所有学科的普遍方法。换言之，在亚里士多德那里，不存在有关一切科学的科学、从所有原则中归纳出的原则，或者自身就是清楚明白的基础原理。

　　概括而言，古典科学质疑感觉和经验的认识能力，否定事物表象的真实性，从而强调理性和直觉通达事物本质的作用。而现代科学则反其道而行之，以质疑理性能够直接认识外物的能力为前提，从而强调感觉和经验的真实性。在笛卡尔那里，全面怀疑导致了主体对外在世界的彻底改造。在休谟和洛克那里，对外在世界的认识终结于对实体根本不可认识的确定感——能够认识到的只有事物呈现于主体之中的经验流，[①] 而经验本身亦是主体制造出的对外界的情感反应。[②] 现代科学与古典科学之间的巨大差异，究其根本乃是 17、18 世纪由笛卡尔、霍布斯、休谟、洛克、卢梭与康德等人对哲学进行改造的结果。其关键在于对主体性这一概念的突出强调，这种强调导致了现代思想的普遍二元论氛围。在笛卡尔那里，这种二元论表现为典型的身体与心灵的二分法：形而上学处理心灵问题，而现代物理学提供对身体的知识。虽然笛卡尔坚持认为人类理智对世界的认识应该是永恒不变的，但这种认识却是凭借主体内部自发的数学联想来通达外物的，依靠的是心灵本身所具有的固有观念和想象力。这就潜在地使理解屈服于生产，从而使灵魂转变为激情。某种程度上讲，近代思想对一种相对于自然的主体性的依赖，构成了现代科学的一大重要本性："我们能够理解的，终究是由我们自己制造出来的东西。"[③] 那些从根本上异质于我们的事物，则被主体转化成了寓居于自

---

　　① 大卫·休谟. 人性论 [M]. 关文运，译. 北京：商务印书馆，1980.

　　② 洛克. 人类理解论 [M]. 关文运，译. 北京：商务印书馆，1959.

　　③ Stanley Rosen. Nihilism: A Philosophical Essay [M]. New Heaven, London: Yale University Press, 1969: 78.

我之内的概念。而那些无法被普遍性法则敉平的特殊性、差异性和不一致性，则被当成了完全反常、错误与可忽略的事物被过滤了出去。

三 二元论与先验认识论

上述对现代科学与古典科学之间区别的比较和澄清，构成了我们继续深入洞察普特南实在论思想的基调。"科学"一词本身呼唤一种对事物如其所是的观看，一种对事物真实本性的洞察，这也是"实在论"致力于达到的目标。然而现代科学却将自身建立在一种主体与客体、身体与心灵的二元论之上，并或多或少依靠一种将主体自身扩大至整个自然的特殊激情。所凭借的口号是，毋宁说所造成的结果是：我们只理解由我们自己制造的东西。这种哲学图景构成了普特南本人所生活的智识氛围，而普特南对现代科学的态度是试图对这样一种根深蒂固的近代思想做出挑战并进行反驳。对普特南而言，这种看待人与世界的二元论图景从根本上来讲是一种"疏离"的视角。①他将自我从一种既包含人也包含世界的整体性秩序中剥离出来，将世界缩减为一种固定不变的客体，进而将主体放到与客体相对立的位置上。这不仅使世界失去了它自身拥有的开放性，尤其也为主体注入了这样一种野心：可以一劳永逸地对客体进行全面的定义。也就是普特南后期提出的所谓主体僭越到了"上帝之眼"的位置。在普特南看来，这种"疏离"的哲学图景必然是异化的，它既损害了我们作为人的种种功能，也使得我们失去了世界的这样或那样的部分。

然而普特南前期思想存在的最大问题就在于，他没能区分现代科学与古典科学之间的重要区别。正如前文所述，当普特南提到"科学"一词时，指代的是基于近代思想之上的现代科学。因此，他对科学哲学中诸多现代理论所做出的批判，并没有使他按图索骥地回到希腊意义上那个富有生机的自然。自然对普特南而言，在关键的意义上，仍然是笛卡尔主义的那个作为数学性与物质性的物理广延，依然被理解为一种"主体之外"的概念。正如之前所谈到的那样，普特南对现代理论的种种批判凭借的是现代思想固有的基础，所造成的结果因而就变成了现代思想自身的转变，而非对现代性顽疾的

---

① Hilary Putnam. The Many Faces of Realism [M]. La Salle, Illinois: Open Court, 1987: 3.

根本治疗。必须强调的是，这是普特南思想中一个非常重要的关键问题，以至于在某种程度上贯穿了普特南的哲学生涯。现代思想所凭借的笛卡尔主义唯理论和休谟主义经验论，从根本上带来了主体与客体、心灵与身体的现代二元论。这种哲学迫使现代人承认，我们最多只能拥有外部世界所引起的一种内部经验，或者对外部世界的认识只能是一种发生于内部的心灵活动。普特南不满于现代思想这种"疏离"的哲学图景，因而试图改造理论，为主体能够真正拥有实在创造条件。然而，普特南却是在这样一种二元论的基础之上来弥合分裂。也就是说，普特南本人就先承认了这样的哲学图景。这就促使他认为，哲学的任务依然是探讨语言和心灵如何与外界互动的问题。而现代科学之所以有丧失向我们揭示真理和实在的风险，是因为过往的语言哲学与心灵哲学所产生的统统都是不包含世界成分的理论。因此，解决之道在于形成一种既包含世界又包含自我的新理论。

在普特南看来笛卡尔的唯理主义和休谟的经验主义不仅造成了现代思想的这种"疏离观"，而且使现代思想形成了一种"固化"的哲学图景。[①] 即首先，认为存在着各种各样的必然性观念，如先天性的认识、绝对清晰的概念、自我证明的原理、普遍有效的规则、经验的固定结构等等。其次，所有这些必然性都是由主体内在的理智思维所生产出来的秩序，种种纷乱的现象都在主体内部由一种自发的理智进行整理。在笛卡尔那里，必然性以绝对清晰的观念存在于主体的固有观念之中。而观念是精神活动的形式产物，是通过想象的沉思对广延之物的原初形式进行观看的活动。笛卡尔对事物本身是否能够被心灵直接摄取的问题，态度是相当模糊的。但无论如何，对广延之物的理解是一种发生于主体内部的想象，是通过数学性思维向外投射的过程，这一点是毋庸置疑的。到了休谟那里则更为直接，休谟虽然相信存在着普遍有效的自然法则和不变的人类本性。但我们能够对外界产生的一切认识无非都是呈现于主体内部的不连续的经验流。诸种经验流本身根本不存在任何必然性的秩序，真正能够为自然提供必然性的是人类自身的理智活动，也就是休谟所谓的主体具有的自然信念与自然直觉。

---

① Hilary Putnam. Words and Life [C]. Cambridge, Massachusetts: Harvard University Press, 1994: 20-38.

近代思想最终在康德手中形成了以先验认识论为基础的批判理性哲学。笛卡尔身体与心灵的二元论被康德转变成了现象世界与本体领域之间的二分法，并试图通过一种针对纯粹理性的批判哲学来限定二者的领域。而休谟那套普遍有效的自然法则被康德理解为现象世界的自然律和经验内容的结构。与近代思想相一致的地方在于：对康德而言，现象世界能够具有的必然性仍然是由主体的理智思维所自发生产的结果。无论在知性和观念的参与下，我们能够对同一经验性事物产生多少种不同的概念认知，主体认识经验性事物的可能性条件和其面对现象世界所具有的感性形式都是完全一致的。对普特南而言，康德哲学最重要的特点之一就是他缔造了这种先验认识论的哲学图景。为了承认先天认识的可能性，康德的办法就是诉诸一种著名的"先验自我"。即认为感性直观具有先天的纯粹形式，表现为以时间和空间所构成的先天认识条件。可以看到的是，康德哲学一方面强调我们是通过感性直观和知性概念来获得经验性对象的表象；另一方面又承认先验自我能够拥有一种先天正确的必然性认识，这种认识包含着种种现象的先天形式规则和逻辑条件。在普特南看来，以康德哲学为依托的现代思想产生了这样一种观念：存在着无法被更改的必然真理，在真理陈述中包含着无法被改变的分析成分，或者存在着不可被后世颠覆的先天综合陈述。简而言之，以康德哲学为标志的先验认识论使人的认识能力和世界的总体结构处于一种"固化"的静态框架中，最终导致哲学认为可以一劳永逸地定义世界的全部面貌。①

第二节　普特南遭遇现代思想的态度

一　"疏离观"与"固化观"

至此为止，已经基本描述了普特南本人所面对的种种哲学图景。总结起来可以概括为 17、18 世纪的近代思想的发展和延续。主要表现为主体与客

---

① 普特南思想与康德哲学之间的关系具有内在的复杂性。普特南确实反对康德哲学中的"先验认识论"，但也同样试图吸收其中的反独断论等成分。更多的详细讨论可参照詹姆斯·科南特为普特南的专著《语词与生活》所撰写的序言。

体的二分法、身体与心灵的二元论，以及先验认识论所带来的种种静态的认识模式。同时，我们初步探讨了普特南面对现代哲学图景时所具有的两个重要的否定态度。第一是对"疏离观"的不满，即反对主体与客体的彼此分离与各自封闭；第二是对"固化观"的不满，即反对将世界搁置于不变的框架内进而一劳永逸地定义。我们将继续探讨这种"疏离观"与"固化观"在现代思想中的具体表现，尤其是这种二元论与先验认识论的相互结合，给科学哲学和科学实在论所带来的重大影响。

根据康德，世界在本体领域之内永远保持着自己未知的本性，如同"实体"一词在休谟和洛克哲学中的位置一样。而人类理智对经验性内容进行观念化重构的行动，能够为现象世界注入一种根本性的秩序。但在康德那里最关键的问题在于，他没有为理性进入本体领域提供任何可能性。对他来说，认识实在不可能是人类理性的功能，对待实在我们至多只能采取一种道德或信仰的态度，期待本体领域能够主动向世人展现自身。对康德而言，不可能存在一种指明世界真实面貌的科学实在论。现代意义上的科学在康德的思想体系中，实际上是主体在感觉、知性和概念的参与下，对现象客体建构经验性观念的过程。这一事业无底无顶，永无止境。但是，诸种经验性观念本身具有独立的逻辑结构，并不随经验内容和历史状况的改变而改变。这是由感性直观的纯粹形式，或者说是由先验自我产生的先天认识条件保证的。在康德哲学中，先验自我掌握着人能够对现实性事物形成感知经验的逻辑条件和形式规则。只有在先验自我的层次上，理性才产生纯粹的必然认识，从而构成了现象世界真正的客观性。而其他针对具体事物所产生的知识，都是感觉和知性在先天认识的逻辑条件和形式规则下获得经验并制造观念的过程，揭示的只是现象世界的主观性。

可以说，康德的先验认识论实际上允许先验自我围观在本体领域周围，并不断建构对现象世界的经验性认识，却绝不允许先验自我踏入本体领域之内。在这个问题上，普特南认为有三点是他从根本上无法接受的。第一，不能发现和认识本体意味着我们永远也无法得到一个真实的世界；第二，不应该满足于承认所有对客观事物的认识都只是对主体内部经验的认识，或只是对事物引起的感官性质的认识；第三，不应该将世界本身所具有的规律看作是由封闭的主观理智生产出来的结果。在普特南看来，想要从根本上继续坚持现代科学自身的严肃性，就必须承认现代科学揭示真理的功能。为了解决这一困难，传统的实在论将问题的关键理解为一种语言与现实的关系问题。按照理查德·博依德的观点，成熟的科学理论具有指称真理的整体能力，即能够向世人揭示出自然如其所是的样子。[1] 然而，传统的实在论为了达到这一目的，却又接受了另外三个基本原则。第一，强调在科学中有一种免于修正的先验必然真理，而这些先验必然真理的相互集合就构成了科学总体的真理性。第二，强调真理本身应该是一种与客观对象的相互对应。也就是说，真理应该与确定的客观事物符合。第三，真理的自我确定性使得承载真理的语言必然具有一种特殊的性质，这种特殊性就在于句子的意义是固定的，因而是某种心理的实体或者弗雷格意义上的第三领域实体。

由此看出，无论是普特南对康德哲学中那种非实在论的不满，还是传统的实在论解决困难的方式，实际上仍然从属于前文所重点阐述的那种肇始于17、18世纪的哲学图景之内。这种哲学图景的两个主要问题即"疏离观"和"固化观"在这里再次得到了淋漓尽致的展现。传统的实在论将真理理解为一种对应的等同，而非实在论强调所有对现象事物的理解都是对自身经验的理解。这两种观点之所以能够成立，都需要借助于那种"疏离"的哲学图景才是可能的。[2] 也即将世界理解为主体与客体的相互分离与各自封闭。与此同时，传统的实在论承认先验的必然真理，并将承载真理的语言意义理解为一种心灵的或非心灵的实体。而非实在论认为经验的固定结构和经验性观念的逻辑条件，以及现象世界的确定性秩序，都是由主体的理智活动所生产的必然性提供的。从这一点上来看，又从属于那种"固化"的哲学图景所造成的结果。

总而言之，无论是传统实在论还是非实在论，它们都具有着相同的哲学根源，分享着共同的思想谱系；它们都来自于同一种哲学背景，即17、18

---

[1]　Richard Boyd. On the Current Status of the Issue of Scientific Realism [J]. Erkenntnis, 1983 (19)：45-90.

[2]　真理的符合论和现象主义的经验论，都需要假定世界是一种对象性的总体，而人作为主体脱离于这个对象性的世界。但这一假定并非是自明的，而是一种预设的，未经阐明的属人视角。有关真理符合论的实在论与现象主义的经验论之间的深层共性，还可参考阿瑟·法因的著作《摇晃的游戏》。

世纪所产生的近代思想。无论是休谟和洛克的经验主义，还是笛卡尔、康德以及之后形成的唯心主义传统，都将世界重新定义为一种封闭的自我与作为外在的客体之间的关系，都将客观事物的全部或一部分转化成了主体内在的心理状态或感觉属性，都承认能够拥有一种固定不变的绝对确定性和必然性，或者强调存在着某种自我证明的原则和基础。但不同于柏拉图的"理式"作为开放性秩序的世界整体的上升，新的"理性必然性"观念只寓居于主体之内，和理智的自发性相互等同。心灵于是不再是亚里士多德意义上那个能够接收自然之光的容器，而是试图将自身生产的原则主动投射到外在事物之上的发动机。

二　预先接受的理论困难

以上已经基本厘清了普特南开展其科学实在论的哲学基础。通过探讨近代思想形成过程中的主要线索和大致轮廓，挖掘出普特南面对近代图景与现代科学时所抱有的根本态度。在深入到普特南科学实在论的具体技术性理论问题之前，对普特南本人的思想背景进行这种预先性的讨论是有其必要性的。这种必要性在于它向我们展现了普特南进行理论建构时所凭借和依靠的地基。而通过对这种理论地基的考察，我们洞察到普特南的思维方式所暴露出的某些重大问题。通过梳理和总结普特南对实在论问题的基本看法，已经清晰地看到普特南本人的哲学态度与来自 17、18 世纪的哲学图景之间具有根深蒂固的关联，这种关联同时包含着深刻的内在复杂性和特殊性。从其本人的动机角度而言，普特南当然在试图弥合这幅图景所产生的"疏离"与"固化"的根本问题。然而更重要的是，能够从中看到普特南在运思的整体过程中，已经深深陷入到了这幅图景当中，以至于对问题的解决从本质上转变成了对原有图景接受式的改造。某种程度上，普特南对这幅哲学图景不充分的批判和不充分的接受构成了他实在论思想的内在矛盾，以至于在相当大的程度上影响了他此后的种种理论变化和发展。因此，必须将这一图景与普特南实在论思想进行彻底的对照，才能真正理解普特南哲学的出发点和动机。

具体来说，普特南科学实在论的理论地基至少在两个方面是以 17、18 世纪的哲学图景作为基础，也就是在其思想中有两个重要的"预先接受"。

　　第一个接受在于,普特南首先就将一种前理论意义上的"自然"理解为了现代科学意义上的"物理世界",理解为一种与主体相对的外在物理客体。正如我们一再强调的那样,前科学意义上的"自然"是一种并未受到任何人为的解释性或理论染指的"生活世界",是一种由人的常识性观念与常识性经验所构成的日常世界,也就是人所直接获得的现实生活的直观世界。在柏拉图-亚里士多德古典思想意义上的常识世界中,哲学思考是由城邦众人的日常生活所开启的对话活动,而哲人进行对话的目标是从常识性的大众意见上升到充满理性之光的理式领域。在这一过程中,哲学是从大众生活的杂多表面深入到了由理论和逻各斯支配的深层领域。古典思想从日常生活的表面开始,这一突出的特点相比现代科学而言具有极端深刻的重要性。这意味着古典思想首先将"自然"理解为一种直接呈现于人类生活中的诸种多样性事态的综合体,进而试图从常识性的政治生活开始,进入到"自然"所具有的理智统一性的深处。然而对现代科学而言,自然已经失去了那种"直接呈现于人类日常生活的整全性"。① 换句话说,自然被从前理论的生活世界中剥离了出来,蜕变为了受现代数学性思维支配的均质化产物。

　　自然转化为物理意味着对自然而言,它已经不再具备一种直接呈现于人类生活的表面。表面已经成为了一种人工造物,受种种由人建构的理论所支配。② 对现代科学而言,自然的表面本身就是人类的历史和习俗,是种种人类意志和视域的具体化或具现化。这就是普特南本人所接受的最重要的理论前提之一。在科学理论的深层与人类实践的表层之间存在着引人注目的矛盾。因此可以说,前期普特南科学实在论的最大困难就在于,他一方面试图使现代科学能够揭示一种完全超越于人类语言和行为的实在。而另一方面,对现代科学而言,世界在实在的层次上,已经成为了一种由人类语言和行为定义的人工产物。现代科学所带来的后果之一就是自然在极端的意义上成为

---

　　① Stanley Rosen. Metaphysics in Ordinary Language [M]. South Bend, Indiana: St. Augustine's Press, 2010: 44.

　　② 哲学所关注的表面即柏拉图-亚里士多德试图通过对话所勾勒的日常生活,这种生活在古代雅典被理解为政治性的,而在当下更多被解读为"常识性"或"现实性"的。有关哲学自始至终对表面与深层的关注,或试图通过表面向深层的上升,可参考斯坦利·罗森(Stanley Rosen)的出色专著《日常性的狡猾》。

了人工理论的造物，因而失去了表层与深层的区别。作为理论的深层本身变成了表层，而在表层之下已没有其他本质等待人类理智去挖掘。在现代科学的意义上，"发现"已经无法在根本上与人类"创造"相互区分。① 这就是包括维特根斯坦与尼采在内的现代语言或语文学家想要传达给我们的洞见。在这里需要谨记，这是普特南构建其科学实在论时所继承下来的根本困难之一。对前期的普特南而言，常识性的自然已经是一种人工的理论构造物，其中已然蕴含了"实在论"本身所要拒绝的哲学结果。简而言之，科学实在论希望发现的"实在"，从极端的意义上讲，是一种理论化的人为客体。

　　普特南的第二个"预先接受"在于他如何看待近代思想有关"主体性"的问题上。正如上述分析所呈现的那样，现代科学在相当大的程度上无法与来自 17、18 世纪的思想谱系相互脱离。而其中最重要的问题就在于主体性的产生和主体本身的作用。我们已经看到，普特南对近代思想有关主体性的态度是非常耐人寻味的。一方面，他强烈拒斥这种封闭性的自我，无论这种自我是在笛卡尔唯理主义上的那个普遍怀疑的认知自我，还是休谟意义上的那个受自身感觉所困的经验自我。另一方面，普特南本人却将其科学实在论的主张，放在了对既有图景的改造之上。这也就意味着他实际上接受了近代思想对这种主体性的突出强调，他试图达到的目标只是恢复这种封闭主体与外界客体相互联系的能力，也同时使他承认了哲学等同于认识论的近代教条。普特南激烈反对主体只能认识自我制造的感觉和经验这样一种封闭性的学说，或者任何客观世界和经验内容的结构都是由理智自发产生的秩序这种观念论教诲。然而关键在于，普特南同样将实在论的问题理解为一种有关语言和心灵的哲学理论的问题，也仍然是有关主体如何与客体打交道的问题。这就意味着普特南对科学实在论的建构本身，同样需要有关主体性的学说作为其理论的基础。

　　因此，普特南实在论思想所具有的明显倾向就是，他所反对的是"近代思想具有的缺陷"，而非试图抛弃"近代思想的整个谱系"。其所接受的运思基础仍然是近代思想那幅带有明显唯我论特征的哲学图景。不同的是，普特

---

①　Stanley Rosen. The Ancients and the Moderns [M]. New Heaven, London：Yale University Press，1989：31.

南致力于改造主体所处的孤立处境，进而要求打通自我与外部世界的沟通渠道。然而问题在于，这种尝试究竟是使主体恢复了认识实在、把握实在的能力，还是将外部世界彻底转化为了与主体同质化的人工产物。或者说，普特南对近代思想图景这种继承式的批判，最终重新获得的究竟是怎样一种世界，是一种与人处于共同整体性秩序中的多样统一体，还是使世界变成了一个由主体的语言、行为和习俗所支配的历史化造物。这是我们在讨论普特南科学实在论的理论技术性时所要谨记的另一个基本问题，而这也为普特南的实在论思想带来了第二个根本性的困难：主体如何可能超越自身去把握一种对象性的实在，如果这种实在是完全异质于我们的，那么我们如何能够拥有获得它的可能性，而如果我们宣称实在是内在于我们的，那么我们又该如何避免主观主义的唯我论或者世界整体的属人化。毫无疑问，普特南是在接受这一主客体相互分裂的基础上来弥合分裂，这就使他对这幅图景的攻击走向了对语言哲学和心灵哲学的改造，而不是彻底拒斥这一图景。在之后的分析中，将看到普特南科学实在论的理论发展与他对这种"疏离观"和"固化观"的批判之间根深蒂固的关系。

三 本真自然与历史意识

可以这样总结，普特南所面对的根本困难：现代科学以一种自我认定的客观性作为其事业的理想标，然而这种客观性却完全基于一种对主体的全面强调之上。不仅对客观性的理解需要通过主体建构的各种理论才能获得，甚至连"客观性"本身都只是一种由主体所盲目认定的主观概念。科学可以继续秉承对一种"客观性"的强调，前提则是彻底遗忘真正支配并定义了这种"客观性"的属人的、主观的源头。[①] 甚至可以说，只有在那个本真的自然全面隐退的条件下，现代科学才真正是可能的，这就是科学实在论需要面对的最重要的内在困境。如果自然在现代科学的意义上已经被转变成了由数学法则和形式逻辑所规约的理论客体的话，这就意味着在一种终极的推论下，自

---

① 斯坦利·罗森在其专著《黑格尔逻辑学的理念》中激烈抨击了现代科学并不理解它自身的现状，并以此为基础批判了普特南本人对其科学实在论的预设立场缺乏足够的清醒。具体可参考罗森的另一部专著《分析的限度》。

然必然等同于由人通过语言所定义的规律和原则。而按照维特根斯坦，语言的本质不过是人类生活形式的具象化，是地方性和差异性的语言共同体所自发产生的习俗用法。① 只要我们将这种洞见和现代科学对自然的支配相互结合的话，我们就将得到这一难以抗拒的真实认识：现代科学所要求的那个客观性的自然，在极端的情况下乃是一种推论性的人为事实。它在根本上从属于人的知性和理解力，以致最终无法和人自发的创造性相互区分。更进一步讲，现代科学所要处理的对象从本质上看，就是人类自身的行为和习俗的总和，而并非任何真实的实在。这意味着在现代科学内，自然对人类生存的意义只是我们从具体的生活形式中，或者特定的语言共同体内得到的相互认同而已。

如果将那些从根本上单纯由于人才存在的东西，那些人造之物以及最易消逝的属人之物理解为历史的主题，而将那些依附于人类言辞、行为和事件才产生于世的人造物理解为历史的延续，那么现代科学所带来的隐秘结果将是历史概念对本真自然的全面取代。对现代科学来说，必须首先抹杀掉那个被直接呈现的真实世界，再用一种受理论支配的人工产物暗中取而代之。这就是现代科学所凭借的隐秘基础，也是胡塞尔那振聋发聩的呼喊所要提醒我们注意的秘密。在《欧洲科学的危机与超越论的现象学》中②，胡塞尔详细阐述了现代思想以伽利略与笛卡尔为开端，途经休谟与洛克，并最终在康德哲学那里达到顶峰的过程。在胡塞尔看来，这一过程从根本上体现了作为普遍性的哲学理想的诞生及其解体的内在机制。可以说胡塞尔实际上是将整个现代科学的突飞猛进理解为一种人类激情的盲目作用，这种激情来自于需要重新定义自然的冲动，也就是将有关普遍化的哲学方法确立为一种新世界诞生的基础。所造成的结果是，现代人的整个世界观都唯一受现代科学的全面支配，并在胡塞尔看来是被现代科学所造成的技术繁荣所迷惑，这种人类的集体沉湎意味着我们将以冷漠的态度回避那些真正对人性具有决定意义的问题。单纯注重事实的科学将造就单纯注重事实的人。这就是说，现代科学切

---

① 路德维希·维特根斯坦. 哲学研究［M］. 陈嘉映，译. 上海：上海出版社，2005：4-7.
② 胡塞尔. 欧洲科学的危机与超越论的现象学［M］. 王炳文，译. 北京：商务印书馆，2001：31-33.

断了人类与那些从根本上超越于人世的高级事物之间的关联。人不再渴望面向超越之物的精神成长，也就意味着人放弃了追求成为健全自然人的努力，从而下降到尼采所谓"末人"的层次，也就是只专注于自身的生理性欲望满足的人。①

这就是胡塞尔试图澄清的欧洲科学的真正危机，我们看到这种危机爆发于本真的自然被历史化的属人世界所取代的交界之间。按照胡塞尔的解读，笛卡尔哲学的全部企图是通过极端怀疑的手段，将世界重塑为一种纯粹的客观性。再将这种客观性理解为源于自我产生的观念，从而将客观世界隐秘地交予一种成问题的主观主义心理学来保管。而英国经验论哲学的目的就是质疑那个封闭的主体沟通外物的能力，从而动摇笛卡尔哲学中外在世界的客观性。甚至在休谟那里，心灵创造观念的联想能力不再只是产生内在感受性的世界图像，而是产生整个外在世界本身。到了康德，他完全接受了笛卡尔主义与休谟主义那种发生于心灵内部的自明性的合法地位，甚至将这种自明性与外部世界的经验内容彻底结合在了一起。对康德来说，如果纯粹的感觉材料真的能够作为呈现客观性事物的载体的话，那么这些感觉材料已然是由某种方式被主体拥有的先天形式所梳理整合起来，也就是说，通过纯粹直观所显现的世界必然已经是纯粹理性的逻辑构成物。这就意味着我们在康德哲学中无法回避这样的根本可能性：现象世界本身就是主体自身建构的认知产物。胡塞尔本人对现代思想的解构结束于康德哲学，他得出的结论就是真实世界那种不言而喻、唾手可得的最初性的一面被彻底抛弃了。

因此，可以认为普特南所接受的这幅哲学图景究其实质乃是一种后康德主义的思想绘卷。在其中先验哲学被分析哲学的发展进程转变成了语言哲学。康德哲学中主体所能够生产的先天必然性被关键性地处理为数理逻辑的等值关系，而这种单纯的数学性等同最终在后分析哲学那里，或者说在蒯因和戴维森手中，变成了受人工支配的自由表达活动——"数学形式成为了人类意志而不是客观秩序的载体"。② 如果说现代科学所带来的真正危险是本真

---

① 弗里德里希·尼采. 查拉图斯特拉如是说 [M]. 钱春绮，译. 北京：生活·读书·新知三联书店，2007：212-215.

② Stanley Rosen. The Ancients and the Moderns [M]. New Heaven，London：Yale University Press，1989：35.

世界被属人世界所取代的话，那么在哲学中发生的故事就必然是康德思想中那个先验自我是如何被历史自我所取代的。在这一过程中，那种希腊意义上开放式的、生长式的自然被进一步摒弃，所遗留下的只是人类语言自身建构的主观秩序，这种秩序进而从根本上无法与人类生活的习俗或约定相互区分。应该看到，这种见识已经非常接近于普特南本人的理论建构，接近于其所谓的劳动分工的语义学。这里的问题具有着双重的复杂性：一方面，理论世界与前理论世界之间的关系是普特南构建其实在论思想的关键。从理论世界直接奠基实在论是普特南早期思想的一个突出特征。但是在这一过程中，普特南本人也明显试图在理论世界中重新唤回现实，将世俗社会的实际运作填充进形式化的理论版图。在其思想的后期，普特南已经明显要求摒弃那个理论中的世界，从而诉诸一种作为常识的实在论。但是另一方面，普特南的这种转换是否同样推进了那个属人世界对本真世界的取代呢，或者说，普特南自身是否就是历史意识全面崛起的主要推动者呢？这里的关键在于，我们能够真正理论无涉地返回前理论的语境吗？这种返回难道不是把日常性彻底转换成了一种理论的人工事实吗？①

第三节　普特南针对实在论的要求

一　科学实在论的应有品质

在前文中，探讨了普特南本人面对现代思想的一系列态度和诸种态度所带来的一系列问题。这些探讨从根本上构成了我们继续深入普特南实在论细节的基础视角。从而可以将问题概括为两个层面：第一个层面是普特南对其所继承的理论图景的不满，主要是种种二元论和先验论哲学；第二个层面是普特南试图从理论世界回归现实世界的意图，这种意图从某种程度上仍然夹带着现代思想的理论基础。在这两个层面中，最重要的关注点在于普特南是否促成了历史之物对先验之物的取代，也就是为何从实在论中产生了历史意

---

① 有关普特南对常识世界的强调，及其所造成结果的详细讨论，还可参考理查德·伯恩斯坦（Richard Bernstein）为此撰写的专文《实用主义的转向：事实与价值的缠结》。

识的问题。

　　早期的普特南思想是直接从现代科学哲学的理论世界来建构其科学实在论，这就意味着需要首先跟随普特南回到他思想的原点。通过分析其本人对实在论的基本要求，可以获悉早期普特南是如何看待现代科学与实在论的。在这方面最有代表性的文字，就是他为其第一部论文集《数学、物质与方法》所撰写的序言。在其中他谈到自己的主要论题包括以下几个方面：

　　　　第一，实在论。实在不仅涵盖关于物质的对象，而且也涵盖物理中的"共相"如物理场和物理量等，以及有关数学的必然性与数学的可能性。第二，对于任何真理都绝对是先验的这种观念的反驳。真理也同样服从于经验和准经验的历史和方法。第三，对于"事实陈述"在任何时候都只是经验的，也即只是从属于实验和观察的这种观点的反驳。第四，数学也不是一门先验的科学的观念，而是需要从历史的和方法论的方向思考其经验和准经验方面的真理是什么。①

　　以上便是普特南本人对其实在论思想的基本要求的概括，另外在这篇关键的序言当中，还有其他一些地方值得我们注意。其一是专门论述实在论的部分，普特南写道：

　　　　在我看来，科学的陈述或者是真的或者是假的（尽管经常的情况是我们不知孰真孰假），而且它们的真和假并不包含在它们被高度导出的描述人类经验的规则性方式之中。实在并不是人类心灵的一部分，毋宁说人类心灵是实在的一部分。①

　　而在同一篇论述的另外一处地方，普特南还专门提到了那个支持科学实在论的经典无奇迹论证：

---

　　① Hilary Putnam. Mathematics, Matter and Method（Philosophical Papers, vol. 1）[C]. Cambridge：Cambridge University Press，1975：1.

　　　　科学，包括数学是一个统一的叙述，而且这个叙述绝不是任何
　　神话，而是对真理的近似……科学的重要性不在于它对技术的应
　　用，而是一种获得认识的方式，并且是有希望地获取对自然奇观的
　　敬畏方式。①②

　　本篇序言在普特南早期思想中处于核心地位，言简意赅地阐明了普特南
对现代科学与实在论的基本诉求。鉴于此，有必要对上述诸段文字进行一番
深入的解读。针对第一点，普特南认为一种科学实在论的任务不仅要确认物
质对象的实在性，同时也要确认那些"物理共相"如物理量和物理场的实在
性。从这一点来看，普特南所要表达的意思有两个层面：首先，现代科学的
研究对象应该是一种物理性的物质世界，科学实在论需要强调世界在实在的
层次上应该是物质性的，而不是精神性的或者神秘性的。简而言之，普特南
所支持的是一种以现代启蒙为基础的科学唯物论。其次，现代科学对有关物
理共相的描述也应该是实在的。也就是说，现代科学揭示真理的能力还需要
依靠科学理论或物理语言对实在的指称作用。在这里，普特南实际上承认了
科学实在论必须凭借一种有关科学理论的语言哲学才是可能的，其中科学理
论必须有能力确认或者指称物理对象的实在性。针对第二点，普特南强烈抨
击了先验真理或者必然真理这样一种观念。对先验认识论的攻击毫无疑问是
普特南科学实在论思想的重中之重。在他看来，先验认识论是一种顽固的教
条主义，其核心就在先验认识论相信能够得到一种自我确证的必然性或确定
性。这种自信弥散于现代物理学和现代数学之中，导致传统的科学实在论相
信现代科学能够产生一种不服从后世修订，也就是免于被历史或后世的经验

---

　　①　Hilary Putnam. Mathematics, Matter and Method (Philosophical Papers, vol. 1) [C]. Cam-
bridge: Cambridge University Press, 1975: 9.
　　②　普特南本人在其晚期的回忆性文章《从量子力学到伦理并再度回首》中，再次引用了这一
早期的经典段落，并声称自己仍然赞同上面的每一个字，即他仍然要求科学是一种崇敬自然而非征
服自然的事业。

颠覆的理论系统。① 针对第三点，是普特南面对当时的科学哲学所普遍信奉的经验论所作出的回应。在他看来，科学理论所提供的应该是对物理性对象本身的认识，而非是对主体自身拥有的感觉经验的认识。科学对现象的描述不应只是对观察、操作和证据的描述，或者只是对可观察物的描述。

在该篇序言中，普特南对实在论的另外两个看法同样具有重要的提示意义。其一是他强调科学陈述要么是真的要么是假的，而科学陈述的真实性并不仅仅来自经验的规则性或者心灵的状态。这意味着早期的普特南承认实在应该是超出理论的，对真理的判断需要有一种来自理论之外的标准。这与他此后的内在实在论主张具有明显的不同。也就是说，该时期的普特南认为科学理论是能够获得一种真实的实在，是可以判明外在世界之总体。只是各种科学理论能否真正地把握真理是需要时间和过程，是不以主体的经验内容和心灵状态为转移的。换句话说，普特南认为科学实在论所依靠的语言哲学应该能够使科学陈述的意义和指称在历史的变化中得到明确和固定。这与普特南其后的内在实在论主张——理论的真实性只能在理论内部得到判明，真理等同于"合理可接受性的理想化"——有很大的差异。在另一个段落中，普特南提到了由其本人提出的那个著名的无奇迹论证，即只有坚持一种科学的实在论，才能不至于使现代科学的成功沦为一种神话。普特南在此处的表达至少有两个层面的涵义。首先，他补充了何为现代科学成功的判定标准。可以看出，普特南并不认为现代科学的成功能够直接等同于对现代技术的广泛应用。普特南终其一生都没有为技术哲学留下过一点空间，原因在于他认为科学的意义并非是对现象世界进行基于人类意图的改造，而是一种对真实自然的确切理解和崇敬。在普特南看来，现代科学的成功在于它向我们指明了自然的真实面貌，而非允许我们向自然灌输自己的意志。其次，普特南在这里点明了他所理解的科学事业的标准，即一种消除了人类认识论中的神秘成分，一种祛除了人类面对自然时的蒙昧态度的事业。简言之，现代科学在普特南那里代表着现代理性主义的启蒙事业。普特南需要的是一种完全祛魅化

---

① 普特南本人经常在两个层次上谈论"经验"。其一是与"先验"对立的层次上，普特南强调所有科学陈述都应该服从后世经验的持续修正，主张所有认识都是一种后验的过程。其二是在"感觉材料"的层次上，即认为我们能够认识到的只是外在世界所引起的内在感觉。对此，普特南强烈反对这种经验论的立场。在这里，不可把普特南对"经验"的两种不同用法混为一谈。

的科学哲学，即用来自物理的和生理的唯物主义解释来取代那些认识论中的非物质性的因素，无论他们是心灵的神秘作用还是不可捉摸的理论实体。

二　笛卡尔主义与心灵哲学

从上述普特南对实在论的描述来看，普特南所要求的科学实在论是一种能够为现代科学的合法性提供根本支持的理论。需要再次强调的是，普特南是在启蒙理性和科学唯物论的意义上理解现代科学的。他坚持认为现代科学应该是消除人类蒙昧的事业，而一种彻底唯物主义的科学，应该是以现代物理学为代表而得到界定的。也就是说，启蒙科学或科学唯物论意味着承认世界在本质上的物理性，进而消除那些精神性的或者神秘性的成分，也就是消除前科学世界中的那些非科学性的对象。这就使普特南从对现代科学的关注过渡到了对心灵哲学的关注，而其中占据最重要位置的是他对笛卡尔主义心灵观的看法。在普特南的科学实在论态度中，我们已经发现了一种对笛卡尔主义继承式的批判占据着重要的位置。一方面，普特南完全同意笛卡尔对外在世界的定义，即一种非精神性的纯粹物理广延。另一方面，普特南不同意笛卡尔主义对心灵的解释，反对心灵能够拥有一种自身就是清楚明白的基础性观念，也认为这种心灵生产观念从而塑造物质世界的能力依靠的是未经辨明的神秘理论。尤其是在笛卡尔主义身体与心灵二分的图景中，心灵不仅与一种超越物理的形而上学相联系，还使其具有了一种能够向外在世界投射自身的想象能力。在普特南看来，这种认知自我与世界本质之间的神秘关联是与他所要求的完全祛魅化的现代科学无法兼容。

如何理解笛卡尔主义所催生的那个"我思的自我"，是洞察普特南打造自己的心灵哲学的关键。从上述的分析中看到，普特南对笛卡尔主义心灵观的第一个不满来自于其身与心的二元论。笛卡尔的心灵观通向了精神性的形而上学，通向了认为人的心智、观念和情感是某种异于外在物质世界的唯心主义哲学。尤其是他还开启了那种人的灵魂性与身体性之间孰高孰低、孰有孰无的无休止争论。在普特南看来，如果不解决在心灵哲学中这一系列成问题的假设，就难以构建一种真正的科学实在论。可以看到，普特南明显试图弥合笛卡尔主义中那种身与心的二分法，或者说暂时性地搁置两者间的巨大分歧。普特南赞同笛卡尔主义将外在世界理解为单纯的物质性，但依然认为笛卡尔有关心灵的教诲带有超越现实的神秘成分，这就是普特南提出其心灵的功能主义的根本动机。在功能主义的心灵观中，心灵被包括大脑在内的完整有机体的反应功能取而代之，并以图灵式的自动机作为与外界交互的范式。因而消除了笛卡尔主义心灵观中，那种认为意识是某种心理状态或者固有观念的精神性成分。然而普特南的这种处理方式无疑也令心灵成为了一种身体的附属现象，尤其他还单纯地将心灵与身体的统一体理解为机械性的功能活动，或至少是通过物理或生理的方式去解释心灵的本质，从而将人的生活等同于可自动对环境作出反馈的机器。但是，这里重要的是我们应该先去理解普特南构建理论的意图和动机，进而把握普特南本人的思考方式和哲学立场。

普特南对笛卡尔主义的第二个根本性的不满，来自于其所带来的根深蒂固的内在论心灵观。这种观点造成的一个严重的现代后果就是，宣称我们对外在世界的一切认知，都不过是发生于心灵内部的心理过程。它们都是种种类似观念、情绪、想象、意识等纯粹内在的心理属性，甚至是某种神秘的心理实体或者玄思的直觉，从而不可能是对外在世界的真实认识。换言之，内在论的心灵哲学使得外在世界的实在性无法从根本上得到判明。我们能够认识到的是我们自身的心理状态，尽管种种心理状态可能是由外界刺激所引起的，但从根本上讲我们无法对外在的客体有任何明确的认识。在普特南看来，这种内在论的心灵哲学仍然要追溯至笛卡尔主义，他将其称为一种"固化的心理状态理论"。① 笛卡尔主义心灵观的典型特征是将心灵等同于某种完全封闭的认知自我，而这种认知自我的产生毫无疑问又是以笛卡尔式的现代怀疑论为基础的。对笛卡尔来说，感觉的欺骗性使其有理由怀疑通过感官所获知的一切外在事物。尤其是从根本上缺乏明确区分清醒与睡梦的标准，也就是说主体有理由怀疑一切外在于心灵的事物都是虚假的。然而，在这种普遍怀疑的彻底过滤下，仍然能够经受住筛选的是这样一个绝对确定的真理：那个怀疑着的自我是切实存在的，并且总是作为拥有主观自发性意识的思考者而存在着，否则便不能行使这种普遍怀疑的职责。在笛卡尔那里，"对我思的自我的存在这种绝对肯定的认识，要超越于任何其他不确定的知识，因

---

① Hilary Putnam. Representation and Reality [M]. Cambridge, Massachusetts: MIT Press, 1988: 21.

而堪称最首要的认识"。① 但是，这种最确定的自我存在与否，却与外界的实际条件毫无关联。即使外在世界的存在状况从根本上而言是虚假的，依然不妨碍笛卡尔主义的内在心灵保持正常运作，因为它完全基于一个与世界无关的怀疑着的认知自我之上。

　　简而言之，笛卡尔主义的心灵观是一个允许不负载任何外在现实内容的主体，它从根本上不受物质性世界存在与否的影响。对笛卡尔而言，他是通过那个著名的"上帝论证"来超越这种自我的封闭性。根据这种论证，上帝是作为一个绝对完满的理念存在于自我的意识和观念当中。② 因此，作为在本质上象征着完满的上帝理念便绝无可能像现实的感官世界那样包含着欺骗性，从而也必定是真实无误的。所以，那种认为外在世界是虚假的观点从根本上来讲是可以避免的。因为在上帝理念的保护下，我们能够真正清楚明白地洞察到一切，都必然是真实的，尤其是那些具有绝对确定性的知识，都必然是真实的。③ 对笛卡尔来说，他是以上帝的可明证性的理念推导出了心灵，也就是那个我思的自我具有超越自身进而理解外物的能力。然而关键的一点在于，笛卡尔达到这一目的采取的办法是要求哲学无条件地回到意识本身，也就是回到一个完全与外界无关的自我。他的结论是，所有思维活动，无论是想象、感知还是意识，根本都不以一个外在世界的存在为前提，无论这个世界到底是精神性的还是物质性的。对普特南来说，当他试图创造一种彻底祛除蒙昧的科学哲学时，也就是构造一种完全的科学唯物论时，是不可能承认在心灵内部能够直观地察觉到笛卡尔所谓的那个绝对完满的上帝观念。这就意味着在笛卡尔主义中，那个唯一能够使封闭的自我与外界沟通的最终保证被移除了，如此剩下的只能是一个纯然闭塞的主体，一个受制于自己所制造出的心理状态或感觉意识的自我。

　　概括来看，内在论的心灵观实际上本身就是一种现代思想对笛卡尔主义

---

　　① 列奥·施特劳斯. 霍布斯的宗教批判——论理解启蒙 [M]. 杨丽，等，译. 北京：华夏出版社，2012：162.
　　② 笛卡尔. 第一哲学沉思集 [M]. 宫维明，译. 北京：北京出版社，2008：34-40.
　　③ 普特南对他否认先验认识论和必然真理观的说明，仍可参考其第一卷论文集《数学、物质与方法》的序言。其中普特南认为，这种先验真理的最佳代表就是笛卡尔的"清楚明白"的观念，这种观念带来了所谓"自身确证的真理"。

心灵哲学祛魅化的结果。在消除了有关上帝存在的理念之后，现代思想实际上接受了那个笛卡尔式的封闭自我，或者说亲手促成了这种心灵的封闭化。这也向我们指出了普特南在处理心灵哲学时所面临的复杂局面。一方面，普特南同样要求一种对人类心灵的完全非精神性的唯物论解释；另一方面，这种解释可能带来心灵的封闭化，也就是一个完全由自我支配的主体，一个可以丝毫不负载任何客观世界内容的心灵。在这种条件下，普特南是在接受了笛卡尔主义有关主体性的学说之后，进而试图创造新的理论模式，来使得心灵能够与外在事物拥有一种关联式的互动能力，也就是其功能主义心灵观的作用。总而言之，在构建一种全面的科学实在论时，普特南认为最大的理论障碍之一，就是笛卡尔主义这种不承担任何外在世界内容的内在论心灵观。在清理了普特南构建其心灵哲学理论所针对的基本问题和面临的基本困难之后，我们将在后面专门论述普特南本人的理论建构部分，再次处理其功能主义心灵哲学的具体技术性问题。接下来将考察在普特南看来构成其科学实在论的另一大重要理论地基，即语言哲学的基本状况。

三　休谟主义与语言哲学

科学实在论旨在强调科学能够向我们揭示世界的本来面貌，如果我们需要承认科学理论所描述的对象都是真实的话，就必须依靠一种有关科学语言本身的哲学教诲。也就是说，语言哲学从根本上决定了科学实在论的可能性。普特南将分析哲学对语言的关注看作是其建构科学实在论的重中之重，也就是他所谓的语言如何勾住世界的问题。然而需要强调的是，普特南并不仅仅是从单独的语言现象去看待科学实在论。在他那里，语言哲学与心灵哲学一并构成了科学哲学这一大的理论领域，对语言哲学的探讨离不开对心灵哲学的分析。具体来讲，普特南是这样将心灵哲学与语言哲学结合起来予以共同关注的：由笛卡尔主义所制造出来的认知主体基本上就是对康德先验认识论的不充分预估。这种强调心灵本身就具有一系列先天的清楚明白的观念，促成了在语言哲学中所信奉的那种绝对正确并且免于修正的语义观的出现。简而言之，促成了分析陈述与综合陈述之间的二分法，即将语言分为以自身意义为根据就是真的陈述与指向事实或者直接经验的陈述。另一方面，包括传统的实在论与逻辑实证主义等非实在论都继承了弗雷格哲学将语词分解为意义与所指的处理方式，同时拥护一种被普特南称为"固定的意义决定指称的学说"。认为各种陈述的意义是诸种存在于头脑内部的语义实体，或者以各种方式与头脑相联系，并以此一劳永逸地决定了该陈述所指称的对象。从而发现，普特南对语言哲学的批判与他对笛卡尔主义心灵哲学的批判一脉相承。在他看来，在心灵哲学中所面对的基本困难再一次在语言哲学领域得到了重现，即那种来自于 17、18 世纪主体与客体相互分裂的二元论图景。其中主体被理解成一种封闭的自我，而客体则被塑造为相对于主体的对象式外在世界。

在语言哲学中，普特南认为实在论所要面对的困难甚至比心灵哲学还要复杂。原因在于逻辑实证主义在当时的广泛流行，实在论不仅要处理那个封闭的心灵观问题，这一次还要面对封闭的经验论问题。在笛卡尔主义那里，那个怀疑一切的认知自我之所以能够产生，本身依靠的就是笛卡尔对感觉经验的欺骗性的强调。[①] 笛卡尔认为，无法从根本上杜绝存在一个无所不能的魔鬼的可能性，致使我们对于外在世界的一切感觉认识都是虚假的。甚至不存在正当的理由去区分外在世界到底是真实还是虚幻。也就是说，笛卡尔主义的唯理论是建立在对人类经验的不可靠性的强调之上。然而在现代语言哲学那里，以逻辑实证主义为代表的主流观点却反其道而行之，诉诸经验本身的绝对真实性和客观性，因而诞生了那个著名的观察陈述与理论陈述之间的二分法：语词的意义被等同于能够证实它的证据。在普特南看来，在语言哲学领域中，科学实在论所面对的最大障碍就是逻辑实证主义所凭借的那种语言哲学。对逻辑实证主义来说，其相当正确地将自身的起源归结到了英国的经验论哲学，也就是归结到了休谟与洛克的源头。在休谟哲学中，经验是分割世界与自我的分界面。我们既需要通过经验来洞察人类心智的本性，又需要通过经验来理解世界自身的结构。然而，在这两个方面，休谟哲学为我们提供的答案都是悲观的否定。一方面，休谟认为经验是心灵制造的情感反应，是某种感知或者事物的表象。然而，我们能够理解的只是那个呈现于经

---

① 虽然笛卡尔与英国经验论哲学对"感觉"与外部世界的理解和承认具有极大的差异，但二者却都诞生了对"主体性"极端依赖式的强调。有关笛卡尔的唯理论与经验论之间的内在相关性，可参考列奥·施特劳斯在《霍布斯的宗教批判——论理解启蒙》中的出色论述。

验中的自我，而人类心智的本性却是永远封闭的。简单来讲，休谟哲学承认了主体可以理解由其生产的认知对象，却无法从根本上理解主体从事认知活动的动机：主体本身是封闭而不可理解的。另一方面，主体真正去认知的对象也只是其拥有的经验而已，并不是任何外在的真实事物。从某种程度上看，无论是在休谟那里还是在霍布斯或洛克那里，世界在"实体"这个层次上都是无法被认知的。能够认知的只有外在事物给予人在感官上的某种压迫性，也就是客体刺激主体产生的物理经验性。我们可以这样总结经验论哲学给现代思想带来的巨大影响：主体实际上是通过认知行为，将客体内在化从而以经验的形式制造了自身。主体的本性被由其自身生产的认知内容隐藏了起来，其结果是我们能够理解由自己制造的认知物，却既无法理解外在世界，又无法获得内在的自我认识。

在休谟那里，我们能够拥有的是我们自己对外在世界的表象。而在内化的表象与外在的世界之间，永远被一条名为经验的沟壑所阻拦。为了解决这一根本性的困难，休谟准备了有关理性批判、自然信念与自然直觉的教诲。根据休谟，人能够超越自身通达万物是因为理性具有把握必然性的能力，因而能够超越于经验。同时人又有着获取诸种自然原则的能力，也即掌握普遍有效的正义法则的能力。然而，作为休谟思想继承的逻辑实证主义，在关键的地方背离了休谟的教诲。不同于休谟强调理性、信念与直觉本身的力量，逻辑实证主义用来整肃经验的工具是概率论和符号逻辑，而这两种活动又都需要通过主体的数学性思维来得到诠释。其结果是"理性"被固化成了受主体支配的数理系统，因此，逻辑实证主义便难以像休谟哲学那样能够拥有突破主体自身的可能性。也就是说，逻辑实证主义本质上是语言和概念系统之间的重构和还原。然而在普特南看来，逻辑实证主义必须既依靠一种封闭的心灵哲学，又依靠一种固化的语言哲学，才能够达到他的目的。普特南认为，逻辑实证主义至少在语言哲学上凭借了三个成问题的假设。第一，存在着能够指向一种提供中立性事实的陈述。这种中立性事实必须是直观性的所予，它的产生无需任何知性或解释性的参与。这种陈述要么指向某种直接经验，要么指向某种神经生理学的大脑状态，也就是被卡尔纳普称为原初经验的基本要素。第二，存在着能够满足一种同一性关系的分析式陈述，这种陈述仅凭自身的涵义就是真实的。也就是能够满足命题函项普遍蕴含的等值关系的陈述。第三，存在着一种能够判断各种其他陈述是否有意义的绝对标准，也就是某一陈述是否可以被由卡尔纳普所认定的构造系统之间的相似性关系，成功还原为分析陈述，或者有关原初经验的基本要素的陈述。

可以看到，区别于休谟的自然法则，逻辑实证主义实际上是将外在客体理解为了一种被主体所内化的"客观性概念"。认为只有把一切有关日常生活的杂乱概念，都还原为一种由形式逻辑所重构的原初经验的概念系统，才是真正称得上客观的知识。其结果是，正如卡尔纳普在《世界的逻辑构造》中所坦白的那样："实在"被转化为一种呈现于主体的经验结构，进而被等同于主体之间所拥有的经验一致性。① 世界被还原为纯粹现象主义的经验流。而主体先天地就能够获得诸种承担客观性概念的直接经验，负责向主体提供绝对中立性或所予性的事实，也就是罗素哲学中的感觉材料。卡尔纳普通过形式逻辑的手段，将康德意义上的先验自我转化为了他所称之为的"原始主体"，进而试图将一切个别经验都还原为纯粹的感觉材料语言。在普特南看来，逻辑实证主义及其语言哲学是科学实在论所要面对的第二个重要的困难，因为其一方面继承了类似笛卡尔主义的封闭的认知主体，更为这一主体套上了自身经验这一固有的枷锁，也就是成为了失去"联系功能"的休谟主义。而另一方面，逻辑实证主义还将康德的先验认识论转化为理论陈述与经验陈述之间刻板的二分法，更加深了语言哲学本身固有的教条。普特南总结到：逻辑实证主义的一大后果就是，那些所谓"坚硬的事实"不过就是主体实际拥有的或者潜在的经验。而科学实在论必然不可能满足于认为对外界的认识只能是对经验流或者现象刺激的认识。对此普特南谈到：认为一切知识都只是一种语言行为的观念化，而一切语言行为又都只是关于可观察性质的感觉性描述。这种对哲学的现象主义看法对普特南来说无疑是对人类知识的巨大扭曲。在其他一些地方，普特南再次批评了如费格尔这样为实证主义辩护的现代经验论者。在费格尔那里，典型地存在着某种"粗制的感觉"，能够独立于任何公共的语言概念系统，从而可以取代传统经验论中那种成问题

---

① 鲁道夫·卡尔纳普 [M]. 陈启伟. 上海：上海译文出版社，2008：71-82.

的私人经验流，并因此能够为主体提供纯粹事实性的中立对象。① 而在普特南看来，费格尔所认定的"粗制感觉"无非就是感觉材料论的更新版本，其目的仍然在于试图为主体提供能够包含事实成分的客观性概念。毫无疑问的是，普特南认为任何现代经验论及其变种的问题并不在于它们理论技术上的不完善，而是其所依靠的语言哲学，归根到底是将语词的意义完全还原为一种纯粹经验上的可证实性和行为上的可操作性。从而将知识误解为对主体本身的认知产物的揭示，而非对外在世界真实面貌的描述。

---

① Herbert Feigl. The "Mental" and the "Physical" [J]. Minnesota Studies in the Philosophy of Science，1958（2）：370-497.

第三章 科学实在论的理论奠基

本章着重论述普特南在其早期科学实在论中提出的诸种技术性理论，尤其是那些对其整个实在论思想具有建构性意义的基础理论，这些理论主要渗透在语言哲学和心灵哲学当中，两者相互作用共同构成了其科学实在论的理论地基。其中的主要内容包括对语义外在论的阐述和以功能主义为核心的心灵观。通过这些基础理论的建构，可以看到普特南的主要意图在于恢复现代科学沟通外部世界的能力，也就是尽力破除现代思想中那个封闭的主体性。还可以看到，普特南同时致力于使现代科学具有在变化的历史中不断切近实在的能力，也就是恢复某种对现代科学的常识性理解：科学始终处于动态的进步过程中。这一意图反过来又需要依靠语言哲学与心灵哲学的具体理论建构。最后还将对普特南所承认的科学实在论的整体图景进行概括性总结，以便看清这一图景与近代主客二分的认识论哲学之间的关系。

第一节 语言哲学的理论建构

一 分析与综合的二分法

正如前文所阐述的那样，普特南的科学实在论直接开始于现代科学哲学的理论世界。这就促使普特南认为，科学实在论所面对的最大障碍就是那个近一个世纪以来在科学哲学中占据统治地位的趋势：实证主义。在普特南看来，实证主义的根本性主张在于承认了一种绝对中立的客观事实和一种纯粹逻辑等值的语言规则之间的刻板二分法。一方面，客观事实在极大程度上只是某种类似"感觉材料"那样的对象，也即直接所予的感觉经验。而另一方面，语言规则被理解为某种单纯的形式逻辑，并不负载任何来自世界的内容。简言之，对普特南而言，实证主义最根本的问题在于它可以完全抛弃一个真实的世界而独立自主地运作，其理论成功的标准完全来自于主体自身的观念性标准，这一标准被还原成了某种具体的语言哲学教条：认识一个科学命题的意义，等同于认识什么将是对那个命题的证据。这就导致从实证主义中不得不推导出这样一个结论：现代科学真正在做的只是描述我们人类经验内所具有的规律性。这些规律性又由我们自身塑造的形式逻辑所支配，而并非任何自然本身的性质。在普特南看来，这种经验主义哲学同时也奇异地接近于某种不可思议的唯心主义，共同加深了现代思想的不可理解性。

可以看到，实证主义所依赖的语言哲学实际上使自身陷入到某种困境当中。一方面，必须将事实理解为一种纯粹中立的直接经验，其中没有任何来自主体的知性、解释性或创造性的参与，因而能够承担实证主义所要求的那种客观性概念。另一方面，必须承认科学陈述能够具有一种区别于外延的内涵意义，一种不依赖于事实成分的语义真理性。最后，必须相信每一个有意义的科学陈述都等值于某种以指称直接经验的名词为基础的逻辑构造。也就是承认，在科学陈述的内涵和证据之间存在着某种莫名的等值关系，而且这种相互还原的构造还具有康德意义上的先天必然性。也就是认为，实证主义的有效性实际上必须以一种分析陈述与综合陈述之间的二分法作为基础才是可能的。在普特南看来，实证主义所采取的这种基础性方针，使其必然在表面上歪曲现代科学的实际运作过程，进而同情某种类似行为主义或操作主义的科学观。表现为将那些指涉不可观察之物的陈述还原为类似"可观察事物"或"可观察性质"这类成问题的感觉陈述，进而又将诸多感觉陈述所形成的证据集合直接等同于理论陈述的意义。举例而言，实证主义必须相信，在类似"伏特计的指针改变了位置"这样的经验性陈述与类似"电流在导线中流动"这样的理论性陈述之间，存在着纯粹分析式的等同关系。然而在普特南看来，这种关系不可能具有一种先验的相互还原性，而至多是一种粗略的约定关系。

普特南对实证主义的批判基本延续了其导师赖辛巴赫的路数。在《经验与指称》中，赖辛巴赫强调经验性陈述所形成的证据在大多时候只是表现为理论性陈述的一个成问题的推论。① 在两者之间那种貌似合理的等同，实际上只是科学家由一种约定式的规则来推进科学合理化过程的活动。而普特南实际上将赖辛巴赫的论述继续推进了一步。按照普特南的表述，在理论性陈述和经验性陈述之间，真正存在的并非先验的等值逻辑关系，而是掺杂着许多由我们自己生产的习俗性的约定成分。我们之所以能够从"伏特计的指针改变了位置"进而推导出"电流在导线中流动"，乃是因为我们接受了一种暂时性的有关电流流动和伏特计结构的物理理论。② 因此，在普特南看来把在一个理论中事实上成问题的推论，表现为一种逻辑上的等值关系，必然是对真实科学行为的重大歪曲。如今可以发现，所有这些由实证主义科学观所表现出来的问题，最终都是语言哲学中有关分析陈述与综合陈述二分法的延伸。通过瓦解实证主义科学观所凭借的基础，普特南实际上是在回应蒯因对经验主义两个教条问题的阐述与批判。

通过梳理普特南看待实证主义的态度，发现问题的重点落在分析与综合二分法的问题上。在蒯因那里，对这种二分法的批判使其直接走向了对实用主义的拥护。根据蒯因，任何语言本身都不可能具有一种与整体规则和整体经验相互脱离的独立真实性。那种名词和陈述所具有的以内涵为基础的意义真值，实际上只是一种以相互替换为规则的语义同一性而已。③ 但这种同一性又从根本上无法脱离语言使用者所身处的语境和习俗的总体，因而最终受到主体自发的解释性或其心理学选择的任意支配。与此同时，在分析陈述与综合陈述之间，也根本不存在先验性的还原关系。这不仅意味着我们的感觉陈述中不可能包含那种原子式的中立感觉材料，同时也意味着一个有意义的理论陈述不可能被规整地分解为数个直接指向诸感觉材料的独立陈述。蒯因对分析与综合二分法的处理手段是一方面彻底抛弃分析与综合判然有别这一区分本身，另一方面又拒绝承认名词或陈述能够包含任何弗雷格哲学中的语

---

① Herbert Feigl. The "Mental" and the "Physical" [J]. Minnesota Studies in the Philosophy of Science，1958（2）：370-497.

② 普特南在其第二部论文集《心灵、语言与实在》中，又将实证主义的语言哲学简要地表述为一种"混淆意义与证据"的做法，即试图在理论陈述与指向直接经验的感觉陈述之间建立起分析式的还原关系。

③ 蒯因. 从逻辑的观点看 [M]. 江天骥，等，译. 上海：上海译文出版社，1987：11-21.

义实体，也就是彻底抛弃语言的意义理论。对蒯因来说，语言意义的单位将是全部科学的整体，包括所有的理论陈述和感觉材料语言。作为一位经验论者，蒯因始终将科学单纯地看作是一种我们根据过去经验来预测未来经验的概念系统工具。[①]

普特南对分析与综合二分法的批判与蒯因相比又有所不同。在普特南看来，蒯因的处理方式可以表达成一种呈现为"极端否定"的肯定态度。蒯因完全否认在分析陈述与综合陈述之间能够拥有任何清晰明确的划分，而对普特南来说，这种完全抹杀了所有陈述之间区别的做法，实际上相当于承认了这样一条分析式的真理："所有种类的陈述不存在任何本质上的差别。"或者可以表达为："缺乏甄别各种陈述之间差别的必要手段，这一点是绝对必然的。"这就是普特南对蒯因论题抱有的一个根本性的态度，即一方面同样试图削弱分析与综合二分法的这种尖锐刻板的划分；另一方面又试图保留这一划分的必要性，进而承认各种陈述在性质上的开放性差异。深入对比两人之间态度的不同就能发现，普特南真正反对蒯因的地方在于，蒯因取消分析与综合二分法的意图，同样承诺了一种免于颠覆的分析式的绝对真理，即强调从根本上无法区分语言中可能包含的差异。换句话说，蒯因破除语言哲学中基础主义教条的努力，反过来又形成了一种反基础主义的教条，一种拒绝被后世更改的理论基础，即蒯因著名的"本体论的相对性"和"翻译的不准确性"原理。而普特南的处理办法在于，他试图将这一区分保留在一种开放式的表达空间中，从而避免形成任何确切的、免于颠覆的基础性结论。按照普特南的阐述方式来说，"我们或许处于知道这种区分的位置，但又不知道这一区分的本性是什么"。[②]

进一步讲，普特南的真正意图在于，使我们对语言本性的各种理解处在一个不断变化、持续改进的连续过程中，也即一个历史性的总体进程中。按照普特南的处理，对分析与综合之间的区分，一方面位于一种暂时性的、约定性的局部稳定态势；另一方面又伴随语言使用和科学发展的过程存在着不

---

① 蒯因. 语词和对象 [M]. 陈启伟，等，译. 北京：中国人民大学出版社，2005：88-91.

② Hilary Putnam. The Analytic and the Synthetic [J]. Minnesota Studies in the Philosophy of Science，1962（3）：358-397.

断改变的空间。我们或许会在某一时空条件下接受某一分析性陈述为真，但这并不意味着这种接受就会使其免于时空变化的修正。可以看到，普特南实际上反对的就是语言哲学所继承的那种前文曾着重阐释过的"固化观"。其真正的理论意图在于反对先验认识论中的绝对真理观，反对我们的语言表达具有一个超越历史的内在意义，从而使先验认识论被一种历史的发展观取而代之。普特南一方面赞同蒯因对分析综合二分法的批判，认为把基于约定而产生的暂时性真理等同于不可更改的先验分析式概念纯粹是一种语言学的误用；另一方面他又反对蒯因过分激进地取消了这一差异，甚至取消了语言哲学的意义理论，进而形成了另一种固化的整体论教条，一种非确定性的基础主义结论，即认为一切陈述的意义都不过是任意的语言约定。在普特南看来，真正有益的做法是将固化的先验认识论引向动态的暂时性，即变化的历史。在承认各种陈述的性质能够得到相互区分，承认我们可以认识到分析陈述真理性的同时，又强调诸种区分和认识都只是暂时性的约定结论，进而需要在未来得到不断修正和改进。[①]

二　理论定律与自然词项

正如前文所阐述的那样，普特南是着重于以一种历史的眼光，一种发展过程的态度来审视科学理论。他是在这样一种层次上来反对先验真理：要求所有科学陈述都必须面对未来的持续修正。现在让我们再次回到对实证主义的考量。在普特南看来，实证主义正是在这一问题上面临着巨大的危机。其所笃信的经验主义和先验认识论无法与一种必须具备的历史眼光相互兼容：实证主义难以说明科学理论在科学发展过程中的变化。实证主义的语言哲学以分析与综合的二分法和经验主义的感觉材料论为基础，这就促使其将科学理论的意义与科学陈述的证据相互混淆。如此一来，一个单独的科学陈述就成为了实现整个理论逻辑自洽的功能性零件，那么在每一个整体的科学理论

---

① 有关普特南批判分析与综合的二分法，及其与蒯因思想的差异，还可参考穆勒（Axel Mueller）的专文《普特南与蒯因对待修改分析与综合的二分法》，其中穆勒同样注意到普特南对一种"持续演进"的诉求，即要求所有对陈述的理解都应当服从经验的、后世的修订。普特南亲自撰文回应并承认了其最初的要求在于强调没有任何知识是先天必然的，都将处于持续更新的历史过程当中。该文收录于 2013 年版《阅读普特南》。

发生变动的时候，构成这个整体理论的所有陈述和词项就都会在意义的层次上发生剧烈变动。反过来讲，如果针对单一的科学陈述所拥有的经验性证据发生变动的话，不仅会导致该陈述的意义产生变化，还会导致整个科学理论都无法维持原有的逻辑自洽。总结来看，实证主义不得不接受这样一个困境，就是他无法面对科学理论在一个历史性过程中的发展变化，所有局部的变动都会导致整个系统的崩溃。实证主义以意义与证据之间的分析性还原作为基础，同时又信奉某种意义的网络理论；然而他又无法处理在语言意义和经验性事实之间经常出现的不一致和持续性的变动更替。这就是普特南指出的实证主义的二律背反：他甚至无法解释为什么一个最普通的科学词项在不同的理论语境中能够具有不同的意义。

在普特南看来，实证主义问题的深层根源依然是没有在终极的意义上承认一个真实的外在世界，他没有把科学理论的作用对象定位于实在的层次，而只是寻求在理论和经验之间的逻辑等同。这就导致实证主义所凭借的语言哲学从源头上就将真理限制在某一科学理论的特殊语境之内。科学陈述的意义完全依赖于理论本身，而缺乏超越理论的部分。对普特南而言，解决实证主义困境的最佳方式就是承认一种科学的实在论。按照普特南的表达方式来说，对一个实在论者而言，"无论我们的电荷理论有多大的变化，在词项'电荷'的意义中有一个因素在过去 200 年中都没有发生变化，它就是所指"。[①] 在普特南看来，电荷的所指是某种实在的量值，即使我们有关那个量值的理论已经发生了剧烈的改变，我们还是有办法通过某种因果性的关联，来确认这个实在的量值独立于瞬息万变的理论变化。也就是说，只有坚持一种科学的实在论，科学理论持续变化的历史性才是可以接受和可以理解的。

至此为止，需要对普特南的立场进行一个深入的解读。实证主义之所以无法处理科学理论在时空环境中的变化问题，乃是因为它忽略了世界本身的内容。普特南则调整了科学陈述的作用对象，使其从单纯地指称直接经验变成了指称实在本身，这就使得科学实在论得以规避了实证主义那种无法解决的意义网络与感觉材料之间的二律背反，从而恢复了现代科学面对理论变化

---

① Hilary Putnam. Mind, Language and Reality (Philosophical Papers, vol. 2)[C]. Cambridge: Cambridge University Press, 1975: 6.

的那种可理解性。无论科学陈述发生了怎样的更改，都并不引起理论意义的系统混乱，因为它们完全都指向同一真实性的实在，都是对同一实在的不同理解。经过普特南的调整，现代科学不再是实证主义的那种单纯描述人类经验中的规律性或生产纯粹数理逻辑的事业，从而改变成对真实的世界进行持续性认识的行为。这种认识处在一个整体性的时间进程当中，并通过不断修正过去的理论而向真理趋近。进一步讲，早期普特南所真正要求的，实际上是恢复某种对现代科学的常识性理解：科学是对真实世界的描述，而科学事业不断处于进步的过程当中，将永远在未来得到改进。

　　然而，普特南的处理方式仍然使实在论在面对科学理论的变化时存在着相当巨大的困难。对实在论而言，科学理论都指称一种真实性的实在，那么该如何理解旧有的科学理论在历史上被新的理论所取代；如果新旧理论都描述了一个真实的实在，那么岂不意味着有多少种科学理论，就存在着多少种真实的世界，或者说，科学实在论在这里是否需要被迫采取纳尔森·古德曼的激进实用主义立场，即我们的科学理论和实践创造了形形色色的多元世界。① 如此一来，科学理论的前后更替就等同于科学家对真理偏好的不断转移，其中并没有描述任何一个绝对的世界。普特南要求的现代科学是一种能够描述现实的真实世界的严肃事业，它必须为我们提供有关实在的真正知识。但是普特南一方面提倡以一种历史的眼光来审视现代科学，要求所有科学理论都可以被后世的修订所替代和改换；另一方面，普特南主张的科学实在论如果放到科学史的发展过程中考量，就会出现在不同时期存在着各种真实世界这一关键性的矛盾。

　　为了解决这一矛盾，普特南所选择的办法是诉诸一种历史化的扩充主义。对此而言，普遍的科学概念是一种可以不断扩充现实性内容的连续统。为了达到这一目的，普特南所采取的具体手段就是修改如何看待理论定律与自然词项这两个问题。在理论定律这方面，科学实在论面临的问题：如果我们承认某一物理学方程式，如爱因斯坦质能方程 $E = mc^2$ 具有表明正确性的真理地位的话，那么我们该怎样解释动能在爱因斯坦之前或之后的其他时期

---

　　① Nelson Goodman. Ways of worldmaking [M]. Indianapolis：Hackett，1978：7-10.

还被任意地表示为另外的形式，如 $E=\frac{1}{2}mv^2$ 或 $M=\frac{1}{2}mv^2+\frac{3}{8}mv^4+\cdots\cdots$。

普特南所偏爱的另一个例子，比如在黎曼几何得到发展之前，我们可以把欧几里得几何学定律都视为必然确定的真理，如定律 F＝ma。但在如今的时空条件之下，现代科学便不会认为"光的射线路径都是直线""两条平行线永不相交"这样的陈述是自明的准则。① 可以看到问题的关键在于，一方面如何保证所有历史场合下现代科学所形成的认识都可以是真实的，在另一方面又能够解释这些理论何以允许被后继者所取代，而不至于产生理论与实在的相互矛盾。在普特南看来，解决之道在于强调所有相关概念系统在整体上都是一种多维的连续统。因此，所有定律实际上都具有一种"束族"（Law-Cluster）的性质。在高度发展的科学中，所有词项都是定律束的概念，可以得到持续地扩充和改进。因此，那些被修正的物理定律并非完全错误的虚假，而是被未来的理论整合进定律束的连续统中。普特南借用维特根斯坦的经典比喻，强调所有的定律束缠结在一起构成了全部真实的物理世界，而其中又没有哪条完全贯穿整个绳子的长度。②

如此一来，既可以确保所有理论都作用于某种实在性的真理，又可以承认所有定律都不是绝对正确的，全部需要在未来得到修正或补充。同时，这种补充亦不取消某定律在当时的历史场合下的真理性，相反使其成为了全部物理世界真实性的一部分。然而对普特南而言，只是处理了理论定律的概念系统问题，仍然没有全部解决科学实在论面对历史变化的这一问题，更加棘手的麻烦发生在有关自然词项的问题上。根据科学实在论，我们应该能够对诸如"老虎""黄金""榉树"这样的自然词项拥有深入的本质性认识；然而实际情况在于，尤其是普特南本人看来，今天我们对这些事物的认识与几千年前如古埃及人对这些事物的认识是完全不一致的，甚至在日常生活中也总能找到对某一自然事物认识的反常事例，如"白色的老虎""液态的黄金"等等。如此我们就发现，在自然词项中所面对的问题和在物理定律中所处理

---

① Hilary Putnam. Mathematics, Matter and Method (Philosophical Papers, vol. 1)[C]. Cambridge: Cambridge University Press, 1975: 4

② Hilary Putnam. The Meaning of "Meaning" [J]. Minnesota Studies in the Philosophy of Science, 1975 (7): 131-193.

的麻烦是一致的。科学实在论都需要解决在现代科学不断发展变化的历史条件下，对真实世界的持续讨论是如何可能的。

为了解决这一问题，普特南进而提出了有关核心事实的"范例定型"（Sterotype）理论。① 按照这种理论，我们对所有自然词项的概念，和对所有自然事物的认识，都处在一种语言学的约定条件之下，永远是一种对该事物的暂时性理解。这种暂时性理解基于语言共同体之间的约定性观念，形成了对某一事物只局限于该历史情境下的稳固理解。换句话说，我们对自然词项的理解将建立在一种语言用法的范式之上，这种范式是科学共同体对该自然词项及其所属种类所拥有的性质而认同的标准范例。因此它既是暂时的，又是稳固的，进而被普特南称为提示了自然事物核心事实的"范例定型"。如此一来，"范例定型"的不断演进就使得我们对任何自然事物的理解都处在一个历史的进步过程当中，所有自然词项的意义和外延都不断发生着改变。但科学在每一历史时期下的暂时性认识又都是真实而稳定的，从而构成了对整体现实性世界全部认识的一部分。

三 "孪生地球"与可能世界语义学

由前文所述可知，普特南的前期思想实际上试图打造的是一种以部分和整体关系为基础的渐进、发展、积累式的科学实在论。强调的是科学必将在未来揭示出综合性的真理，从而描绘实在的全貌。为了达到这一目的，普特南实际上认为最大的障碍就是康德以降的先验认识论。这种先验认识论又在现代语言哲学中以分析与综合的二分法作为主要理论基础，同时又以分析式的还原论、绝对真理观和必然本质论等作为具体的表现形式。从上述阐释中我们不难发现，普特南对理论定律和自然词项的处理同样是他对分析与综合二分法教条进行批判的延续。在他看来，无论理论类的定律还是自然类的词项都不应得到分析式的定义。所有科学陈述的意义均由一系列典型的核心事实来得到表现，这种核心事实既是科学共同体语言约定的结果，同时也能够揭示自然的一部分真实面貌。其中重要的是，无论普特南采取"定律束族"

① Hilary Putnam. Do True Assertions Correspond to Reality? （Philosophical Papers，vol. 2）[C]. Cambridge：Cambridge University Press，1975：70.

还是"范例定型"等术语来描述科学理论与实在之间的复杂关系，他所真正要求的都是用一种时间性的发展意识、一种不稳定的暂时性和开放性、或者科学共同体对核心事实理解的不断成熟和丰满来取代先验认识论为世界所提供的不变的结构。[①]

可以认定的是，普特南真正反对的仍然是来自 17、18 世纪的那种"固化"的哲学观。这种观念认为世界按照一种稳定的基础保持永恒不变的态势，进而能够被一种自明的方法一览无余地概括。或者认为我们能够先天地直接得到某种认识的纯粹形式，这种纯粹形式可以通过与自发的知性相互结合，进而塑造现象世界的稳定秩序。因此，可看到这种"固化观"是怎样以分析与综合的二分法在实证主义那里得到了淋漓尽致的展现；同时，这种"固化观"也以必然本质论和绝对真理观的面貌出现在传统的实在论当中。按照普特南自己的说法，传统的实在论者信奉一种固定的"意义决定指称"的学说。其中意义是一种发生在心灵内部的抽象实体或内在对象，进而一劳永逸地决定了语言的所指。这就导致了一种先验认识论的延续，按照这种看法，科学陈述的固定意义一度决定了所指之物的本质，从而通向了某种不可更改的绝对真理。我们可以说在反对"分析性"这一重要概念之后，普特南将矛头再次对准了这一概念的两个衍生的理论产物：必然本质论和绝对真理观。为了达到这一目的，普特南必须重新回归求助于一种语言哲学的理论建构。一方面，这种哲学需要满足"真理"是外在于科学理论的范畴，能够指称真实的所指之物；另一方面，这种哲学又需要使科学理论在意义的层面上并非一次性地决定所指，即决定自然事物的本质。换句话说，普特南需要重构语言哲学中意义与指称的关系问题。

这就是普特南提出的那个著名论证背后所真正凭借的思想动机和理论意图。这个论证即众所周知的"孪生地球"论证。其目的在于破除传统实在论的语言哲学所导致的必然本质论和绝对真理观，从而使实在论对事物的谈论能够安于一种基于现实的、历史的语言使用。"孪生地球"论证的主要着力

[①]　有关普特南早期的科学实在论与一种历史发展变化的意识之间的相互关系，还可参考博依德的专文《实用主义为世界带来了什么？》。该文讨论了普特南早期思想这种反对分析与还原主义的倾向与晚期实用主义实在论之间的联系，即要求所有知识都是"可错的"。该文收录于 2012 年的论文集《阅读普特南》。

点在于反对"意义决定指称"这样一种先验认识论的衍生产物。然而在具体的论证过程中,普特南又是在卡尔纳普心理主义的基础上来定义"意义"的。根据卡尔纳普,语言的"意义"等同于一种对心灵图像的唤起。知道一个词项的"意义"等同于处在一种心理状态之中。如此一来,对意义的掌握就相当于一种心灵活动,而"意义"本身甚至可被理解为某种心理实体。按照普特南的解读,这就是一种心理状态的"意义"—劳永逸地决定了语言所指的理论。"孪生地球"就建立在这种对"意义"的心理主义定位之上,进而试图构建起一种令"指称决定意义"的语言哲学。依照普特南的假设,完全可能存在着两个几乎一致的地球,而其中只有"水"这一事物存在着差异。具体而言这一差异又只表现在其化学分子式的层次上,也就是具有某种只有科学才能揭示的本质差异,而两者间现象层次的经验性质则完全没有任何不同。简而言之,"水"在地球上是一种名叫 H_2O 的液体,而"孪生地球"中的水则是 XYZ,除此之外二者没有任何现象上的差异。如此一来,地球上的人与"孪生地球"上的人在说到"水"这一词项时,唤起的完全是相同的心理图像,拥有相同的心理过程,处于相同的心理状态。然而"水"这一词项在地球与"孪生地球"中指称的完全是不同的事物,二者拥有不同的本质。这就证明了并非"意义决定指称"而是"所指之物决定意义"。

如今发现,普特南的"孪生地球"论证以一种对"意义"的心理主义理解为基础,完全摒弃了弗雷格主义对"意义"的诠释,对后者来说"意义"最终构成了一种超越性的第三领域实体。[①] 或许普特南本人认为即使弗雷格的反心理主义也不可避免地将掌握意义与一种心理学相连,就像蒯因对弗雷格的取代那样。[②] 但是这里问题的关键并非批判普特南论证的不严谨之处,而是判明其建构理论的意图和目的。总结来看,普特南在"孪生地球"的论证中明显借用了索尔·克里普克的可能世界语义学来打造一种非必然的本质

---

① 弗雷格. 弗雷格哲学论著选辑 [M]. 王路, 译. 北京: 商务印书馆, 1994: 116-120.
② 大卫·威金斯 (David Wiggins) 的论文《普特南有关自然词项的教义与弗雷格有关感觉、指称与外延的教义》同样注意到了普特南与弗雷格在语言哲学方面看法的异同。有关普特南是否完全正确地把握了弗雷格的思想,可参考该文,收录于 1994 年版的《阅读普特南》。朱丽叶·弗洛伊德 (Juliet Floyd) 的论文《普特南的"意义"的意义":历史背景下的外在论》同样试图建构外在论的语义学与弗雷格哲学之间的关系。

论。然而其具体的哲学立场又与克里普克在关键之处相互区别。克里普克本人区分了"形而上学的必然性"和"认识论的必然性"之间的分别。按照他的理论建构,"形而上学的必然性"等同于一种事物的"逻辑本质",这种逻辑本质又与一种以数学的可想象性为根本的心智直觉相互连接。而"认识论的必然性"则完全从属于事物现象性的经验呈现,是只在某一特殊时空与具体世界之内的必然性。我们看到,克里普克实际上在两个层次上谈论事物。一方面是事物在形而上学层次上的存在,对此我们只能通过心智直觉的想象力来亲知这种存在。另一方面是事物在具体世界中的存在,对此我们可以通过一种经验性的认识来获得该事物与世界的联系。

如此克里普克就定义了两种性质的陈述——刚性的和索引性的。[①] 刚性的陈述具有跨越诸可能世界的必然性,其指示词在每个可能世界中都标示着相同的事物。而索引性的陈述则缺乏这种跨越可能世界的能力,只包含具体世界之内的必然性。其指涉的标示物伴随语境和情境的不同而变化。两者相互结合的结果是,一个陈述可以在形而上学或者逻辑本质的层次上是必然的,但我们在具体世界内对这一必然性的认识又将是偶然的。换言之,我们对必然性的认识将会是后验的,而不是先天的。举例而言,我们只是在某一具体世界当中得到了水是 H_2O 这一索引性的认识,而我们却无法推定这一认识是否具有跨越诸可能世界的必然性。因为这种必然性从属于事物的逻辑本质,与心智直觉的想象力相连,属于形而上学的领域。简言之,克里普克的做法是把事物的逻辑本质抬高到了超越一切的地位,同时将心智对逻辑本质的把握理解为一种数学直觉的想象力,两者结合使得模态逻辑的可想象性完全凌驾于我们对事物的任何具体认识,无论这种认识是先天性的还是经验性的。

普特南与克里普克的关键区别在于,他否定事物能够具有一种形而上学层面的必然性。在他看来,克里普克在重要的意义上仍然保留了一种固化的基础主义学说:存在着一种绝对的必然性,存在着在所有可能世界中都是真的陈述,存在着不可更改的深层本质,即便那不过是一种模态逻辑的可想象性。或者说,克里普克诉诸可能世界语义学是为了构建一种逻辑本质层面的

① Saul Kripke. Naming and Necessity [M]. Blackwell：Harvard University Press，1980：30-40.

形而上学，这种模态逻辑的可想象性在他看来正是事物本真性的存在方式。而普特南诉诸"孪生地球"的论证只是一种起治疗作用的科幻叙事，目的在于破除语言哲学中的必然本质论和绝对真理观。在这个意义上，普特南将是充分现实性的，他绝非如大卫·刘易斯等人那样，坚持可能世界本身是一种真实的世界。[①] 按照普特南的理论建构，并不存在能够跨越可能世界的刚性陈述。所有陈述都将是索引性的，即依据具体的现实情境和时空条件而变化。同时，也绝不存在任何其他的可能世界，我们拥有的将只是现实性的世界，那个唯一真实的此岸世界。在克里普克那里诸多的可能世界，在普特南这里将是同一世界所处的不同历史时期和时间阶段。因此，普特南的"孪生地球"论证从根本上是为了如下立场而服务的：语言不变的"所指"决定了变动不居的"意义"。我们对现实事物的认识将永远处于一种持续发展的过程，在其中我们不会得到任何必然的本质和绝对的真理，有的只是对同一事物认识的不断改进和强化。

四　约定主义与语言的劳动分工

在这里，我们发现普特南的核心诉求仍然是用一种历史意识来取代那种固化的哲学图景。按照斯坦利·罗森的判断，普特南实际上是从一种经验科学的现象主义走向了历史主义，这种历史主义意味着某种承诺科学理论不断变化的历史学："对普特南而言，世界的呈现将是那时间移动着的指针。"[②] 在之前的阐述中不难得出一个基本印象，就是普特南专注于对一种"暂时性"的塑造和诠释。这种"暂时性"要求科学对某一事物的理解既在特定时空中是稳定的，又在整体的历史发展中是变化的，同时又不取消其对事物理解的真实性。无论是普特南攻击分析与综合的二分法，还是他为理论定律与自然词项所精心打造的"定律束族"和"范例定型"理论，抑或是他通过"孪生地球"论证想要完成的指称决定意义的语义学，都是试图破除"分析性"，并将这一概念充分经验化和历史化。从而拒绝必然的本质论和绝对的

①　有关普特南本人与克里普克思想异同的进一步讨论，可参考普特南晚期的著作《带有一副人类面孔的实在论》。其中在《水必然是 H_2O 吗？》一文中，普特南本人就发现了克里普克的计划在于定义一种比"物理的必然性"更加"强"的必然性，即"形而上学的必然性"。

②　Stanley Rosen. The Limits of Analysis [M]. New Haven：Yale University Press，1980：94.

真理观，进而强调科学对实在的揭示是一种不断演进的现实性过程。这种将实在论诉诸后世经验的做法导致的结果就是，普特南既接受了本质主义却又是反本质主义的。因为他所要求的是一个并非必然性的本质，或者至少是要求科学对事物本质的揭示绝不可能是先天得到的，而是在一种后验的科学发展过程中逐渐显露的。①

　　另一个重要的问题在于，正如第二章所提到的，普特南是直接从理论化的世界来探讨科学与自然的境况。应当承认，普特南在此没能充分反思自然的真实意义。他预先性地假定自然已经是现代科学所探讨的对象，因此，就无法与一种科学理论的语言运用相互区分。② 这就促使普特南被迫在两个方向上来回摇摆。一方面，他无法回避科学语言对现象世界的概念化，这种概念化意味着自然是一种被人工理论所建构的经验性事实。另一方面，普特南又无法认同科学理论只是对可观察事物经由语言规则所建构的概念集合，因为这种假设将使现代科学停留在现象主义的表层上，从而与一种实在论的哲学构想相互违背。换句话说，普特南不得不摇摆在现象主义与本质主义之间。对前者而言，普特南必须否定我们的科学理论只是对现象世界进行概念化建构的语言活动，进而强调科学理论对客观世界实在性的揭示。而对后者而言，普特南又拒绝承认事物的本质可以得到分析式的定义，科学理论对实在的揭示必须处在一个以现实世界的人类活动为依托的发展过程中。

　　总结来看，普特南反对的乃是事物不变的本质和绝对的真理，但并不是否定事物存在本质的一面。正相反，普特南通过其理论建构暗中区分了世界的现象性实存和本质性实在的分别。在他看来，揭示外在世界的某种"隐藏结构"正是科学实在论的题中应有之义。只是普特南的特殊性在于，他在反对现象主义和经验论的同时，又排斥本质主义在形而上学层面的必然性。因此，问题的关键就在于：如果无法为事物的本质先验式地构建一个深层的模

---

　　①　尼尔·威廉斯（Neil Williams）试图构建并巩固一种"普特南新本质主义"的说法，但本书认为仍然可以从普特南本人对待"本质"的具体看法来说明即可。相关阐释可参考论文《普特南传统的新本质主义》。

　　②　有关普特南没能充分反思自然的意义，及其所造成的结果，以及与他看待"本质"问题的态度，仍然可以参考罗森的出色著作《分析的限度》。在罗森看来，用时间性的历史发展取代固化的本质是普特南思想的一个隐秘的核心。

型，那么对实在的描述又如何是可能的。我们可以看到，普特南一方面放弃了必然性的本质概念，一方面又认定对自然的理解是一种科学理论的语言现象。那么两相结合的结果是，普特南必然会从自然本性的认识论走向历史主义的约定论："本质"被基于语言使用的规约性定义所取代，这种规约性从根本上产生于语言共同体的社会实践。按照斯坦利·罗森的见解，所有约定主义者的论点都可以等同于下述论点的一种或几种形式，这个论点就是："我们所认知的对象由属性的排列搭配来确定。同时，排列搭配又依赖于规约、定义、语言用法、观点、历史性变化着的概念框架等等。总之，属性貌似本质性的呈现方式或比率是一种语言约定。"① 我们用更加直白的表达方式来概括这一观点：实在的本质性与我们的语言之间有一种占先性的同质关系，从而使得我们对实在的经验性或历史性的言说可以等同于实在本身。

分析至此，可得到普特南另一个重要论证的理论基础，这一论证即著名的"劳动分工的语义学"。上文的阐释是在普特南的思想谱系的层面上，从其本人的哲学立场入手，来理解普特南走向这种语言的历史主义和约定主义的内在机制和缘由。由于普特南毫无批判地接受了现代科学对自然的理解，进而促使他认定哲学的根本意义并非试图融入那个出现在前科学世界中的本真自然，而是应当改造那些指向一种人工自然或内在经验的现代科学理论。其结果是，普特南对科学哲学的改造并没有使他回归到那个作为整体的前理论世界，而是用一种基于人类会话的日常约定所产生的规则，代替了形式性理论对自然的固化束缚。由于普特南拒绝先天的认识论和对事物本质性的必然认识，这种人类会话因而又被理解为历史与习俗发出的声音。现代科学理论对事物的揭示最终被转化为人类总体活动的时间性过程，然而就此而论，这种活动仍然是一种变动不居的理论建构。

从普特南构建其语言哲学的延续性上来看，劳动分工假说的提出是其打造"语言不变的所指决定了流变的意义"这样一种语义外在论的重要组成部

---

① Stanley Rosen. The Limits of Analysis [M]. New Haven: Yale University Press, 1980: 98.

分。① 而这种外在语义学又从根本上服务于普特南的历史主义的科学实在论，其主要目的在于阐明如下立场：科学理论不仅具有时间性的维度，而且诸种演变的理论都是对同一实在的共同理解，他们都在各自的时空环境下指明了事物的部分本质，判明了实在的部分真理。正是在这个意义上可以说，科学发展的历史性不仅是科学真正的核心属性，而且正是由于这种历史性，才使得科学对实在的趋近成为可能。然而普特南目前的理论建构仍在两大关口上存在着重大问题。第一个问题在于，即使我们可以相信"指称决定意义"的论证是合理的，但我们仍然缺乏一个说明来解释指称究竟是通过怎样的机制来决定意义的。第二个问题在于，即使科学陈述的意义处在一个总体性的变化过程中，但我们仍然需要明确诸种意义是怎样在各自的具体时空下得到确定的。普特南科学实在论的另一个主要诉求，即"暂时性的稳定"仍然处于悬而未决的状态之下。

这就是"劳动分工的语义学"在理论层面出现的必要性。按照普特南的表述，指称与意义之间的关系并非由语言哲学所建构的纯粹形式化规则来决定。在我们对语言进行哲学层面的理论划分之前，一种更广泛的语言使用和社会实践才是这种理论划分的必要前提和真正基础。也就是说，在语言的意义和指称之间并不存在严格的形式关系，而是包含着复杂的语言学劳动分工。这就是普特南所承认的最基本的语言事实：指称对意义的决定同时还是社会共同体划分的实践结果。按照其本人的表述方式，所有词项无论是理论的还是自然的，在伴随科学高度发展的过程中，都将显示出这种语言学劳动分工的必要性。我们对某一事物的认识并非通过一种脱离现实的哲学理论来实现，而是处在一种基于世俗社会的学习过程当中。任何人都不能从根本上掌握认识某物本质的必然方法，他之所以能够把握一个科学词项，依靠的是他与其科学群体处在同一个特殊的语言共同体之内。也就是说，人们对诸如"黄金"或"水"这样的自然事物的认识，在过去的数千年间经历了持续变化的过程，其意义之所以不断演进，乃是因为分享语言使用的亚群不断分化

---

① 普特南本人也在诸多场合将自己的外在论语义学描述为一种证实主义的语义学（verifica-tionism semantic），但这种"证实"是普特南用来阐释语言的指称和意义能够通过后世的经验或历史的发展而得到固定，不能与实证主义（positivism）内在论的语义学相互混淆。为了区分二者，本书保持用外在论的语义学（externalism semantic）来描述普特南的这一理论。

发展的结果。

　　既然语言的意义是被社会性地加以决定，这就促使普特南同时认为在语言的这种社会劳动分工的过程中，必然存在着认识水平和认识确切性的等级差异。换句话说，伴随社会劳动分工层级的逐渐丰富和发展，对同一事物的认识能力必然在不同人群中有所差别。按照其本人的价值排序，只有从事自然科学的行动者最能够形成有关某一事物暂时稳定的真实认识。在现实世界的所有认识领域，都会由这些"专家说话人"所形成的语言共同体来展现对自然事物的真实认识水平。而其他大多数人则依附于这些"专家"之下，通过与其语言共同体的社会联系，来分享对某一自然事物的认识。按照语言哲学的术语来讲，这就是语言工作划分的普遍性假说：任何词项都从属于语言劳动的社会分工，词项的意义只被少数亚群所理解，而其他语言行为者则依赖与相关亚群之间的结构性合作来获得词项的意义。我们发现，早期普特南的语言哲学最终通向了一种可以被称为"科学中心主义"的科学实在论。按照他语言劳动分工的约定主义理论，只有现代科学能够判明和固定语言的指称和意义，而其他普通的语言行为者对同一事物的认识是纷繁各异且多种多样的。对世界深层结构的认识将整体地由劳动分工的语言实践所实现，而在这一过程中，现代科学的共同体又处在这一认识的尖端水准或最高层次上。

第二节　心灵哲学的理论建构

一　从语言到心灵的过渡

　　上述分析，对普特南从语言哲学的理论建构中所体现出的基本意图和哲学立场进行一个完整的考察，接下来将从普特南的语言哲学进入到其心灵哲学的理论诉求部分。按照第二章的总体勾勒，普特南所要求的科学实在论必须反对现代思想中那个封闭的、孤立的自我，进而重新获得那个外在的、客观的世界。或者说他是在"恢复主体与客体相互沟通"的层面上克服近代思想的"疏离观"。普特南通过反驳实证主义的语言哲学基础，试图破除经验论的那种将一切认识等同于对自身经验认识的近代思想教条，从而使现代科学恢复那种能够作用于一个真实的外部世界的能力。因而他所打造的"孪生地球论证"和"劳动分工理论",又从根本上服务于一种外在论的语义学。按照这种看法,并非发生在头脑内部的固定图像决定了科学理论所指之物的本质。相反,是一种完全超越于理论内容的真实之物,决定了我们科学语言的意义。这意味着在我们的科学理论当中,起核心作用的并不是一种发生于我们头脑内部的认知活动,而是来自现实社会和真实世界本身的贡献具有决定性的意义。

具体来讲,由于所有词项的指称和意义都将是索引式地被决定,那么我们对世界的认知从根本上就依赖于那些实际事物的真实性质,而不单纯地由我们自身建构的理论来决定。换言之只有语言共同体作为社会实践的整体才能够固定我们语言的状态。从实在论的角度上讲,这就意味着普特南所承认的下述态度:

> 我们必须能够确定我们周遭环境的真实性,从而认识到许多种类的事物都带有实在层面的内在结构……但我们并没有描述这些内在结构的全部知识,所有认识模型都应当具有可以与外在世界持续交互的动力机制。①

从这一点上我们可以说,普特南正试图恢复由近代以降的那个封闭的主体与作为对象性客体之间的联系,也就是优化我们在第二章重点阐述的那种以近代思想为基础的二元论。但是需要注意的问题在于,正如我们的分析所呈现的那样,早期的普特南并未完全抛弃这种主客对立的二元图景,而是试图弥合二者之间的断裂,他只在这个层面上来克服近代的"疏离观"。甚至可以说,其思想运作的隐秘基础仍然是这种主客二分的固化模式,虽然其本人在诸多场合也极力地批判笛卡尔主义所带来的思想裂痕。但总体而言,普特南所达到的理论目的只是要求能够突破那个孤立主体的封闭性,从而可以通达一个真实的"外部世界"。这也就是普特南针对语言哲学所一再强调的那个立场:我们不能忽视世界和社会本身的贡献。

---

① Hilary Putnam. Mind, Language and Reality (Philosophical Papers, vol. 2)[C]. Cambridge: Cambridge University Press, 1975: 196-214.

　　另一方面，普特南实在论的突出特点还在于他为现代科学对实在的揭示在各个层面上都赋予了一种时间性和流变性。这种发展变化的历史意识被普特南注入到从语言哲学的基本理论到现代科学的整体功能等各个层次和方面。我们可以得出这样一个结论：普特南语言哲学理论建构的全部意图，就是在恢复主体与客体相互沟通的能力，同时用历史化的主体来取代康德意义上的"先验自我"。从而使得主体与客体的沟通处在一个总体的历史进程当中。同时我们需要强调，这种沟通又从根本上隶属于现代科学的发挥场所。在普特南看来，只有现代科学的事业才能够真正判定世界的实在性本质，即使这种判定绝不可能得到分析式的或者必然性的定义。从某种意义上来说，早期的普特南为现代科学所赋予的这种极高的价值权重，尤其是他在劳动分工的语义学中认为只有科学专家才能真正认识实在的这种立场，容易让我们对其本人的思想状况产生极大的困惑。尤其是早期普特南对现代科学的着重强调，与其后期要求消除"唯科学中心论"的话语霸权，从而主张一种平等主义的多元认识论相对比，使人感受到某种难以兼容的巨大转折。① 然而，根据我们抽丝剥茧式的细致考察，已经能够逐渐理解早期普特南对现代科学倚重的根本原因。

　　这一原因就在于本书所一直强调的那个事实：普特南是直接从现代科学的理论世界入手来构建其科学实在论思想。这就意味着普特南本人并没有意识到现代科学自身就建立在对本真性自然的一种拒绝式的改造之上。在早期的普特南思想中，看不到那个出现在前理论世界中唯一真实的自然。那个能够通过我们日常的生活实践所亲知的自然在普特南早期思想中处于隐退和消失的境况。因此，早期的普特南过分看重现代科学的地位是他没有充分反思"自然"的真实意义的必然结果，而这也是他后期思想转变的一个重要的差异。由于普特南试图从根本上强调由科学语言所构建的理论自然应该是一种客体式的真实存在，那么其本人就必然拒绝那些将这种理论客体的自然理解为某种思想的精神性或意识的神秘性所构造的衍生产物。这也是普特南用一

---

　　① 有关该方面的讨论，还可参考诺里斯（Christopher Norris）的著作《普特南：实在论、理性与不确定性的用处》。作者详细对比了其前后期的理论建构，并为其立场转变提出了一种可理解的说明，即普特南无法为科学语言的运用找到一种形式化的内在基础。

种世俗的社会实践来取代语言意义的先验作用的根本原因之一。换句话说，普特南必须用基于现实的历史活动来代替那些形式化科学理论中所包含的无视现实或超越现实的成分。通过对其语言哲学理论建构的逐步分析，我们可以发现，普特南正试图以一种对现实世界的彻底忠诚或绝对依附来安顿他的科学实在论。①

　　总之，通过分析普特南对语言哲学的理论诉求，重新确认了第二章中所阐述的那些普特南思想开展的哲学基础，包括他对近代思想"疏离观"与"固化观"的反对与克服。可以看到，普特南对实在论的打造专注于一种由现代科学唯物论所诠释的物理化自然。这种自然一方面将是纯粹物质性的，也就是绝非任何精神性或神秘性的衍生产物；另一方面又将是完全现实性的，也就是能够与现实世界的人类社会实践相互融合。换句话说，普特南是在现代启蒙理性的立场上来理解科学事业和科学形象的。由此勾勒的自然必须是一种完全祛魅化的现实，一种能够承载真实人类生活的物质化世界。但是应当指出，普特南对科学唯物论和祛魅化自然的要求，仍然与其至此为止的理论建构具有一定的差距，这种差距主要体现在对人类心灵的看法上。也就是说，普特南的科学实在论在处理了大量有关语言哲学的问题之后，仍然需要为我们的心灵及其作用提供一个全面祛魅化的说明，从而与其专注于现实性的科学唯物论相互兼容。在普特南的前期理论版图中，有关心灵哲学的理论建设依然是一个亟待处理和解决的重要思想领域。

　　让我们再度回顾一下笛卡尔思想的基本诉求。按照笛卡尔主义，人类心灵被一种有关"自我"的主体性观念所统摄。这种观念又和一种普遍性的数学秩序之间具有内在的联系，从而能够拥有一种定义外在世界本质的能力。笛卡尔无疑是第一位强调了一种全新的"自我"观念的近代哲人，这种新观念完全不同于传统的斯多亚学派或基督教思想中作为内省与审慎的自我，而是着重强调作为一种秩序的生产者和行动者的自我。我们可以说，笛卡尔的整个教义都围绕着对"作为我思的自我"这样一个绝对事实的关注，进而从

———————————

　　①　有关普特南对现实世界与真实活动的关注，还可参考加里·艾博斯（Gary Ebbs）的论文《实在论与理性的询问》。作者认为普特南早期思想的全部构想都可以被阐明为如下谋划：在日常生活中理解人类语言实践或交往实践的规范性基础。该文载于《哲学话题》（Philosophical Topics）第20期。

"我在认知"或"我在思想"这样的条件下得到了他认为所有观念之中最为清楚可靠的观念:"我"作为一个有着自我意识的存在者而存在着。这一绝对事实进而与一种可全面应用于一切事物的普遍性数学观念相互结合,从而得出了作为"认知的自我"具有先天的数学直觉这样一个重要的近代假设。也就是普特南所一直强调的那个近代思想的教条:在那个"认知的自我"中保管着一切与明证、清晰和精确性等相关的观念,进而形成了现代思想的种种封闭主体与固化世界的教条和弊病。

从"我在思想"的事实中笛卡尔看似合理实际却非常奇异地得到了形而上学可以等同于一种认识论的思想观念。因此,一种发生于心灵内部的自明性成为了既超越现实世界又能够塑造现实世界的形而上学基础。我们看到,在笛卡尔主义中不仅包括了现代二元论、封闭的主体性等等普特南必须反对的"固化观"和"疏离观",更重要的是,这种有关心灵能够具有一种超越并塑造现实的神秘作用的理论,必将与普特南对科学实在论的基本诉求——现代科学唯物论的立场相互矛盾。而这也是普特南必须回到对一种心灵哲学重新塑造的原因。

二 身心问题的解决之道

在上一节中,我们总结了普特南语言哲学理论建构的整体版图,梳理了其从反对分析与综合的二分法到构建一种劳动分工语义学的整个理论脉络,并从中提炼出了其在语言哲学中所隐藏的哲学意图和思想立场。而且我们也探讨了普特南从对语言哲学的关注过渡到对心灵哲学关注的内在机理。这种理论的整体联系可以概括为:普特南从根本上无法回避现代二元论和那封闭的主体性真正的思想源头,即作为近代哲学开端的笛卡尔主义。同时普特南所倡导的以科学唯物论为主旨的完全祛魅化的实在论,也必须处理笛卡尔主义中那个精神性的心灵理论,并凭借其内在的数学直觉和联想能力,通向了一种超越现实的形而上学。

普特南通过语言哲学所构建的科学实在论的基本特征可以概括为要求科学既能够安于现实又能够具有历史性的发展变化。但某种程度上,普特南在语言哲学层面的理论建构还不足以支撑起他对科学实在论的全部哲学期待:普特南仍无法回避那个自笛卡尔以降的封闭心灵观。现在,我们需要在具体的理论问题层次上，为普特南从语言哲学转向心灵哲学提供一个说明。或者说我们需要理解在语言哲学中仍然存在着怎样的问题，促使普特南必须重新构建一种心灵哲学的理论基础。在反对实证主义的经验论中，普特南强调我们不能接受那种将所有认识都局限于对个体自身经验的认识上，从而要求理论能够脱离主体的束缚，指向一种外在的真实世界。然而，这种对主体性的突破是何以可能的，普特南需要避免经验成为一种横亘在外在世界与内在自我之间的分界线的；同时，在其劳动分工语义学，或者说由指称决定意义的语义外在论中，普特南要求我们的认识能够具有某种公共层面的属性。但是如果我们的所有认识都仅仅是发生在心灵内部的心理图像或大脑状态的话，这种公共性又是如何可能的。再有一点就是，普特南所具有的历史意识要求现代科学必须处在一种发展变化的过程之中，然而只要我们认为语言的意义是某种固定的心理实体的话，现代科学对同一世界的持续性谈论就将无法成立。

因此，可看到普特南诉诸于心灵哲学既有其宏观思想谱系的相互影响，又有其迫切的理论现实性的需要。无可置疑早期的普特南对整个技术性理论的建构是事无巨细且面面俱到，他几乎没有遗漏地谈论了其科学实在论所涉及的技术性理论的方方面面，这种理论整体框架的周密性在某种程度上同样是早期的普特南将现代科学理解为人类认识自然的最高典范的结果。其所造成的后果就是令普特南在自己的哲学理论建构中，潜移默化地受到现代科学理论的形式性、系统性和精确性的影响。这种对现代科学理论复杂性的模仿，或者说沉迷于一种纯粹技艺式的理论建设，是早期的普特南直接从现代科学的理论化自然开始进行思考的重要后果。然而某种程度上，我们仍然可以将普特南在心灵哲学领域的诸多理论建设化繁为简地概括为一个根本性的问题：那个自近代以降的身体与心灵的二分法问题。

如果说普特南对心灵哲学的根本诉求是要求我们的认知能够具有一种突破主体束缚从而可以与环境进行互动，但又不指向一种超越现实世界的神秘实体的话，那么问题的核心就可以总结为如何处理有关身心问题的哲学思考。在普特南本人看来，传统的身心问题其关键就是有关私人性的哲学教诲。如果说这种私人性在语言哲学中主要体现为我们如何受困于一种对自身经验的逻辑构造的话，那么在心灵哲学中，这种私人性就表现为我们的认知是否只是一种内在于大脑的心灵状态。按照普特南自己的表达方式，就是我们如何知道并传达类似"我感觉到疼痛"这样的私人感受。① 根据卡尔纳普的逻辑实证主义，诸如"疼痛"这样的词项都属于一种心理学的理论词项，其中承担着某种我们大脑所处于的"中立事实逻辑状态"。而这种心灵状态又依据某种观察陈述与理论陈述的二分法，或者费格尔所谓的"部分解释演算"手段，与一种可以被观察到的行为模式相互联系。按照这样的理论建构，我们对外界的所有感知都只是某种大脑的生理学状态，而知道一种私人感情将分析式地等同于知道某一经验陈述的意义。如类似"疼痛的表现形式是某种面部表情的扭曲"。如此一来，实证主义的心灵观既是内在论的，又是先验论的，即它必须凭借一种分析与综合的二分法才是可能的：对大脑疼痛状态的认识必然性地等同于对疼痛表现行为的观察。这种二分法已经在蒯因和普特南本人的攻击之下濒临破产。

实证主义的心灵观解决身心问题的办法是将我们的心灵部分地还原为某种身体性或生理性的外在表现形式。并在这一过程中仍然保留着对心灵的私人主义诠释，即对个体情感的科学陈述只是某种大脑所处的状态，而这种科学陈述的"意义"将是存在于心灵之内的某种语义实体。我们可以这样总结实证主义的心灵观，即它恰巧处于所有普特南对心灵哲学要求的对立面上。它既试图把心灵还原为可观察的身体性质，又保持了私人性的封闭心灵观；它既试图用一种科学语言的逻辑构造来描述大脑状态，又在这一过程中保持了心灵实体的神秘主义。这种实体必然是某种内在于心灵的固化对象，进而一劳永逸地决定了私人感情的本质。我们看到，实证主义的心灵哲学与普特南对科学实在论的塑造是格格不入的，按照普特南的意图，科学实在论必须要求心灵是一种能够与外在环境进行互动，能够承担现实社会日常交流的公共性，以及能够建立对外在世界持续认识的心灵。然而从另一个角度讲，实证主义在这里还是体现出了它的一大贡献。就是它为普特南本人，也为我们提供了这样一个基本印象：对那个传统的身心问题的回答，将是探讨心灵哲学问题的核心。而普特南所采取的办法就是，试图用一种身与心之间整体功

---

① Hilary Putnam. Mind, Language and Reality (Philosophical Papers, vol. 2)[C]. Cambridge：Cambridge University Press, 1975：441-451.

能的相似性和可类比性来代替身与心的二分法，也就是用一种机械式的功能主义来解决传统的身心问题。

三　功能主义的心灵观

普特南对心灵哲学的要求主要可以概括为三个方面。第一，要求我们的心灵能够突破主体的私人性，从而通达外在的世界；第二，要求我们的心灵与世界的互动是一种纯粹现实性的过程，而不是指向某种心灵实体或超验实体的神秘主义；第三，要求我们的心灵对外在世界的认知必须处于一种不断演变的历史过程之中。为了达到上述目的，普特南必须找到处理身心关系问题的方法，或者说必须妥善处理心灵事件和物理事件之间的区别。从上一节的分析中已经能够得到一个基本判断，就是普特南所体现出的一个重要的理论态度：他拒绝心灵与身体之间的相互还原，或者说拒绝将心灵还原为纯粹的物质性。因为这种还原本身就是主观论和先验论的前提和基础，也就是某种实证主义的心灵观。按照实证主义的观点，心灵的私人属性就是一种理论化的大脑状态。同时在这种大脑状态之外还存在着完全中立的直接经验，这种经验还与心灵状态之间存在着逻辑结构的等同关系。可以看到，与在语言哲学中的境况相类似，在心灵哲学领域中，普特南同样是通过反驳实证主义的心灵观来发展自身的思想理论的。

具体而言，普特南对实证主义的这种内在论心灵观的反驳和重构可以分为两个阶段。第一阶段，普特南的重点任务可以概括为他试图破除"我们的心灵活动就是内在的大脑状态"这种思想教；第二阶段，用一种可称为"身心统一体的功能状态理论"取而代之。按照普特南本人的表达方法，就是用一种"我们有机体的全部功能来取代那种大脑状态的假说"。① 按照这种理论建构，诸如"疼痛"这样的私人感觉不再只是存在于心灵内部的大脑状态，而是我们作为一个有机体本身所具有的基础性功能。这种功能不再受困于我们头脑的某种生理属性或某种物理性的内在经验之中，而是我们作为一种整体性的有机组织面对外在环境作出反应的回馈机制。根据普特南本人的说

---

① Hilary Putnam. Mind, Language and Reality (Philosophical Papers, vol. 2)[C]. Cambridge: Cambridge University Press，1975：382-385.

法，功能主义的心灵观强调身与心的整体而不仅仅是生理性的大脑，是我们与外在世界进行互动的真正载体。这种统一的身心有机体将成为某种面对环境作出反馈的"代理者"（Agents），而不再单纯是一种通过经验与外部接触的封闭化自我。① 如此一来，与环境互动的某种公共性机制规则就代替了存在于心灵内部的大脑状态或心理实体，从而也就使得我们的心灵能够突破主体的束缚通达外在世界。按照普特南自己的理论表达，这就是通过诉诸一种功能性的输入和输出，从而消弭了有关一种物理或非物理的大脑状态的固化学说。

在普特南看来，由实证主义所信奉的内在论心灵观的根本问题仍然是那种分析性的还原论教条。按照这种还原论，所有的心灵活动都是某种内在的大脑状态，而所有的大脑状态又都与一种完全中立的感觉经验相互联系。这就意味着我们的心灵被完全还原成了纯粹的物理性事物，从而取消了心灵与身体最基本的差异。按照普特南本人的说法，大脑状态论者往往秉承一种非常粗俗的无神论思想，即它无法认识到心灵与身体仍然在相当大的程度上保留着多样性。而对这种多样性的取消，也就是那种教条式的还原主义，必将导致封闭的内在论和固化的先验论，即认为在大脑状态和直接经验的结构之间具备必然性的等同关系。我们看到，普特南真正的意图在于保持身与心基本差异的同时，将二者理解为一种综合性的有机整体，从而避免实证主义还原论所导致的一系列问题。或者说，普特南试图搁置身与心之间的二元论问题，搁置那个有关人的物质性和灵魂性孰高孰低的传统问题。从而以一种有关身与心在整体功能上的可类比性原则取而代之。在《心灵状态的本性》一文中，普特南认为无论我们对身心问题做出怎样的理解，他所提出的这种身心统一体的功能状态理论都能与各种理解相互兼容，从而不再需要争论人类的身体性与灵魂性孰高孰低的问题。②

普特南拒绝实证主义将心灵还原为物理性事件的教条，他需要找到一种既能够消除人类认识中的神秘成分，又能够保留心灵与身体差异性的方法。

---

① Hilary Putnam. Mind, Language and Reality (Philosophical Papers, vol. 2)[C]. Cambridge: Cambridge University Press, 1975: 362-364.

② Hilary Putnam. Mind, Language and Reality (Philosophical Papers, vol. 2)[C]. Cambridge: Cambridge University Press, 1975: 429-440.

而且这种方法又必然确认了一个完全真实的世界存在。按照普特南功能有机体而非大脑状态的学说，功能主义成立的基础是必须有一种来自外界的信号输入，这种输入与我们的身心有机体类比功能的处理能力相连，进而能够描述出我们所经历的外在环境。也就是说，功能状态理论必然能够确定一个真实外在世界的存在。其理论之所以能够实现，本身就依靠的是来自现实世界的贡献，而绝不可能是一种封闭式的内在心灵。与此同时，心灵也不再指向那个由实证主义所认定的完全中立的直接经验，从而不再需要认为我们的任何认识都必须有一个物理化学的事实结构与之相互对应。那种私人感觉的封闭性被功能主义互动机制的类比方法所取代，进而也重新恢复了人类认识的公共性和社会性。或者我们用普特南本人的论证方式表达：实证主义的心灵观因其囿于内在的大脑状态和物理性的经验事实，因此，它必然无法处理不同物种大脑之间的差异性，它将无法认定如哺乳动物的大脑和两栖动物的大脑是否能够处在共同的状态或产生共同的中立直接经验。

　　普特南通过构建身心统一体的功能状态理论来解决封闭的内在论心灵观的问题，从而恢复了我们的心灵与一个真实的外在世界相互沟通的能力。顺理成章地，普特南对心灵哲学重构的第二阶段就是为这种功能主义心灵观的运作方式和形式本质提供一个具体的理论说明。按照普特南的理论诉求，由于其拒绝那种将所有心灵事件都还原为物理事件的实证主义心灵观，同时又试图保卫身与心之间的基本差异，那么对身心问题的消解就必须找到一种可以与身心统一体的运作方式具有相似性的机制。在普特南看来，能够为功能主义心灵观提供最佳类比式说明的，就是一种可被称为"图灵机"的自动机器。进一步讲，普特南是在如下层面上来定义一种图灵机："图灵机是一个包含种种内部配置的自动机器，这种内部配置在个数上是有限的。而各种有限参数下的内部配置都能够使得整部机器处在一种独特的状态之下，从而可以识别机器所接收到的各种实际信号，并最终加以转化进行输出。"① 用一种通俗化的语言来替代普特南本人的理论描述，即图灵机就是一个在内部具有结构性参数配置，能够识别各种信号并且进行输入输出工作的黑箱。正是在

---

　　① Hilary Putnam. Mind, Language and Reality (Philosophical Papers, vol. 2)[C]. Cambridge: Cambridge University Press, 1975: 423-426.

这个意义上，普特南将图灵机理解为一种可与其所属环境进行反馈式互动的自动机。

在实证主义的心灵观中，一种对封闭的心灵状态和中立的直接经验及其相互关系的强调处在最显著的中央位置。两者不仅都是内在于主体的，同时两者的关联还必须依靠分析与综合的刻板二分法。但是在普特南的图灵机意义上的功能主义心灵观中，身心统一体不再需要与一种内在的感觉经验相互联系，作为自动机的主体能够直接通过信号的输入和输出与环境进行互动。这种互动按照普特南本人的描述，就是配置的参数表和信号识别之间的运算关系。如此一来，我们的心灵运作就可以绕过那个封闭性的主体经验，同时拒绝实证主义的思想教条。例如，对于"疼痛"这一科学陈述而言，传统的实证主义将认为"疼痛是一种大脑状态，当且仅当主体拥有一种肌肉收缩的经验"。而在普特南以图灵机为交互范式的功能主义心灵观中，"疼痛"是身心统一体作为一个整体的"代理者"，通过确认现实环境下的信号条件，并根据一种内部黑箱式的运作机制，输出一种具体结果的反馈活动。而且这种互动机制在内部是黑箱式的，并没有确认任何封闭的私人属性，由于黑箱的运作模式是以图灵机式的参数和配置为范式，因此，能够具有一种跨越主体的公共性和社会性。

由以上分析可知，普特南身心统一体的这种图灵机式的运作模式并没有通向任何封闭性的内在心灵观，因为黑箱的工作机制从根本上是以形式化逻辑为基础的。同时，普特南本人又将图灵机的这种特性理解为既是公共非私人的，又是结果不确定的。按照其本人使用的术语，图灵机的核心概念还可被称为一种"自动操作的或然性"（Probabilistic Automaton）。① 也就是说，图灵机即使处在完全相同的环境下，接收的是完全相同的信号，但由于其黑箱内部的参数配置计算将是纯粹随机式的，那么其输出的结果也将是不确定的。或者说，自动机能够通过有限参数之间的相互计算，生产出完全不固定的输出结果。这就是普特南所诠释的"自动操作的或然性"理论：我们的心

---

① Hilary Putnam. Mind, Language and Reality (Philosophical Papers, vol. 2)[C]. Cambridge: Cambridge University Press, 1975：408-410.

灵作为一个自动反馈的图灵机，即使面对完全相同的外部世界，具有完全单一化的输入信号，也能够得到多样化的复数输出结果。在对普特南的思想动机和理论意图进行充分探讨分析的基础上，我们已然能够迅速理解普特南何以要建构这样一种"自动操作的或然性"功能理论。因为只有自动机的输出结果是随机性、不固定、复数式的，心灵对世界的认知才可以处在一种持续变化的时间性历史过程之中。①

第三节　科学实在论的整体图景

一　科学实在论的基本特征

在本章的前两节中，我们从具体的技术性理论的层面，探讨了普特南构建其科学实在论的理论基础。这些基础主要包括了语言哲学与心灵哲学的一系列理论建构，其中也涵盖了诸多普特南为世人所称道的著名论证。总结来看，普特南所提出的主要建设性理论在语言哲学领域主要包括：第一，对分析与综合二分法的批判，同时也反对蒯因激进地取消一切语言性质的全部差异，普特南用一种不断变化的开放式多元论取而代之；第二，对现代科学中的理论定律与自然词项的性质进行改造式诠释，并分别提出了具有可延续性的"定律束族"和"范例定型"理论，使二者可以具备一种扩充式的发展能力；第三，利用可能世界的语义学构造了著名的"孪生地球"论证，其目的在于反对语言哲学中所固有的必然本质论和绝对真理观，并用一种"不变的所指决定变化着的意义"理论取而代之。区别于克里普克的逻辑可能性的形而上学，普特南则试图将先验认识论引领至纯粹现实世界的历史过程；第四，提出了以现实社会劳动分工为模式的外在论语义学，这种分工从形式上依赖于不同语言亚群之间的结构性合作，又在根本上从属于语言共同体内部的相互约定。这种约定同时具有暂时的稳定性与总体的历史性，从而使得科

---

①　有关普特南早期的心灵哲学与机械功能主义之间的进一步讨论，还可参考波尔吉（Thomas Polger）的论文《普特南的直觉》。该文试图通过阐释生物脑与机械脑之间的差别，从而讨论身心二元论的问题。该文载于《哲学研究》（Philosophical Studies），第 109 期。

学对实在的揭示能够处在一种历史过程之中。

除了语言哲学领域以外，普特南还在心灵哲学中提出了颇多服务于其科学实在论的基础性理论，其中主要的理论成果包括：第一，反对在语言哲学中所遗留下的某种心灵哲学的固化教条，反对语言的"意义"必然是一种在心灵中发生的图像或者寓居于心灵内的实体。第二，反对实证主义和经验论所凭借的内在封闭式的心灵观。这种心灵观认为我们的认知过程仅仅是一种大脑状态和一种完全中立的直接经验之间的类比或还原关系。第三，对上述两点的反对促使普特南将心灵哲学的关键问题认定为如何重新诠释传统的"身心二元论"问题。其主要的解决方法是建构一种既能够承担现实世界内容，又无需诉诸任何神秘的心灵实体或封闭的大脑状态的理论领域。这种领域在普特南看来就是搁置身体与心灵的争论，从而找到身心作为一种统一体的共通性。第四，以"身心统一体的功能状态"为基础，普特南提出了著名的功能主义心灵观。这种观点认为身心统一体的作用模式类似于图灵机式的自动黑箱。可以根据所接收到的时空信号，通过内部参数配置的逻辑演算，自动与其所处的现实环境进行类机器化的交互。从而一方面破除实证主义所理解的那个封闭心灵，另一方面又使人类的认知过程得到了彻底的祛魅化。

根据上述对普特南前期主要理论成果的总结，可得出其科学实在论所具有的一系列基本特征。在形式化地描摹普特南科学实在论的总体结构之前，有必要对其前期实在论思想的各种主要特征进行一个概括式的总结。普特南科学实在论所拥有的基本特征可以总结如下：

第一，完全的现实性，即对祛魅化自然的强调。在第二章中，曾通过分析普特南第一部论文集的序言，为其科学实在论的基本特质作出了一些务虚式的概括性阐释。其中提到普特南是站在一种现代启蒙精神的立场上来理解现代科学和现实世界。这就促使他认定科学的根本目标是，为我们的真实世界和我们在这个世界中的生活方式，提供一个完全祛魅化的说明。换言之，普特南所拥有的立场是一种彻底的科学唯物论，这种唯物论并不等同于某种以还原论为基础的物质主义，而是强调我们所生活的世界是唯一真实的现实世界。或者说，我们的世界是一种以物质性因素为根本的纯粹现实的世界，而非以某种非物质的神秘因素为基础的种种唯灵论的世界。通过本章对普特南所提出的一系列理论建构进行深入考察，我们不仅在务虚的层次上感受到普特南对现实性的强调，更是在其理论的具体细节中发现了他对现实性的关注。从他对语言哲学分析与综合二分法的破除中，我们就已经觉察到普特南致力于描述我们对语言的理解和领会应该遵照现实中的发展和使用，而非诉诸一种超越人类实践的形式化基础。尤其是他反对理论能够固化为某种脱离现实的教条，甚至能够指向某种神秘的语义实体，后者在其本人看来就是"物理上不可接近的鬼魅实体"。①

而在其"孪生地球"和"劳动分工"的语义学中，这种对现实世界的强调体现得更加明显和透彻。一方面，普特南将"孪生地球"的论证限制在一种神话叙事的科幻性寓言当中，其根本目的是为了突出科学对事物本质的认识处在一种经验性的、非必然的历史过程当中，而非跟随克里普克诉诸一种超越现实世界的逻辑可能性的形而上学。另一方面，普特南对劳动分工语义学的建构更是打破了我们语言的意义能够拥有一种决定所指之物的神秘能力。这种语言与事物之间超越现实环境的神秘作用，甚至指向了某种非现实性的神秘实体。普特南用人类社会中真实的语言劳动分工现象取代了传统语言哲学中固化的教条，如此不仅消除了那种脱离于现实世界的诸多"语义实体"的哲学假设，更是使我们的语言得到了一种完全基于人类实践的祛魅式的说明。不仅如此，在心灵哲学中的功能主义理论更是将普特南对现实性的关注、对祛魅化的唯物论世界观的缔造，展现得淋漓尽致。正如我们一直强调的那样，普特南用身心功能与现代机械之间的可类比性取代了传统的身心二元论问题，或者说搁置了身体与灵魂之间的分歧问题。与此同时，身心统一体与现实世界之间的自动交互，更是消弭了那种认为"心灵实体"缔造了超越身体的形而上学的可能性。

第二，彻底的外在论，即试图弥合二元论的"疏离观"。普特南致力反对那个使近代思想运作其上的隐秘基础，即自笛卡尔、休谟以降的顽固主体性。这种主体性完全区别于柏拉图-亚里士多德哲学或者斯多亚学派中那个

① Hilary Putnam. Mind, Language and Reality (Philosophical Papers, vol. 2)[C]. Cambridge: Cambridge University Press，1975：139-152.

作为自我审查的理智思维，而是完全独立式、自发式的理论化主体，是一个可以完全与外界脱离，或只通过偶然性与外物产生联系的封闭主体。根据之前的阐释，普特南对科学实在论的根本性态度可以总结为对一个真实的物质世界的绝对承认，或者按照他自己的语言，是对自然奇观的体验和感受。为了达到这一目的，那个完全封闭的私密主体必然将是不可接受的。然而我们也发现普特南对这一问题的处理拥有着非常复杂的立场。在第一个层次上，普特南当然试图消除这种主体的封闭性，从而恢复其与外在世界沟通和互动的能力。尤其是他试图破除我们的所有认识都只是对内在的心灵图像或感觉经验的认识这种近代哲学教条。换句话说，近代哲学所采取的手段是我们通过自发性的认知活动从而将外部世界内在地观念化，这种将自然彻底属人化的手法最终服务于人类利用智识性征服自然的目的。其导致的哲学结果：我们能够理解自己制造的认知产物，或者理解私人经验产生的诸种条件，但并不能理解自然的任何真实面貌。而在普特南看来，如果"自然"在关键的意义上已经失去了其独立自主的特殊性的话，也就不再能够作为承载人类现实生活的根本源泉。

然而在批判性的层次上，我们又发现普特南对这种主体性的反驳完全隶属于理论层面，也就是说普特南只是试图改造在语言哲学和心灵哲学中大行其道的内在主体论，而非试图彻底抛弃这幅主客二分的近代哲学图景。更进一步讲，普特南本人的运思基础同样是建立在这种主体性的理论之上，其所要求的只是改造主体本身的封闭境况，只是在这一层次上来克服"疏离观"。在语言哲学中，我们看到普特南反对"意义"是一种发生在心灵内部的图像，同时构建了"所指之物决定语言意义"的外在论语义学，从而使我们的语言使用在根本上不再允许忽略来自世界本身的内容。同时普特南还通过语言劳动分工的划分，为不变的所指之物如何能够决定语言意义提供了具体的说明。这就令我们不仅需要关注外部世界的面貌，更要关注主体间性的社会实践状况。然而这两大理论本身就建立在主客二分这一哲学图景之上，甚至只有在做出这种划分之后，上述理论的运作才是可理解的。同样的情况亦发生在其心灵哲学的理论建构中，那个以图灵机为范式的自动心灵，需要先以来自真实世界的信号输入作为条件，因而在普特南看来是已经承担了世界内容的成功心灵观。然而这个"真实世界"却已然被预先塑造为一种自动心灵与其交互的对象，也就是成为了相对自动心灵之外的"外部世界"。我们看到，同样只有先将真实世界理论化、客体化、对象化，普特南的功能主义心灵观才是可理解的。

第三，全面的历史化，即试图突破"固化观"。毋庸置疑，对一种持续流变的时间性和过程性的强调是普特南科学实在论思想最突出也是最鲜明的特征。毋宁说普特南在前期的理论建构所围绕的真正主题就是对科学在现实世界中不断变化的可能性和重要性做出阐释说明，这种说明已全面渗透在其语言哲学和心灵哲学几乎所有的技术性理论建构当中。我们同时发现，普特南对这种科学演进过程的关注并非只局限于单纯科学理论或科学共同体之内，而是强调包括其他社会共同体和语言亚群在内的所有成员劳动分工的结果。或者说，普特南将现代科学的发展理解为一种不断变化着的人类话语的总体，理解为持续演变中的人类习俗的历史。可以说，普特南科学实在论的最根本性主张就是这种具有时间性、流变性的历史意识的全面突显。从其对分析与综合二分法的批判当中，我们就发现普特南尤其反对一种非历史的思维方式，即认为存在着种种固定不变的认识框架和语言结构。这种对基础主义的拒绝促使其重新诠释了科学理论的根本作用方式，即求助于一种局部的暂时性稳定和全局的历史性流变，以强调科学对实在的揭示处在一种不断演进的发展过程之中。

同时，普特南的历史主义又在如下层次上与种种约定论者相互区分：他要求科学语言对自然的揭示应当是实在层面的，而非停留在单纯现象或语言本身的层面。普特南只在如下意义上是一位反本质主义者：他反对事物能够拥有某种一成不变的本质，或至少反对科学对事物本质的揭示是某种先验式的必然。他同时也在如下意义上与各种版本的现象主义相互区别：他要求科学语言的整体所指乃是世界的某种深层结构，而不只是我们的经验或观念。在这一点上，普特南非常明显地与维特根斯坦、蒯因、戴维森、古德曼等人相互区别。尤其是维特根斯坦，虽然普特南本人继承了很多来自维特根斯坦的反本质主义、反基础主义的思想潜质。然而在维特根斯坦那里，人类话语所构成的生活形式代替了一切被直观呈现的自然，实在从根本上被覆盖于社会语言实践构成的总体之下。在维特根斯坦看来，我们的语言无法拥有任何深入实在的可能性，甚至这种构建生活形式的语言使用反过来阻止我们自身进入实在的深层。按照维特根斯坦的哲学意图，要求思想停留在纯粹现实的语言约定的表面，或者停留在完全日常性的习俗世界当中，与某种人类生存的根本道德感相互关联。这种道德可被诠释为一种对"语言越界"现象的排斥，从而获得思想安于限度的有益卑微感。维特根斯坦的沉寂主义进而表现为：日常语言的无限嘈杂本身就是哲学语言对深层实在的彻底沉默。① 而在普特南这里，科学话语连同所有社会行为的劳动分工本身就是对世界深层实在的阐明，从而已然是对一种不必然本质的持续性追踪。②

二　科学实在论的总体结构

通过对普特南科学实在论品质及特点的系统性梳理，我们发现普特南在语言哲学中的种种理论，如"语义外在论""劳动分工的语义学""孪生地球论证"等等，都与其在心灵哲学中的主要观点，即功能主义的心灵观之间存在着内在的一致性和关联性。它们均服务于普特南对现代科学的某种根本性的理解，即要求对一个真实的外部世界的深层本质，进行时间性、发展性地持续理解。这种科学事业作为一个现实的历史过程，同时也必须是以真实世界的人类活动为基础的，而非诉诸任何超越现实的神秘实体或思想的神秘作用。通过对普特南前期理论建构的深入分析，可知普特南要求思想应当尊重现实当中人类的语言运用和行为方式，从而消除那些超越现实的因素。

普特南前期的科学实在论是以反对近代以降那幅主客二分的"疏离观"哲学图景而得到发展。无论是他外在论的语义学还是功能主义的心灵观，都极尽所能地要求打开那个封闭化的自我，从而恢复主体与客体相互沟通和关联的能力。同时也要求我们对语言与心灵所采取的认识方式必须能够承担来自外部条件和现实环境的内容，即强调在认识过程中真正起决定作用的是真

---

① 威瑟斯布恩. 多维视界中的维特根斯坦 [M]. 郝亿春，等，译. 上海：华东师范大学出版社，2005.

② 有关普特南对维特根斯坦思想的继承与改造，极具启发性的文字还可参考斯坦利·卡维尔 (Stanley Cavell) 的论文《存在主义与分析哲学》，载论文集 Themes Out of School, 1984.

实的世界本身，而非主体自己的理论建设。然而我们也必须承认，普特南对那幅"疏离观"哲学图景的反驳在相当的程度上也同样以近代的思想模式为基础，即主体与客体之间的二分法。虽然其本人也极力强调两者之间的关系不应再是一种相互封闭的内在模式，而是一种能够持续互动并充分关联的外在模式。但无论如何，在普特南前期思想的总体图景中，一种历史化主体对一种对象式客体所进行的持续认识，都是其科学实在论的某种核心诉求，无论这种认识究竟是主动的还是被动的。

最后，普特南的科学实在论又通过诉诸时间性的发展变化的观念，从而取代了那个同样发端于近代以来的"固化"的哲学图景。这种哲学图景认为存在着先天的认识、不变的真理、必然的本质、自明的基础等等。而普特南通过在语言哲学与心灵哲学的一系列理论，表明了现代科学对实在的揭示能够也应该具有一种时间性和历史性的变化过程。但是我们需要强调的是，普特南的科学实在论所蕴含的历史意识，并没有承认任何激进的相对主义。在后者那里，多元的科学理论以语言约定的方式构造了诸多的世界；我们拥有的将只是不断变化中的纯粹理论世界，不同的科学共同体将生活在完全异质性的理论世界之内。而普特南是从对真实的外部世界进行持续认识来理解科学的，其所要求的是一个全然开放式的历史化主体。但是激进的相对主义者则或多或少保留了传统经验主义或实证主义所诉诸的那个完全封闭化的自我，这就使得主体彻底失去了现实世界的支撑和依托，从而令理论家误将主体自身的理智产物等同于真实世界本身。

因此，可以将普特南的早期思想定义为一种"历史化的科学实在论"。在其中，我们对自然的认识是以语言共同体之间劳动分工的结构性合作为根本基础的。因此，这种认识从源头中就带有着主体间的公共性，从而避免了不同语言共同体之间不可通约的问题。换句话说，由于普特南的语义外在论从根本上强调的是语言的所指之物决定了理论的意义，因此，不同的科学理论就不可能指向完全多元化的世界。相反，所有前后继起的理论都是对同一真实世界时间性、发展性的不同理解。我们在其心灵哲学中也看到，由于普特南把图灵机式的身心统一体类比为一种具有形式共通性的"代理者"，因而可以具备某种非私人的公共属性。我们已经充分认识到，普特南历史化的科学实在论并没有确认某种激进的相对主义，并没有通向我们在认识与实践中构造的多元世界对唯一真实的现实世界的取代。相反，通过对"定律束族"、与"范例定型"等概念的强调，普特南所要求的历史化科学实在论是对真实世界认识的暂时性稳定和总体性发展的相互结合。

综合所述，我们已经可以明确普特南科学实在论的总体结构，即它是一种趋向实在的渐进积累式的实在论。按照这种实在论，在任何时空条件下形成的科学理论都阐明了部分的真理，揭示了部分的实在。而诸理论内部的科学陈述全都将处于完全动态的开放式调整过程当中，而不存在任何尖锐刻板的固化二分法。如此一来，诸理论之间就具有了持续扩充和丰富的可能性，因而作为整体的现代科学就得以具备不断发展完善的时间性维度。同时，由于科学理论对实在的阐明从根本上是社会全体劳动分工的结果，或者说是不同语言共同体之间结构性合作的产物，因此，理论间的差异并不会导致全然无法交流的封闭共同体的出现。由于是不变的所指之物决定了变化着的意义，这就意味着所有不同的理论必然在一定程度上共享了相同的部分，即来自真实世界的贡献。也就是，所有先后继起的科学理论都可以在一定条件下得到相互理解和相互阐明。并以这种不断积累发展式的作用方式，为我们在未来的某一时刻揭示实在的整体：作为完成了的成熟科学将指称实在的整体。

最后将普特南早期科学实在论的整体图景和总体结构描绘如图 3.1 所示。从图的总体结构中，我们能够看到普特南早期的科学实在论确实维持了某种现代二元论的基本框架，即一种对立于世界的主体向一种对象式的客体发起的认识活动。这种认识活动以诸种开放性科学陈述组成的概念系统为基本单位，同时又以诸概念系统之间的相互理解、互动和影响组成科学的整体理论。因此，各种历时性理论既具有不断变化发展的可能性，同时又在局部的时空条件下是稳定的。同时，各种科学理论之间的积累是扩充式或者累加式的，从而能够在未来形成某种理想化的成熟科学整体，最终指称作为总体性的实在。从上述科学实在论的整体结构图中，我们进一步确认普特南早期科学实在论是以潜在的二元论为基础的外在主义，以及以历史意识为依托的渐进积累模式等等。

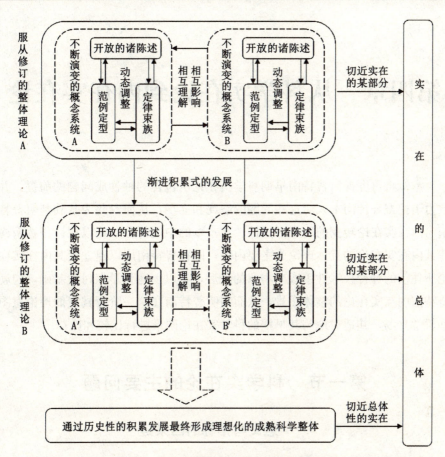

图 3.1　普特南早期科学实在论的总体结构

第四章　从科学实在论到内在实在论

　　本章将再度探讨普特南早期科学实在论所包含的种种成问题的前提，并致力于挖掘普特南本人对这些问题的态度和立场，从而以此为基础判明普特南向内在实在论转变的思想必然性。在本章的中间部分，将以探讨普特南构建其内在实在论的具体理论为主要内容，阐释普特南用以建立起其内在实在论所凭借的种种技术性手段。本章的最后，将以上述哲学探讨为基础，勾勒普特南内在实在论的整体图景，从而判明普特南在这一阶段真正的理论意图和哲学立场，并适时地与其早期的科学实在论图景进行比较和诠释。

第一节　科学实在论的主要问题

一　意义与指称的因果链

　　首先我们需要解决普特南内在实在论思想时期的界定问题。在本书的第二和第三两章中曾提到，普特南早期的科学实在论内容主要是分布于其前期的两部重要的论文集。分别是 1975 年出版的《数学、物质与方法》，以及同样于该年出版的《心灵、语言与实在》。然而普特南内在实在论的思想时期划分则拥有着更多的复杂性。一般而言可以凭借其在 1983 年出版的第三部论文集《实在论与理性》为依据，同时以该时期前后的其他重要著作为划分参考。如 1978 年出版的《意义与道德科学》、1981 出版的《理性、真理与历史》、1987 年出版的《实在论的多重面孔》、1988 年出版的《表征与实在》等等。因此，普特南中期思想的内容和范围相比前期来讲具有一定程度的模糊性，这也是普特南逐渐抛弃早期科学主义的形式化、复杂性的理论建构，思想开始走向多元化、多领域层次发展的突出特征。

在扫清了对普特南中期思想时期的一系列界定问题之后。我们需要全力处理这样一个问题：普特南究竟是对其前期的科学实在论思想抱有怎样的不满，才促使其舍弃这一在理论上颇为完整的实在论立场。这一问题已经在相当大的程度上困扰了那些包括德维特等人在内的著名哲学家，后者在其专著《实在论与真理》中将普特南的中期思想定义为一种对实在论的变节。因为"普特南的观点是，实在论要求我们认识不可知的东西，要求我们言说无法言说的东西"。① 本书的目标在于为普特南实在论思想转换的内在线索和动机提供一种可理解的说明，那么如何解释普特南这种令当代重要学者都感到差异的思想变化就是本书所要处理的重中之重。在前面部分中，已经谈到了其早期科学实在论存在的各种隐藏的问题。现在需要利用普特南本人的视角来重新审视他的科学实在论立场，并从中概括挖掘出其转向内在实在论的必然性。

目前我们拥有的一个基本认识就是，普特南的科学实在论在最基础的层面上求助于一种有关意义与指称的语言哲学。虽然其本人在一定程度上继承了蒯因对分析与综合二分法的批判，但就像上文所阐释的那样，普特南并非如蒯因那样激进地放弃了全部的意义理论，而是认定科学实在论仍然需要依靠有关语言意义与指称的哲学理论才是可能的。普特南从而为后者提供了其本人的更新版本，即一种基于现实的外在主义语义学。这种语义学既能够承担语言行动者所处的外部环境内容和相互之间的公共性，同时也能够使语言的意义和指称在现实的历史中得到暂时性的固定。在《指称与真理》中，普特南对比了他自己的语义学和罗素的语言哲学版本。② 在此我们先对罗素的哲学立场进行一个简要的概括，从而为再度审视普特南的语言哲学提供一个新的视角。按照罗素的哲学设想，所有的知识都可以分为两大种类：能够亲知的知识与能够描述的知识。前者被感觉材料（Sense-Datum）所限制和定义，而感觉材料又是一种可被主体直接获得的特殊独立元素。当感觉材料被某一亲知的知识所命名的时候，我们就称其为具有一种逻辑专名的事实。而

① 迈克尔·德维特. 实在论与真理［M］. 郝苑，译. 北京：科学出版社，2013.
② Hilary Putnam. Realism and Reason（Philosophical Papers，vol. 3）［C］. Cambridge：Cambridge University Press，1983：69-86.

其他那些能够描述的知识则可以被摹状词理论所分解，以致任何一个普通专名都可以等价于一系列的摹状词组合。①

罗素因而承认了两种不同层次的陈述：基础性陈述和定义性陈述。基础性陈述必然指称那些我们可以直接认识的感觉材料，并因此获得自身的意义。而定义性陈述则可以等价于各种摹状词的组合描述。罗素整体理论的运作过程因而可以被理解为上述两种陈述的相互还原。我们能够直接拥有逻辑专名所代表的基础性陈述，这些陈述因其指称诸独特的感觉材料而处于根基的地位。而所有其他有意义的断言都需要被还原为针对感觉材料的断言，所使用的方法就是摹状词理论。这种理论从根本上认为任何普通专名都能够在一种既充分又必要的环境下等同于相关种类的摹状词组合。如"黄金"就可以等价于"沉重的，不会腐蚀的，昂贵的黄色金属"。众所周知的是，罗素本人所面临的根本困难之一就是这种分解普通专名的摹状词究竟能在多大的程度上等价于指向感觉材料的逻辑专名，或者说我们是否能够将所有断言都分解为直接指称感觉材料的逻辑专名。无论罗素在其思想的后期是否放弃了这种整体性的语言还原计划，按照罗森的说法，罗素的语言哲学走向了一种非常奇异的"感觉材料的殊相主义"。感觉材料甚至成为了某种特殊物质实体的种类，它虽然自我独立地存在着，但其出现与否却又以主体自身的认知活动和经验关照为转移。②

可以说罗素的哲学立场拒绝了我们现实的外在世界，从而用一种有关逻辑专名的理论虚构并代替了世界的真实面貌。这种逻辑专名又从根本上与诸感觉材料相连，从而受主体自身的认知活动所支配。某种程度上，普特南和克里普克的语言哲学都可以被视为一种对罗素主义的反对。在本书的第三章中，我们已经提到克里普克是通过诉诸可能世界的模态逻辑，或者说形而上学的逻辑可能性与可想象性来反驳罗素的摹状词理论。按照这种思想进路，在任何普通专名与逻辑专名之间，根本不存在着通过摹状词进行相互还原的必然关系。诸如"凯撒"这样的名词不再能够等价于"那个名字是尤利乌斯

---

① 伯特兰·罗素. 哲学问题 [M]. 何兆武，译. 北京：商务印书馆，2009.

② Stanley Rosen. The Elusiveness of the Ordinary [M]. New Heaven, London：Yale University Press，2002：47-54.

的罗马军事统帅，那个打败了庞培并跨过了卢比肯河的人"。甚而言之，我们完全可以想象凯撒在一个可能的世界中不再叫作"尤利乌斯"而是"马库斯"，或者他并没有打败庞培也未曾跨过卢比肯河。但这一切依然不妨碍"凯撒"指代那个出现在某一具体世界中的个体。

然而在普特南看来，克里普克对罗素主义语言哲学的拒绝同样意味着我们需要为语言意义和指称之间的关系提供一个合理化的说明。我们看到，普特南同克里普克一样，质疑所有普通专名都能够通过摹状词理论进行重构的必然性，或者说他们都反对这种等价关系是一种先天式的必然，反对任何自然事物都能固化地等同于一系列种类的成员集合。更进一步的是，普特南同时认为罗素的摹状词理论只是用一种逻辑上的准则来描述自然事物，这种逻辑准则与自然事物之间建立起了相互对应的关系：

> 罗素认为第一，一个断言可以对应于一种事态，这个断言是真的，当那个对应的事态发生了，否则为假。第二，我们对该断言的理解就包含了它所对应的那个事态。第三，这种理解的可能性只在于组成该断言的成分是逻辑专名，而我们能够亲知逻辑专名所指称的事物。①

当我们变换了看待普特南语言哲学理论的角度之后，我们发现普特南的外在论语义学同样可以理解为对一种罗素主义的反驳，这种罗素主义在普特南看来依然包含了某种先验认识论和主客二元论的顽固成分。可以看到，前期普特南的做法一方面是试图保留"指称"与"意义"这两个语言哲学概念的基本地位，因为他仍需求助于这两个概念来使科学理论作用于"实在"的层次。而另一方面，普特南又必须找到一种基于现实的、外在的有效理论，来说明两者的作用方式。

可以说，普特南外在论语义学的本质并非在于试图定义语言的意义和指称究竟是什么，而是试图通过一种理论来解释二者是如何在一种现实条件下

① Hilary Putnam. Realism and Reason（Philosophical Papers, vol. 3）［C］. Cambridge：Cambridge University Press，1983：69.

得到历史性地确定。在上一章中，我们阐释了劳动分工的语义学所强调的是各种差异化的语言亚群之间的结构性合作，这种合作以科学共同体的专家意见为主要范式，进而在各个历史时期下形成对同一事物的不同理解，也就是使语言的意义得到了暂时性的固定，同时也使语言的指称得到了经验性的确认。然而在上一章中我们并没有深入地询问这种意义的固定和指称的确认是如何可能的。其原因在于这一问题涉及前期普特南的另一大关键性的理论建设，即著名的"指称的因果链"，亦被称为"普特南-克里普克论题"。而正是在这一关键问题上，构成了普特南对其前期语言哲学的根本性自我批判。我们将通过对这一问题的深入阐释，从而理解这一问题何以能够通向对普特南整个科学实在论图景的颠覆。

按照普特南自己的表述，"指称的因果链"是其与克里普克一道为了反驳罗素主义的一系列语言哲学立场从而建构的理论。[①] 其根本意图在于将"指称"这一概念保留在一种语言使用的历史链条当中。或者说是令"指称"能够得到社会合作式的现实决定，即便不会有任何个体或理论能够完整描述实在的全貌。在普特南看来，因果链理论能够令我们的语言成功地指称某种外部的实在，进而得以对实在进行持续性地认识。也就是说，即使某一语言使用者并不掌握有关某一自然事物的任何前沿知识，他也仍然能够通过这种因果链条的传导，从而加入其他社会成员对该自然事物的认识活动。根据普特南本人的理论建构，指称的因果链理论假设了有某种原初的个体通过一种"命名仪式"的活动，而为某一具体的事物确立了词项名称。而当其他时空环境中的语言使用者同样说出这一词项名称时，他就通过因果链的作用进而分享了这一词项最初所指称的事物。如此一来，在不同历史条件下所有使用这一词项名称的人，就都参与到对同一所指之物进行的持续讨论或认识。这种允许差异化个体对相同事物劳动分工式的共享认识，又被普特南称为指称理论的"宽容原则"（Principle of Charity）。而即使某一个体对某一事物欠缺任何必要的认识，当他使用该词项名称时，也依然通过语言亚群的相互关

---

① 普特南与克里普克共同否认他们提出的是福多尔（Fodor）意义上的因果指称理论，即用"强因果关系"的术语来界定指称。普特南认为他所维护的是下述观念：只有在某些种类的语词和某些种类的事物间存在因果联系，这些词语才能够指称。更多讨论可参考普特南后期著作《重建哲学》165-167 页.

联和因果链条的传导指称了相同的事物。这一原则又被普特南称为指称理论的"合理无知原则"(Principle of Reasonable Ignorance)。^①

我们或许能够得出这样的结论：普特南的因果链理论只是为他外在论的语义学和语言的劳动分工论证提供一种内在机制的具体说明。从而使其服务于普特南所主张的历史化的科学实在论。因为只有通过这种因果链的历史传递作用，才使得诸多科学理论能够具有一种相互积累并趋近实在的能力。然而正是在这样一个纯粹技术性论证的理论层次上，却包含了瓦解普特南早期科学实在论的全部因素，其问题的关键在于对"因果"(Casual)这一问题的理解上。按照普特南本人的自我反驳，如果指称的确认是以一种纯粹因果联系的形式而得到传导的，这就意味着不同理论之间的作用方式是一种固定的叠加模式，而不存在任何其他的影响关系。也就是说，指称的因果链理论预设了理论之间存在着一种必然的绝对关系，这种关系无需我们去进行说明和诠释就能够被先天地拣选出来。普特南本人如此总结自己的因果链的指称理论：

> 它的想法是自然词项的外延并非由某些特殊的标准所固定，而是由世界自身所固定。因此存在着在不同场合下的许多"客观"的法则来决定自然词项的外延……我们并不会假设我们完全知道这些法则是什么，但是在这样的图景下，我们可以逐渐找到判定外延的充分和必要条件。^②

由此可知，普特南反对罗素主义中普通专名可以被必然性地等价于一系列摹状词的组合。而在其本人提出的替代方案中，指称的这种链式的传导能力仍然需要依附于某种因果式的必然关系。换句话说，指称的因果链理论假定了每个理论与它所表征的事物之间都具备了无须诉诸诠释的关联对应，同时各个理论之间的互动方式也是一种固化的累加模式。在同样的段落中，我

---

① Hilary Putnam. Mind, Language and Reality (Philosophical Papers, vol. 2)[C]. Cambridge：Cambridge University Press，1975：272-290.

② Hilary Putnam. Realism and Reason (Philosophical Papers，vol. 3)[C]. Cambridge：Cambridge University Press，1983：70.

们能够看到普特南的下述自我反驳：

> 我要指出的是，不管我们的实践会将什么样的操作的和理论的
> 强制加之于我们对语言的使用，总能够有无限多的不同的指称关系
> 满足所有的强制……在那种朴素的对应中……人与世界似乎处在一
> 种绝对的关系之中……在世界和一个确定的关系之间有一种固定
> 的，以某种方式挑选出来的对应。[①]

总之，普特南提出因果链理论的本意是为了使我们对语言的运用能够在一种外部环境下得到理解和把握，从而令科学理论的指称能够得到历史性地确认。然而因果链理论自身的运作却需要在暗中依靠一种本应被普特南所反对的基础，即因果关系的必然性。这意味着无论理论与其表征的对象之间，还是诸种理论的互动之间，都是一种非认知的绝对关系，一种确定性的必然关联。在具体的现实层次上，这就等同于认为各种语言亚群的劳动分工和结构性合作，都将遵循一种形式化的机械程序，一种被先天拣选出来的固定法则。这种非认知的因果必然性不仅在现实中是不可能的，也将违背真实的科学面貌。普特南的因果链理论出问题的关键之处在于他仍然从根本上将语言意义与指称的作用理解为一种纯粹形式化的符合对应。他没有看到语言与其表征对象之间的关系是一种复杂的解释性和修辞性的作用：我们不仅可以对同一事物构建起差异化的认知图像，甚至当我们使用同一个词项时，在不同语境下也可以意指不同的东西。或者说普特南在这里完全忽视了那个应当作为重要第三方出现的"解释者"，进而忽略了那个作为认知主体的自主知性的参与。[②]

———————

　　① Hilary Putnam. Realism and Reason（Philosophical Papers，vol. 3）［C］. Cambridge：Cambridge University Press，1983：71.
　　② 诺里斯（Norris）同样认为，普特南的因果链理论实际试图说明指称与意义是如何得到确定的，但这种说明方式本身就预设了对指称的定义。也就是认为在语言与对象之间能够形成以既定规则为依据的关联。但诺里斯同样认为，普特南对因果链理论的自我反驳并不能构成他抛弃早期实在论的核心因素，或者这种反驳是不充分的。对此可进一步参考《希拉里·普特南：实在论，理性与不确定性的作用》p135-166.

二　符合真理观与二元论

在上一节中，补充了普特南前期理论图景的最后一个版图，即语言哲学的因果链理论。可知，正是在因果链的指称理论中包含着普特南对其科学实在论总体图景自我反驳的重要线索。把上一节中对因果链理论的根本困难所进行的剖析总结如下：该理论预设了我们对语言的理解和使用、科学与其认识对象之间的关联，以及理论之间的互动影响，都是一种因果式的、必然式的、自我拣选式的绝对关系；而不是一种认知性的、解释性的或修辞式的相对关系。也就是说，在普特南指称的因果链理论中，仍然包含着某种继承自近代哲学图景中"固化观"的因素。而正是对这一"固化观"的反驳和拒绝，促使普特南舍弃了前期的语言哲学立场。

然而因果链理论所包含的复杂性还远不止于此。普特南实际上在这里对"主体"的定位做出了一个新的阐释和理解。在早期的科学实在论中，普特南是在"封闭性"和"先天性"两个层次上来反对一种"先验自我"，从而用一种能够在真实世界中不断变化和改进认识的历史主体取而代之。但在该过程中，普特南仍然保留了历史主体对客体建构认识的形式性和规范性，也就是历史化的认识过程本身仍然需要遵照一种系统的整体规则。然而在其思想的内在实在论时期，普特南意识到这种认识过程同样不可能服从任何既定的法则和程式，而是被历史主体拥有的自主知性所决定。用他自己的表达方式来说：

> 因果链理论……认为对语言的使用已经决定了词项的指称，或者能够在一个给定的条件下决定词项的指称。但实际上语言的使用即使是在确定的情境下，也无法决定指称，因为"使用"并不等同于"理解"。即使我们对自己的语言能够具备一种系统的使用方法，但仍然缺少一种对语言使用的"解释"。①

---

① Hilary Putnam. Realism and Reason（Philosophical Papers，vol. 3）［C］. Cambridge：Cambridge University Press，1983：24.

语言对实在的揭示不可能是因果式的，而必然是认知性的。这就意味着我们根本无法得到有关世界唯一确定的理解，所有的理解都必然是通过主体知性的建构过程而内在于主体的。然而普特南的这种新立场反过来不正提高了那个历史主体的作用和地位。或者说，这不就是要求我们取消在"对象式的客观世界"和"由主体所理解的世界"之间的关键区别。这里的问题过于复杂深刻，以至于无法在这一段落中得到处理。但可以由此得出一个理论层面的基本结论，就是对"真理"的理解必将因此发生动摇。

现在我们需要转向对"真理"问题的考察。通过辨析普特南因果链理论的是与非，我们认识到普特南是在继续反对那个近代哲学图景的"固化观"，从而用一种历史主体彻底的自主知性建构取而代之。但正是在如何看待"真理"的这个问题上，我们将继续触及普特南对近代哲学图景的第二个根本性的不满，也就是前文所着重强调过的"疏离观"。在上一章中，详细阐释了普特南对一种近代二元论哲学的矛盾态度，即他只是在打开主体的封闭性，恢复主体与客体的相互关联和沟通的层面上来反对二元论。换言之，普特南只是在弥合二者之间的孤立和割裂，而并没有从最根本的层次上抛弃这幅"疏离观"的哲学图景。从普特南科学实在论的总体结构中能够发现，他仍然致力于要求一种成熟化的、完成了的科学能够与实在的总体相互符合。也就是说，普特南在前期秉承的一个最重要的哲学立场就是他持有一种"真理的符合论"。按照这种论点，那个独立于我们的外部实在的真实面貌，才是判明我们是否掌握一种真理的唯一标准。因此，我们也可以称其为一种外在论的真理观。

普特南所持有的"真理的符合论"观点具有一种不易察觉的隐蔽性。究其原因就在于他将知识与实在的符合诉诸一种科学发展的最终结果的历史性，也就是他本人曾引用过的那个博依德的经典立场：在成熟科学理论中的陈述能够典型地指称实在，在成熟科学理论中的定律能够近似地等同于真理。普特南诉诸的真理符合论，其落脚点在于强调科学发展的某种时间性的尽头，也即科学历史的完成或知识的最终汇聚。在这里，普特南又明显借助了来自皮尔士的实用主义真理观和实在观。按照皮尔士的看法，思想的某种根本性质就是它能够意识到基于自身幻想出来的事物与真实的现实事物之间的区别。也就是说，人类思维方式的本质就是他能够不断通过自我反思和自我纠正的方式，排除那些玄思与幻觉之类的事物。在这样的历史过程的尽头所最终遗留下来的东西，就必然是实在性的真实事物。或者按照皮尔士本人的表达方式：正是由于实在独立于你我的特殊性质，因此，实在必然是信息和推理迟早都会得到的最终结果。① 与此同时，我们发现皮尔士继续诉诸某种人类共同体的普遍真诚。他谈到："实在是在足够遥远的将来，共同体总是一再肯定的东西；而非实在则是在同等条件下，共同体以后会永远否认的东西……因此，没有什么能阻止我们如其所是地认识外在事物。"②

　　但就具体的理论层面而言，皮尔士看待真理与实在的立场又可以诉诸下述两种诠释方式。第一种方式认定皮尔士的论证强调的乃是我们最终能够得到某种对外在事物的客观知识。通过共同体的不断自我反思和自我纠正，我们总是能够在某一历史的完结状态下得到一种完全符合外部实在的理想知识。而第二种方式拒绝上述诠释对"客观知识"的强调，否定皮尔士的意图是对"真理符合于外在实在"的重申。这种方式认为，皮尔士的哲学立场在于强调共同体所具有的各种观念和方法的"集合"才是实在的真正内容。真理的发展和演进并非是理论对外部世界的契合，而是我们的信念不断得到稳固的过程。正是共同体内部诸种认知性概念的自我稳固，才是对真理的客观化和理想化的最佳理解。无论这两种诠释方式有着怎样的分歧，但它们都通向了某种相同的主旨：强调一种现实的过程性和进步的可能性，才是真理与实在的某种本质特征。在这里，只要我们对上述两种皮尔士主义加以仔细甄别的话，就能发现早期普特南的科学实在论立场是对第一种诠释方式的采纳和重构，即要求一种成熟的整体科学揭示实在的全部面貌。而内在实在论时期的普特南，则逐渐转向了对皮尔士哲学的第二种诠释方式，即将真理等同于某种主体拥有的认知性观念，如合理化的可接受性，等等。③

---

　　① Justus Buchler. The Philosophy of Peirce：Selected Writings ［C］. New York：Dover Publications，1940：241.

　　② Justus Buchler. The Philosophy of Peirce：Selected Writings ［C］. New York：Dover Publications，1940：242-243.

　　③ 伊恩·哈金在其代表性著作《表征与干预》中，详细评价了普特南与皮尔士哲学之间的深层关联。并将普特南定义为一位皮尔士主义者，而罗蒂则被定义为詹姆斯主义者。笔者认为，普特南对经典实用主义的吸收是多方面的。但哈金仍然阐明了普特南思想的一大重要特质，即着眼于历史的延续或未来终将出现的东西。具体可参照《表征与干预》p48-52.

在梳理了普特南与皮尔士主义的一系列重要关联之后，在处理普特南真理观的转变问题上就拥有了一种理论背景：普特南放弃了对皮尔士的第一种理解方式，这种理解方式秉承知识与实在之间的相互对应。通过上一节对普特南"指称的因果链"理论利与弊的深入分析，可在理论的层面认识到普特南放弃真理符合论的重要原因：在意义与所指之间不可能存在着唯一真实、固定不变的对应关系。我们的语言不可能精确地对应于一个确定的对象，相反自主知性的参与总是能够在语言和对象之间建立起无限多的不同指称关联。然而正如我们在皮尔士哲学中所谈到的那样，那种认为真理即是主体与客体的相互符合，还预设了世界在本体论层面上就是一种"孤立的主体"与"对象式客体"的相互对立关系。也就是说，符合论真理观的问题不仅在于这种"绝对确定的符合"在技术上根本无法实现，更在于这一理论暗含了某种形而上学层面的预先假设，这一假设就是沿袭自近代哲学图景的那个顽固的二元论。

在普特南的第三部重要论文集《实在论与理性》的序言中，普特南以自我批判的极大勇气，彻底拒绝了过去以"指称的因果链"理论为基础的"符合论真理观"。其中他谈到：

> 认为在内在于我们的东西和外在的东西之间有一个特别的对应关系，就会引导有一个制造好了的世界的形而上学幻想，那个世界带有诸自我等同的对象，内设的结构、本质或者别的什么。①

在其著作《实在论的多副面孔》中，普特南承认正是这种疏离的观点，使得我们从源头上就丧失了对世界与自我的真实理解：

> 我注意到关于实在和真理的形而上学实在论观点。我把当前的真理观描述为"疏离的"观点，这些观点使得一个人会丧失他的这

---

① Hilary Putnam. Realism and Reason（Philosophical Papers，vol. 3）［C］. Cambridge：Cambridge University Press，1983：1-18.

一部分或那一部分自我和世界。①

以此为标志，普特南在这里真正开始反思其早期科学实在论对近代二元论的某种含糊而矛盾的态度。这种态度只是要求打开封闭的主体从而弥合主体与客体的相互分裂，却没有认识到这种弥合的企图本身就是对主客对立的二元论图景的一种变相式的承认。对符合论真理观的拒斥标志着普特南彻底告别了将世界理解为主体与客体之二分的近代哲学图景。

三　形而上学的实在论

把普特南对符合真理观与二元论的反驳进行如下总结：真理的符合论最根本性的问题在于这一观念本身就包含了对世界的某种形而上学层次上的预先定义。它占先性地将世界在本体论的层次上理解为一种孤立的主体与对象式客体的相互对立，而只有秉承了这种对立的图景之后，真理对客观事物的符合才是可能的。从积极的角度上讲，普特南对符合论真理观的自我解构与其早期科学实在论的立场相比，标志着他意识到只是单纯打开封闭的主体，恢复主客之间的联系，并没有深入到问题的根本层次。而只有认识到其潜在的二元论图景乃是对世界在形而上学层次上某种毫无根基的预先假设，才能够接近恢复"实在"的真实面貌。但从问题的角度上讲，普特南这种要求脱离对"实在"的某种理论背景式的预先定义，是否就代表他试图返回那个理论无涉的真实自然？或者说，对"符合论真理观"之理论前提的深刻洞察，是否就促使普特南返回到对"实在"的某种非观念性的理解？还是说会进一步导致普特南使用更为观念化的主观主义认知视角来代替那个潜在的二元论图景？

对这一问题的处理必将要求我们重新考虑那个"理论化的自然"与"常识下的自然"之间的根本张力，尤其考虑到普特南就是从一种由现代科学所认定的人工自然开始构建其实在论思想的。从其自身的思想演变过程来看，至少从其内在实在论时期的典型特点来看，普特南更多地选择了第二条路

---

① Hilary Putnam. Realism with a Human Face [M]. Cambridge, Massachusetts: Harvard University Press, 1990: 65.

线，即对二元论图景的拒绝使得他走向了一种后康德主义的自由知识建构论，甚至是用一种主观主义的认知性概念代替了对"客观真理"的诉求。然而我们在这里的分析重点并非是处理一种内在实在论甚或常识实在论是否可能的问题，而是专注于阐释普特南思想演变的意图、内涵、机理和线索的问题。在上面两节中，在技术性理论的层面上，同时也在形而上学的层面上，讨论了普特南科学实在论所包含的两大问题。这两大问题可以总结为：在普特南早期的科学实在论图景中，仍然顽固地暗含着继承自近代思想的那种"固化观"和"疏离观"。这两种观念相互结合的后果就是形成了一种不易察觉但影响巨大的本体论假设：存在着一个业已造好的世界，一个没有开放性和延展性的世界，一个整体闭合且永远如此的世界。在这个世界中存在着自我等同的对象、固化的内在结构与不变的本质。主体要么处在这个世界的外围，要么以旁观的方式对这个世界保持距离式地观看。而主体最终将对这个造好的世界得到某种一劳永逸的确切认识。

这提示出一个理解普特南实在论思想转变的关键线索，即普特南并非是对科学实在论的理论细节怀抱着什么技术性上的不满。恰恰相反，虽然普特南着重于反驳"指称的因果链"理论和"真理的符合论"，但促使他彻底抛弃早期科学实在论思想的，乃是他从根本上拒绝了这样一幅主客分离的形而上学图景。从此可知，真正支撑其早期科学实在论运作的，就是这种在相当程度上依然包含着"疏离观"与"固化观"的二元论。第一，只有先将或开放、或延展的世界理解为一种静态固定的闭合世界，科学对实在的总体判明才是可能的，或者说普特南所诉诸的那个科学历史的最终完成才是可能的。第二，只有在这种静态固定的闭合世界之下，不同时空环境下的科学事业对实在整体的这种切断、分割和拼贴才是可能的。或者说只有如此才能形成科学理论之间因果式的累合叠加，进而整个科学事业的历史性渐进积累才是可能的。第三，虽然普特南反对自然事物能够拥有不变的本质，或者反对科学对本质的揭示是一种先天式的必然。但其"成熟科学能够最终判明总体实在"的主张，依然预设了世界拥有某种固定不变的本质。第四，这种闭合世界的假设又包含了另一个重要假设：存在着某种自我等同的对象或自我拣选的关系，从而在不同的科学理论与实在的各部分之间能够存在唯一确定的符合对应。

从以上可知，对一个"业已造好的世界"的反驳是普特南彻底脱离早期思想走向中期内在实在论的重要标志。[①] 而这一"业已造好的世界"图景更是近代二元论的那种"疏离观"与"固化观"相互结合聚集的一个最终节点。这一节点实际上也已经回到了笛卡尔主义对纯粹物理广延的外部世界的根本定义：一种按照自明的方式保持永恒不变的存在，而人通过数学性思维对这一方式的全面把握能够使人凌驾于自然之上。从这一角度上可以说，普特南实际上改换了对现代科学的某种根本性的理解，前期的普特南虽然要求科学处在一种历史化的流变过程当中，但世界和实在的总体却保持不变。由此科学的历史性完成就必然通向了对自然的全面征服。而中期的普特南则或多或少将科学与世界都理解为处在持续变动的过程当中，因而不再能够得到一种闭合的总体性实在。现代科学于是改换成为了对变动中的世界没有终点的持续追踪，从而得以服务于普特南对科学的某种最初要求：科学应是有希望地获取我们对自然奇观的崇敬。这里的问题即涉及普特南究竟为什么对那幅固化而疏离的二元论图景抱有如此强烈的不满，而其弥合主体与客体之分裂的强烈动机又因何而来，以上问题之深刻以至于无法在本段落中得到处理，我们将在本书全面判明普特南思想的内在线索和深层意图的部分再次回顾他对现代科学所进行的这种改造和诠释。

通过上述阐释可以达到如下洞见：普特南是在形而上学和本体论的高度上来反驳自己前期的科学实在论思想。普特南进而以此为基础将过去秉承的这种实在论立场定义为一种"形而上学实在论"。在《意义与道德科学》中，普特南尝试说明这种形而上学实在论与一个业已造好的世界之间的关系：

> 形而上学实在论规定，L 中的词项与世界的组件，或组件的集合之间，存在着一个确定的关联……世界独立于我们对它所做出的任何特定的理解和表征……真理根本就不是一个认知性的概念，而

[①] 笔者认为，对一个"业已造好的世界"的持续性反驳构成了普特南前中期思想转换的核心。如果世界并非一个封闭的客体，那么普特南早期的语义学就会丧失作为其构架的基本轮廓。同时，反驳"业已造好的世界"暗含着对世界开放性的承认，或历史暂时性与延续性的承认。更进一步的讨论还可参考拉塞尔·古德曼（Russell Goodman）极具启发性的论文《普特南多元主义思想的一些来源》，收录于 2013 版《阅读普特南》。

是理论与世界之间已经准备好的既定联系。①

可以进一步参考伊恩·哈金对该论点的概括来印证对普特南"形而上学实在论"的判断:"普特南认为,形而上学的实在论对实在和真理持'外在论的视角'。这种观点认为世界由独立于心灵的对象的固定整体所构成。'世界的存在方式'只有一种正确的、完备的描述。真理不外乎是语词或思维符号与外在事物和事物集合的某种符合。"② 从哈金的总结中可以发现,普特南"形而上学实在论"的主要特点及其所包含的深层假设,也基本契合于本书对该问题所进行的阐释。在哈金眼中,对"形而上学实在论"的关键性自我反驳,促使普特南走上了一种完全康德主义的认识论图景:对任何事物的认识都无法脱离于主体自我生产的概念。

在普特南的著作中,对"形而上学实在论"的关键性叙述发生于其重要的中期著作《意义与道德科学》。在其中普特南将"形而上学实在论"形容为缺少综合经验内容的单纯模式化的世界,而这种模式又是一种类似"撞球"的桌面(Colliding Billiard Balls)。在同样的段落中,普特南又继续将"形而上学实在论"的深层本质阐释如下:

> 第一,该图景允许得到一种一劳永逸地对应于实在的整体真理论。第二,该图景认为一个大写的世界将独立于任何个体对该世界的特别表象。第三,该图景所认定的所有知识都是极端"非认知"(Non-Epistemic)的,我们对外部世界的理解从而又游离于我们自身的视角之外,因此是相互矛盾的。③

可以将普特南颇为抽象的类比阐释进行这样的理解:这种世界是一个封

---

① Hilary Putnam. Meaning and the Moral Sciences [M]. London: Routledge and Kegan Paul, 1978: 124.

② 伊恩·哈金. 表征与干预:自然科学哲学主题导论 [M]. 王巍,孟强,译. 北京:科学出版社, 2011: 75-76.

③ Hilary Putnam. Meaning and the Moral Sciences [M]. London: Routledge and Kegan Paul, 1978: 125.

闭的总体，其内部可以被各种理论因果式地分割和拼贴。普特南从而将这种形而上学的实在论解读为：乞求于任何所谓正确的理论与大写的世界各部分之间的对应关系。或者是我们语言的诸陈述与大写世界的每个碎片之间的符合关系。

第二节　内在实在论的理论建构

一　勒文海姆-斯科伦定理

在上一节中，详尽处理了普特南早期科学实在论存在的种种问题，这些问题不仅涉及具体理论的技术性层面，同时也深入到形而上学和本体论的层面。把普特南对其科学实在论的自我驳斥总结如下：普特南的前期思想并未能从本体论的层面克服自近代以来所沿袭的二元论哲学图景。其科学实在论中仍然包含着顽固的"疏离观"与"固化观"的理论成分，这些成分揭示了其前期理论所暗含的思想基础。该基础可以被描述为一种"形而上学的实在论"，他要求我们的世界是一个已经造好的世界，一个完全闭合的封闭实体。而我们又以旁观者的姿态凌驾于这个世界之外，真理最终是我们的认识与这个外部世界之间一劳永逸的符合。应当看到，普特南对"形而上学实在论"的驳斥承袭了美国实用主义哲学的普遍基调，即对一个理论化的抽象世界的反对，以及对一种旁观者认识论的驳斥。正是在这一点上，我们找到了普特南实在论转换的内在线索和思想意图。

现在需要继续探讨普特南为其前期思想，或者为"形而上学实在论"准备的那个替代方案，即所谓"内在实在论"。在深入到普特南中期的理论建构之前，有必要先梳理一下其本人看待该时期的思想态度。在哲学生涯的后期和晚期，普特南又在不同场合重新回顾并评价了对"内在实在论"的看法。在《三重绳索——心灵、身体与世界》中，[1] 普特南谈到了他曾试图构建并区分两种不同的"内在实在论"。第一种"内在实在论"普特南认为应

---

[1]　Hilary Putnam. The Threefold Cord: Mind, Body, and World [M]. New York: Columbia University Press, 1999: 55-69.

当是一种"科学的内在实在论"。其核心论点可以总结如下：在"科学的内在实在论"中，普特南着重强调理论对事物的描述不可能有唯一正确的方式。语言与实在的关联互动究其实质乃是说话者的行为总体与其所处的整体环境之间的复杂作用，而诸种作用又可以诠释为具有相对性的多元化解释模型。总而言之，普特南在这里诉诸的是我们对世界的描述不可能脱离自身的视角达到唯一确定的符合。而第二种"内在实在论"，普特南认为就是学术界曾持续对其进行过批判的观点。该观点在其本人的著作《理性、真理与历史》中得到过最充分的表达："心灵与世界一起构成心灵与世界。真理等同于一种合理可接受性的理想化。"①

　　从本书的研究角度来看，上述两种不同的"内在实在论"立场，其关键性区别似乎在于真理与实在的地位问题。也就是主体只是对一种自在的实在进行多元化的认知活动，还是亲自参与到塑造实在本身的过程当中。换句话说，主体自身的知性是否决定了实在的可能性和状态，即使这种决定只是部分性的。在普特南晚年的论文集《科学时代中的哲学》里，其本人又再次宣誓了对"两种不同的内在实在论"之区分的必要性。② 无论普特南是否在通过这种方式回应那些曾经针对其内在实在论思想所出现的各种批评，还是他希望为自己在内在实在论时期的理论建构留下更多的阐释余地，都无法从根本上改变这一事实：这两者都与其前期科学实在论图景有着明显不同，因此，都可以也应该被与其早期思想区别对待。但同时，我们也确实能在其内在实在论时期感受到普特南摇摆在上述两种不同的看待真理与实在的视角上。这种摇摆体现了他在"主体建构实在"，还是"只建构对实在的理解"立场中的犹疑。鉴于此，本书力图区分和还原二者之间的张力。同时也会在本章的后面部分，为这种差异因何出现提供一个可能的合理化说明：普特南

---

① Hilary Putnam. Reason, Truth, and History [M]. Cambridge：Cambridge University Press, 1981：1-5.

② Hilary Putnam. Philosophy in an Age of Science [C]. Cambridge, Massachusetts：Harvard University Press, 2012：39-42.

究竟是怎样理解康德哲学的问题。①

　　现在可以进入到普特南内在实在论的具体技术性理论。首先一个问题就是，普特南究竟是通过何种方式，达到了如下这一认识：我们的语言总是能够对同一事物形成差异化、多元化的表征形式。在其论文集《实在论与理性》中，普特南简要总结了三种与真理和指称相关的不同立场。② 第一个立场是柏拉图主义的，即认为有一种非自然的心灵作用直接抓取了某种理式或形式，这种抓取又是无法被进一步还原、分析和解释的过程。第二个立场是实证主义的，实证主义者典型地替换了传统的真理观念，用一种"证实观"取而代之。真理等同于指向直接经验的证据集合，而直接经验被认为可以满足一种"证实"所要求的客观性。第三个立场是温和的实在论，即希望保留传统的真理观，同时又试图剔除柏拉图主义中那个非自然的神秘心灵力量。这一立场又被普特南认为是他在早期科学实在论中所采取的观点。正是在最后一个立场中，普特南发现了某种根本性的理论困难。

　　普特南是通过一个相当技术性的模型论论证从而达至了上述洞察。这一论证就是在数学哲学和集合论领域中著名的勒文海姆-斯科伦定理。该定理得名于其两位提出者列奥波德·勒文海姆和索拉夫·斯科伦。其核心内容是在任何一个可数的语言中，对于可满足的一阶逻辑而言，都拥有无限可数个模型；或者说在一阶逻辑中对于一个可数的语言，任何集合系统都有无限可数个模型。勒文海姆-斯科伦定理可进一步被看作是"模型理论"中的一个典型的结果，这一结果在某种程度上导致了如下情况的出现：所有一阶语言句子的模型都将拥有初等等价的无限可数子模型。勒文海姆-斯科伦定理的某种哲学上的后果，按照斯科伦本人的语言来说，就是有关"无限""有限""可数"和"不可数"的观念都在公理集合论中具有相对性。

　　普特南对勒文海姆-斯科伦定理的态度是在肯定的基础上又将这一定理

---

　　① 对普特南或许存在着两种不同的"内在实在论"立场，以及其各自与康德哲学之间的关联，还可参考论文《希拉里·普特南与伊曼纽尔·康德：两种"内在实在论"？》，其作者德莫特·墨兰（Dermot Moran）认为普特南从康德那里继承了对一种"与心灵无关的世界"的反对，或本书认为的反对一个"业已造好的世界"。同时也表达了普特南没能很好地处理康德对感知或观念论的问题。本书对普特南与康德哲学之间关系的判断在某些方面与该文观点一致。该文刊登于 Synthese 第 123 期。

　　② Hilary Putnam. Realism and Reason（Philosophical Papers，vol.3）[C]. Cambridge：Cambridge University Press，1983：45-55.

推广到了更高的哲学层次。依照普特南的看法，该定理最重要的作用是向我们展示了，即使在数学集合论这样高度形式化的知识系统中，任何确定性的事物也都可以转化为不确定的无限多个事物，甚至是不可数的无限多个事物。那么我们就没有理由拒绝相信，甚至最理想化的整体科学也无法被某一确定的规范系统所一劳永逸地满足。而是被无限多个不可数的、不同解释的可能性所填充。① 因此，普特南前期所期望的那种真理观，即保留传统柏拉图意义上的真理，并根除那种神秘的心灵力量的哲学努力将付之东流。实际上，普特南在前期试图打造的这种所谓"祛魅化的柏拉图主义"，就是一种由他所理解的真理符合论。而通过对勒文海姆-斯科伦定理的吸收，普特南实际上意识到这种符合论真理观的彻底破产，甚至是对一般物理对象的表述，我们的语言都会对其产生基于多种模型的多元化理解。

在《实在论与理性》中，普特南将他从勒文海姆-斯科伦定理所体会到的终极感悟理解为一种全部知识的"斯科伦化"："看上去想要不求助于一种神秘的心灵力量来确定我们语言的指称将是不可能的。"② 用更直白的语言来说，就是任何陈述的外延都将是不确定的，除非我们回到一种神秘主义的心灵观之中。对普特南本来所要建立的科学实在论而言，一种基于现实主义的真理观和指称理论乃是重中之重。按照他过去的意图，我们在任何既定的现实环境下，都能够通过对语言使用的理解和掌握，从而在一种历史性的过程中明确语言的指称。然而在数学哲学的模型论或勒文海姆-斯科伦定理的影响下，普特南不得不承认，这种对指称的明确将是不可能的。问题不在于我们能否找到那种确切的符合关系，而是在于任何"找到"都是一种被动式的获得，而在这一认识论的领域，恰恰是认知者主动建构的"自发"解释模式，以及诸种解释模式所具有的根本差异，这才是问题真正的关键所在。

---

① 本书认为，模型理论论证本身对普特南来说是他反对"独立于心灵的世界"或"对世界有唯一确定的理解"这种形而上学实在论的技术性方式。而模型理论论证本身在数学哲学领域还存在着一系列不确定的争论，包括勒文海姆-斯科伦定理自身的有效性问题。更进一步的讨论可参考蒂莫西·贝斯（Timothy Bays）发表的一系列针对普特南模型理论论证的具体技术细节的论文。还可参考麦克尔·哈莱特（Michael Hallett）的论文《普特南与斯科伦的悖论》。载 1994 年版《阅读普特南》。

② Hilary Putnam. Realism and Reason（Philosophical Papers，vol. 3）[C]. Cambridge：Cambridge University Press，1983：1-25

二 心灵意向性与"钵中之脑"

前期普特南的科学实在论最终指向了某种"真理符合论"的语言哲学的变体，尽管这种变体经过对皮尔士哲学的吸收和对历史意识的强调拥有了历史的整体和局部的时空之间的层次关系。然而其最终体现出的结果却仍是某种完成了的成熟科学与作为总体性实在的符合，它强调的是科学理论最终将向我们揭示出世界中的真实事物的真实面貌。为了达到这一目的，普特南曾希冀打造一种能够使语言的指称在现实环境中得到历史性确定的理论，因而这种理论就必然乞求于真理与对象之间唯一正确的对应关系。而通过把握数学集合论或模型论中的论证成果，普特南实际上从具体理论的技术性层次上彻底意识到了这种符合论真理观的困难：我们的语言不可能被动地与一种世界自我拣选出来的主客关系相互契合。恰恰相反，主体具有的知性主动地建构了我们对一切事物的差异化表征。

但目前最关键的问题是，在普特南本人看来，对符合论真理观的摒弃将为"实在论"的立场带来颠覆性的困难。既然我们的语言指称并不能在一种历史性的过程中得到确定，而我们也缺乏必要的手段来甄别哪种表征才是合于对象的真正符合，那么我们还能利用怎样的方法来通达一种"实在"呢？在这个问题上，普特南似乎对实在论可能性的理解陷入了某种非常被动的局面。这种焦灼感具体可表现在下述三个层面：第一，普特南已经通过对前期科学实在论问题的反思，从而彻底摒弃了那种"形而上学实在论"的理论图景。这一图景包括主体与客体的相互分离和世界的固化，主客体之间自我拣选式的固定对应关系，科学理论之间因果式的累加，等等。第二，普特南又拒绝回到古典哲学或柏拉图-亚里士多德哲学的那种神秘主义的认识论图景。按照这种图景，要么是我们的心灵凭借某种神秘力量直接抓取了事物的理式，要么是事物的形式通过某种神秘作用直接进入到我们的心灵。简而言之，在普特南看来，这两种方式都是无法得到进一步分析、阐释和理解的神秘过程。第三，普特南已经接受了模型论论证中所揭示的认知相对性现象。或者说，普特南已经将勒文海姆-斯科伦定理所体现出的这种由解释性所构成的多元性确立为一种有效的原则。

如此一来，我们何以还能够得到判明外部实在的可靠理论？如果我们必须接受模型论论证所揭示的认知相对性原则，那么我们是否就只能承担这样的直接后果：我们要么永远也无法对实在建立起任何真正的认识，要么就是我们的主动认知构造了多元化的理论世界。这两种立场已经广阔分散在各种反实在论者如达米特或实用主义者如古德曼等人的论证当中。而如果我们选择拒绝接受这种指称的不确定性或认知的相对性原则，那么我们似乎又只能回到一种对柏拉图-亚里士多德神秘心灵观的现代仿照。按照这种看法，我们的心灵天生就拥有一种指向外部事物的神秘能力。这种神秘能力在布伦塔诺和齐硕姆等人的哲学中又以"意向性"这一概念为依托通向了种种无法被现代科学所处理的非自然心灵观。

摆在普特南面前的问题非常明显：如何在接受模型论论证的结论、摒弃形而上学实在论图景的基础上，重新安顿实在论的地位。在这里普特南的处理方法是先尽力破除形而上学实在论赖以为继的理论基础，同时将勒文海姆-斯科伦定理的基本结论运用到过去的语言哲学和心灵哲学当中，从而探索在基本的技术性理论层面上，能够为实在论提供什么样的可能性。[①] 从此可知，普特南正是通过重新诠释上文所提到的"意向性"概念来继续探索实在论。值得一提的是，普特南是在单纯认识论的层面上来理解"意向性"的，也就是心灵通过某种神秘作用超越自身指向外部事物，而非在胡塞尔或海德格尔对该词的使用上。在胡塞尔那里，"意向性"是超验主体通过一种形式性的智性直觉，从而把握到一种纯粹化、普遍化的感知性涵义。而海德格尔在使用"意向性"一词时更多指代的是对历史中的本真性个体通往一种超越性的存在而进行生存论分析的可能性条件。总而言之，胡塞尔和海德格尔都是在一种本体论的层面上使用"意向性"一词。而普特南将现象学中的"意向性"单纯理解为二元主义认识论层面上的概念，即内部心灵面对外部现象的某种自主投射。

无论如何，我们需要在普特南所理解的层面上解读其本人的思想意图。这就意味着我们将重返普特南的语言哲学和心灵哲学。而此处的一个重要问

---

① 梅瑞尔（Merrill）的论文《反对实在论的模型理论论证》同样注意到普特南走向内在实在论是出于对一种形而上学实在论和真理符合观的反对。该文试图通过对普特南模型理论论证的挖掘从而判明普特南本人的立场，该文认为普特南实际试图表明，一个与我们的解释和理解无关的世界根本无法得到。而模型论论证本身服务于普特南的这一立场。

题就在于，普特南早期语言哲学中指称理论的有效性仍然无法摆脱心灵哲学中意向性的作用。根据普特南的理论，可得出下述结论：正是心灵的意向性促使我们认为，在表征者和被表征的对象之间有一种必然的联系。我们的语言之所以能够指称某物，正是因为我们的思想具有一种内在固有的意向性特征，而这种意向性究其实质乃是我们心灵中的某种内部图像或对象在起作用。这些图像或对象凭借与某个外部事物的相似性从而拥有了一种指向性的表征功能。也就是说，普特南所理解的心灵的意向性理论认为，在我们的心灵内部拥有某种表征外部事物的意象，这些意象具有一种内在的指向性，从而能够令表征者和被表征物之间产生一种固有的特定联系。因此，正是心灵中的意向性决定了我们语言的指称作用。因而可以看到，由早期普特南所诠释的语言与心灵哲学不仅暗含了主客二分的形而上学图景，同时也规定了二者之间是一种固化的、绝对的因果关系。[①] 世界因而是处在心灵之外的对象构成的确定的总和，我们对世界的存在方式也最终只有一个整体的描述。真理不外乎是语言或符号与外部事物之间的某种符合关系，而这种符合成立的基础就是心灵内在的意向性。

在普特南看来心灵的意向性理论直接通向了某种"形而上学实在论"的理论图景。为了反诘这种心灵哲学，普特南准备了那个著名的"钵中之脑论证"。按照其本人的设想，假设有一个被放入营养钵中的大脑，其神经末梢同一台超科学的计算机相连，使这个大脑的主人拥有一切如常的幻觉。所有的物体如人群、天空、树木等等，都是从计算机传输到神经末梢的电子脉冲的结果。因此，计算机就可以向这个钵中之脑传播一种集体幻觉，即他所感受到的一切感觉经验，从而他所幻觉到的整个世界都是虚假的。但是其接受的神经刺激却都和现实世界中的我们一样。或者说，可能有一个使得一切有感觉的生物都是钵中之脑的世界，这在物理上并非是不可想象的。在这个世界中的人具有与我们完全相同的经验，拥有与我们完全一致的思想、意象和心灵图像。那么现实中的我们能不能说或想到我们就是这样一种钵中之脑

[①] 丹尼尔·丹尼特（Daniel Dennett）则坚持认为意向性的符合是一种认知进化过程所出现的自然结果，并提出一种所谓"意向性的立场"。具体可参考其本人论文《错误，进化与意向性》，载于 The Intentional Stance, 1987.

呢？普特南在《理性、真理与历史》中提出的"钵中之脑论证"长期以来困扰了诸多科学哲学的理论家，其中的部分原因就是解读者往往忽略了普特南提出这一论证的背景和意图：普特南是在反对一种"形而上学实在论"的目的上来构建这一论证的。这种实在论认为世界由外在于心灵而固定不变的总体构成，心灵与世界之间存在着唯一的、固有的绝对关联。

为了更好地理解普特南的"钵中之脑论证"，我们可以把该论证分解为如下两个层次的问题：第一，钵中之脑的人们与我们现实中的人们在想到同一种东西，说出同一种话语的时候，是否表征了相同的事物？第二，钵中之脑的人们是否能够意识到自己是一个钵中之脑呢？而现实中的我们是否有可能就是一种钵中之脑？对第一个问题的回答是相对简单的，该问题又可以等同于钵中之脑是否可以表征任何超越那个虚拟世界的事物？在普特南看来，答案显然是否定的。因为即使钵中之脑和现实中的我们接收的是完全相同的神经刺激和信号输入，甚至拥有完全一致的感觉材料，钵中之脑的心灵内部拥有和我们别无二致的意象和内在图像，他也没有表征任何现实的事物，而只是被困锁在其所处的虚拟世界之内。他在想到诸如"天空""树木"这样的词语时，只是在进行情境模拟的耦合游戏，以致不能够认为这些词语有任何现实的指称，因为它并没有想到任何具体的现实事物。

> 钵中之脑思考一些在某些语言中确实是对树的描述的语词，而且同时具有合适的心理意象，然而既不理解这些语词，也不知道树是什么……简言之，那个人想到的一切可能同一个真正思考树的说日语的人所想到的东西具有相同性质——但它们并没有指称树……因为即使一个大而复杂的表征系统，与它所表征的东西之间也不具有内在的、固有的、神秘的联系——一种与它被怎样引起的过程无关，与说话者和思想者有什么行为倾向无关的联系。①

因此，即使心灵拥有相同的意象，也不能认为他们指向了相同的事物。

---

① 希拉里·普特南. 理性、真理与历史 [M]. 童世骏，李光程，译. 上海：上海译文出版社，2006：5.

这就证明了我们的心灵并不拥有一种神秘的意向性，能够穿透自身与外部世界建立某种必然的联系。在表征者与被表征物之间根本不存在任何绝对的关联，所有的关联都是依赖于情境的、认知性的和约定性的，并服从于后世经验的不断修订。

因此可知，普特南在这里实际上是把勒文海姆-斯科伦定理或模型理论论证的基本结论结合到了自己的理论图景当中。"钵中之脑论证"部分地与其早期科学实在论中的"孪生地球论证"具有内在的相似性，普特南本人也在某些场合将二者混同使用。但是其中的一个重要区别在于，孪生地球论证从根本上服务于普特南的外在论语义学，也就是"不变的所指决定了变化中的意义"。为了达到这一目的，普特南仍然承认了某种超越现实的必然性，或语言与世界的固化关联，也就是指称的因果链理论。同时语言的意义尽管不是某种神秘主义的心灵实体，但仍然是内在于主体的某种心灵对象。而在钵中之脑论证中，表征者与被表征物之间已经不再拥有任何内在的、固定的必然关联；所有联系都将是基于约定的、情境的认知性联系。或者说，所有的关联作用和对关联的诠释，都将内在于对事物不同的理解模型和观念框架当中。这就是普特南将勒文海姆-斯科伦定理，或者说将模型论论证与自身的理论建构相互结合的结果。这种结合就得到了普特南中期思想的一个重要观点：指称与意义之间的关联是完全相对化的，而"意义"甚至不在头脑之中。借助对心灵意向性的反诘，普特南将指称与意义理解为并非处于相互对立的主体与客体之中，而是缠结于各种不同的理解框架当中。以钵中之脑论证的表达方式来说，在虚拟世界中的钵中之脑处在与现实世界完全不同的模型之内，因此，他根本没有表征或指称任何实际的事物，也没有任何实际事物与钵中之脑的心灵活动相互对应。

三　概念相对性的双重作用

在上一节中，我们回答了有关"钵中之脑论证"的第一个问题，即那个钵中之脑是否能够超越虚拟世界，从而表征或指称任何现实环境中的事物。对这一问题的分析破除了我们的心灵能够拥有一种意向性的哲学教条，这种教条认为在心灵内部发生的意象与外部的事物之间存在着固定的关联，无论这种关联是表征者决定被表征物，还是相反。但我们仍然没有处理有关"钵中之脑论证"的后一个问题，即钵中之脑是否可能意识到自己是钵中之脑？或我们是否可能就是一种钵中之脑的问题。而正是对这一问题的理解，将向我们开启普特南必须拒绝形而上学实在论的理论图景，从而转向一种内在实在论的思想动机。

在《理性、真理与历史》中，普特南详细阐释了上文所提到的有关钵中之脑论证的第一个问题。也即表征者与被表征物之间不可能存在任何必然的、确定的联系。相反，二者的关系只能以多元化的方式依赖于现实的环境与不同的观念和解释。然而在其中的关键段落，普特南又隐约提到了有关"钵中之脑论证"的第二个问题。按照普特南的说法，钵中之脑所在的虚拟世界的人们虽然能够说出现实中的人们所使用的任何话语，但他们却无法想到自己是一种钵中之脑。同样，现实中的人们也不可能是一种钵中之脑，这种情况永远也不会是真实的。然而令人颇感费解的是，普特南并没有对这一结论的来龙去脉进行充分强调和论证，反而在需要详加解释的地方过于草率地结束了分析。正是钵中之脑论证拥有的这种理论的含糊性，使得我们必须仔细审视普特南埋设在这里的某种深层意图。在经过对"形而上学实在论"问题的充分理解之后，现在我们得以继续挖掘在钵中之脑问题中隐藏的线索。①

为什么普特南会认为钵中之脑的虚拟世界中的人们不能意识到自己是一种钵中之脑呢？我们已经理解对钵中之脑而言，他所拥有的一切认识和经验全部来自一个超级计算机的统一信号输入刺激。也就是说，在这个虚拟世界当中，全体钵中之脑对任何事物的一切认识都只有唯一一种绝对的模式。钵中之脑所使用的语言或他的心灵所拥有的意象，与各种信号刺激所拼贴起来的那个虚拟世界具有唯一必然的等同关系。换句话说，在这个虚拟世界之内，全体钵中之脑都只能认识到一种固定不变的世界图像。他们将不会对那个对象性的固化世界以外的可能性有任何认识，而只能以一种必然的关联被绑定在这个单一的认识图景之中。因此，虚拟世界中的钵中之脑们就不能认

---

① 普特南对"钵中之脑"论证的第二个问题，更多的理解由克里斯平·怀特（Crispin Wright）撰写的论文《有关普特南我们不是钵中之脑的论证》所提示。该文专注于普特南论证本身的技术可行性，而本书更多关注该论证与其实在论思想之间的整体联系。该文载于 1994 年《阅读普特南》。

识到自己是一种钵中之脑，他们的全部认识就只是对那个唯一的对象性虚拟世界的认识。同样对于我们现实当中的人而言，如果我们固守早期普特南所暗中依赖的那种僵化的二元论图景，相信在表征者与被表征物之间有一种确定的、必然的对应，那么我们的所有认识都将同样被绑定在那个对象性的世界上。因此，就无法排除这样的可能性：我们同样也是一种钵中之脑。尤其是如果我们的知识最终只是汇聚为对那个所谓客观世界的唯一符合，那么我们既没有手段确认那个世界到底真实与否，也没有其他参照去辨别这种符合是否真的存在。按照普特南本人的说法，钵中之脑论证就是为了破除下述教条：

> 有些哲学家赋予心灵以一种"意向性"的力量，正是它使心灵能够去进行指称……但神秘的指称理论是错的，不仅对于物理的表征是错的，而且对于心理的表征也是错的……如果人们与某些事物根本没有因果相互作用，或者与可以用来描述它们的东西根本没有因果联系，那就不可能去指称它们……表征与其所指间并没有必然联系。①

因此，正是由于现实中的人们能够对世界形成差异化、多元化的不同种认识图景，才使得我们从一种对象性固化世界的必然关联中解放出来，从而真正融入到一个开放性的世界当中。我们永远能够拥有一种自主的知性，从而持续建构对世界的诸种理解模式，这恰恰是钵中之脑从根本上无法做到的。因此说我们有可能是一种钵中之脑既是自我矛盾的也是毫无意义的。从对钵中之脑论证的第二个问题的继续分析中，我们发现该论证完全通向了普特南对"形而上学实在论"的彻底拒绝。我们必须彻底否定人与世界的关系是一种主客对立的图景，在其中世界是由不依赖于心灵之对象的总和构成的整体，对世界的存在方式只有一种全面符合的描述。如果我们继续持有这样一种固化的二元论看法的话，那么最终的结果就是我们无法与一种钵中之脑

---

① 希拉里·普特南. 理性、真理与历史 [M]. 童世骏，李光程，译. 上海：上海译文出版社，2006：18.

相互区别。正是在钵中之脑论证中所隐含的这种意图，促使普特南必须放弃早期的科学实在论，转而谋求一种新的替代方案。结合上述有关模型论论证和钵中之脑论证，新的实在论将必然具有这样的内容："构成世界的对象是什么"这样的问题，只有在某个理论或概念框架之内提出才有意义。

　　实际上，普特南到此为止全部的理论努力，都是为了弥合那个自近代以来主客分离的二元论的问题。在这种二元论的图景中，不仅包含着普特南必须反对的"疏离观"，同时也包含着某种抗拒历史意识的"固化观"。通过上述分析，我们已经呈现了二元论哲学图景所拥有的某种根本性的问题，就是它无法为人的现实生活或者日常生活提供一种真正可靠的归属和安顿。不仅我们的认识可以彻底脱离外部世界而独立运作，甚至外部世界本身，或者作为主体的自我，都可以是一种完全虚假的虚拟替代物。为了弥合或取代二元论，普特南所采取的手段就是一种对康德哲学不完整的片面式回归。其中的主要方式就是要求经验现象的存在方式从根本上不能脱离于主体自身的知性参与。这就是普特南提出"概念的相对性"所暗含的内在线索和意图。

　　"概念的相对性"的提出，标志着普特南正式进入到构建一种内在实在论的思想阶段，即要求彻底改换那个主客二分的哲学图景，后者被普特南定义为一种被严格的形式性法则所控制的外在世界的观念。"概念的相对性"理论认为我们对事物的认识不是某种心灵意向性的投射，而是诸种以概念为基础的认知模式的多元建构。这就意味着在认识论的层面上，普特南要求破除这样一种二分法的教条：什么是事物自身独立的和唯一的性质与什么是基于我们的视角所理解的性质之间的区别。根本不存在明确这种界限的任何手段和方法，甚至这种区分本身都是某种不合理的哲学假设。从语言哲学的角度来说，我们自身认定某一陈述的"可断定性"的条件，与该陈述本身是否为"真"的条件之间，不存在任何严格的界限。甚至可以得出这样的哲学结论：世界自身的存在方式与世界呈现于不同个体眼前的存在方式之间，并没有任何坚硬的界限。这就是普特南内在实在论思想中所包含的实用主义哲学的成分。按照理查德·罗蒂的主张，就是坚定地拒绝区分自在的世界和根据人类的需要和兴趣而显现的世界。①

---

① 理查德·罗蒂. 哲学和自然之镜［M］. 李幼蒸，译. 上海：上海译文出版社，2009：338-339.

　　某种程度上，概念相对性理论的主要内容可以概括表达：对一种人居于世间的行动者视角观点的坚持和对一种纯粹外在于主体的独立世界的反对。然而我们仍然需要询问，如果我们对世界的理解，乃至世界本身的存在方式，都从根本上依赖于主体差异化、多元化的认知模型，那么这样一种实在论还如何是可能的？普特南是通过如下手法来安顿概念相对性与实在论之间的矛盾：按照他的看法，"概念的相对性"只是不自行地使用诸如"独立的世界""事物自身"之类的字眼，但并没有承认相对主义的基本主张。类似根本就不存在一个真实的世界、不可能发现任何真正的真理、没有超越于语言或文本的其他维度，这样极端的相对主义主张经常被普特南比喻为"把婴儿连同洗澡水一起倒掉了"。① 然而问题在于，普特南是如何保证这种对"世界自身存在方式"的否定就一定不会导致那个真实的世界由此消失的麻烦呢？或者说既然普特南承认世界的存在方式从根本上依赖于主体对诸种概念模式的选择，那么这种观点和相对主义的立场到底又有何本质区别，普特南依然需要为我们做出说明，概念的相对性和实在论之间究竟是如何兼容的。

　　按照普特南在《实在论的多副面孔》中提出的想法，② 假设有一个由三个个体 x_1，x_2，x_3 组成的世界。那么在这个世界中有多少种对象？依据某种原子逻辑的世界，只存在着 x_1，x_2 与 x_3 这三种对象，这并不会造成任何荒谬。但根据普特南的假设，也存在会导致不同结果的其他逻辑模型。例如可能"空"也是一种对象，即存在着四个对象。但实际上诸如 x_1+x_2，x_2+x_3 等等也可以视为一个对象。如此一来，在该世界中就应该有如下八个对象：空对象，x_1，x_2，x_3，x_1+x_2，x_1+x_3，x_2+x_3，$x_1+x_2+x_3$。那么对这个世界来说，认为它只包含 x_1，x_2，x_3 这三个对象，在普特南看来就是某种形而上学的实在论：存在着一个业已造好的世界，该世界可以按照某种既定的方法分成相互独立的部分。而对内在实在论而言，情况恰恰是有关"分割""部分"甚至那个"世界"本身，都是有待解释和诠释的概念，是依据情境和约定的用法。这就是概念的相对性现象：对一切对象和存在都可能

　　①　Hilary Putnam. Renewing Philosophy [M]. Cambridge, Massachusetts: Harvard University Press, 1992: 21.

　　②　Hilary Putnam. The Many Faces of Realism [M]. La Salle, Illinois: Open Court, 1987: 10-17.

产生许多不同的看法和含义。

如此一来又该如何确认那个真实的世界不会被我们的认知模型所取代呢? 按照普特南的看法, 这个世界本身限定了我们能够对它进行诠释的空间。比如我们就无法说, 在上述世界中还存在着诸如 y_1, y_2, y_3 这样的对象。普特南本人将其表达为:

> 我们对世界的认识可能是依附于文化的, 但这并不意味我们的
> 文化决定了世界的存在方式。[①]

对这段话的深入解读可以表述如下: 我们之所以能够对世界建构诸多差异化的认知模式, 乃是因为我们事先就通过意识、经验、直觉等等方式接触到了这个世界, 进而才能够与这个世界发生互动, 建构起多元化的理解图景。也就是说, 世界之存在本身就是我们能够为各种事物建立起认知模式的某种先决条件。我们的心灵并非按照既定的法则复写一个对象性的世界, 这样反而会失去世界从而陷入"钵中之脑"的悖论结果。而正是由于我们能够不断产生对世界各种不同的认识方式, 才意味着我们正是从世界之内来看待这个世界, 才真正使得世界以一种"真实"的地位承载着我们的整个认识活动。我们似乎可以下这样的结论: 在这一时期, 普特南是将实在论的地位安排在"概念相对性"产生的某种先决条件的位置上。我们并不是在认识活动中把握到那个对象性的世界整体。相反, 正是因为我们能够对世界做出多元化认识这一无法撼动的事实, 意味着我们正存在于那个真实的世界之中。"概念的相对性"进而就拥有了这样的双重作用: 既强调了我们的心灵并不复写一个固定的世界, 同时又确认了那个真实世界的存在。[②]

[①]　Hilary Putnam. Words and Life [M]. Cambridge, Massachusetts: Harvard University Press, 1994: 91.

[②]　有关普特南概念的相对性与实在论之间如何能够兼容的论文, 最有说服力的是索萨 (Ernest Sosa) 的《普特南的实用主义实在论》。文中作者详细探讨了内在实在论时期普特南提出的诸多理论之间的内在张力, 并认为普特南概念的相对性确实并未导致一种反实在论的立场。与其相反的阐释可参考德维特的《实在论与真理》p183-195. 本书试图综合两种看法并尽力还原普特南在构建内在实在论时, 其本人所想要表达的真实立场。

四 合理可接受性的理想化

至此为止，已经基本厘清了普特南内在实在论的主要理论建构，这些理论以发生在数学集合论的模型论论证或勒文海姆-斯科伦定理为起点，途径钵中之脑论证对心灵意向性理论的反对，达到了概念的相对性这一目标。在这里，普特南既认为概念的相对性是我们在认识过程中的某种常态化的事实，同时又认为这一事实将完全兼容对世界本身的确认。在这一过程中，可以看到普特南对一种形而上学实在论的极力反对，该种观点试图寻找世界在独立于我们用来把握它们的概念、描述、框架之外的"实际面貌"。而普特南的内在实在论则充分强调了这一立场：在世界本身的"实际面貌"和不同主体所理解的面貌之间，不存在任何界限和差别。

现在需要考察有关内在实在论的最后也是最重要的一个问题，那就是"真理"的内涵和地位的问题。如果普特南彻底摒弃了一种形而上学的实在论，从而拒绝"真理"是我们的知识和某种不依赖于心灵和话语的纯粹事态之间的符合，那么我们如何还能为"真理"保留其应有的严肃性和尊严？按照普特南的理论建构，内在的实在论确乎主张我们的语言和符号只能在诸概念框架之内作用于对象，对象并不独立于理解模式而存在。在引入这个或那个概念框架的同时，就已经对世界建构了各种观念性的认识。而只有当对象和记号同样是内在于诸种解释模型之内时，我们才有可能去描述这个世界。否则就无法从根本上排除这样的可能性：作为认知主体的我们，和那个对象性的所谓客观世界，不过都是些虚幻的故事而已。然而如此一来，我们便不能够谈论真理是一种在自我之外的事物与在自我之内的过程之间的符合。那么"真理"这一重要议题还如何能够保有一种基本的真实性或超理论性呢？简单来讲，内在的实在论是否还承认一种"真理"的维度？

对内在实在论而言，由于实在的世界其存在方式已经部分地依赖于主体的认知方式，那么对真理的谈论就不可能完全超出主体自身所拥有的诸种认知性概念。因此，真理不外乎就是诸种主体认知性概念的某种合理的组合方式，这种组合因而能够避免各种概念框架的私人性和主观性，以至最终达到一种超越单纯个体的理想化境地。按照普特南本人的看法，内在实在论主张真理是某种理想化的合理的可接受性。它是我们的诸信念之间，以及我们的信念同我们的经验之间的某种理想的融贯。因此，真理既是被发现的，又是被创造的。这就意味着使得一个解释模型或概念框架有意义的标准就在于它是否能够拥有一种合理可接受性，拥有一种同我们的理性认知相契合的明确条件。这种观念的融贯在普特南看来就包括了我们自己的社会组织、语言共同体和文化生态。正是这些从根本上依附于"价值"领域的概念，决定了主体所能够拥有的合理可接受性的程度。从内在实在论的角度讲，诸如"客观性"或"真实性"这类观念本身就是内在于主体的，并以主体自身拥有的视角为基础。

这样就得到了普特南内在实在论时期最终的也是最重要的立场：真理等同于一种内在于主体的合理可接受性的理想化。也正是在这一点上，使得内在实在论受到了诸多批评。其中最突出的一点就是，这种看待问题的方式取消了真理本应具备的某种不依赖于我们的严肃性，从而成为了受认知主体支配的相对性的观念。以至于除了在诸信念或概念框架之间的融贯以外，我们难以找到任何评判真理的外在依据。换句话说，内在实在论的真理观没有给我们提供一个可以接受的维度，即我们能够超越单纯的主观性来评判世界的真实面貌的维度。这甚至已经无异于承认了某种激进的反实在论或相对主义的立场，这种立场承认只有对话和文本存在，而没有任何真实的世界存在。简而言之，存在的只有历史中人类话语的持续流变，而并不存在可以被所有人把握到或意识到的真理。

对当下问题的起源和发展可以进行如下梳理：普特南之所以选择一种内在的实在论，从根本上源自他对一种固化和疏离的二元论图景的极度拒斥。该图景不仅认为世界是一个业已造好的确定性客体，同时认为我们能够最终一览无余地摹写这个对象性的世界。为了反对这一图景，普特南进而要求对任何事物的认识都无法脱离于主体自身的知性建构。在所有的认识活动中不仅包括来自世界的成分，更重要的是还包括来自主体的多元化自主诠释。因此并不存在一个完全独立于解释者的世界总体等待着我们分割、拼接，乃至最终被心灵一劳永逸地复写。相反，由于对世界所有的认识都依附于认知主体自身的概念框架和解释模型，因此，我们就无法脱离自我去单纯谈论一个独立存在的世界。这就是普特南寻求彻底弥合二元论图景所采取的方法，即用一种"人居于世"的理论建构来取代"旁观世界"的预设立场。然而问题的关键在于，普特南在这里过分激进地从上述论证转向了如下立场：我们的心灵与世界共同建构了心灵与世界。在这里，普特南最初的理论意图是要求"我们对世界的认知无法脱离自身的视角"，然而他却由此直接走向了"我们的认知同样决定了世界的存在方式"，而这两者之间存在着巨大的差异。

对前者而言，我们只是部分地建构了事物呈现给我们的样子，而并没有深入到世界本身的层面去决定实在的本质；而对后者来说，我们不仅完全参与到世界本身的存在方式当中，甚至世界怎样存在、是否存在都要由我们的心灵来决定。这就使得普特南内在实在论的立场开始迅速从一种温和的理论说明走向了一种激进的相对主义结论：既然世界从根本上无法与主体的知性建构相互分离，二者之间甚至还存在着彼此决定的依赖关系，那么诸如"真理"或"世界存在与否"这类严肃的问题，就必然被转化为内在于主体的诸种认知性的主观信念。这就是普特南提出"真理等同于合理可接受性的理性化"这样一种立场的潜在线索。某种程度上，这也是笔者在前文中所提到的普特南在哲学生涯晚期所极力想要澄清的两种不同的内在实在论的区别。然而，普特南为何会犯下这样一个未经审查的重大理论错误，或者说两种不同的内在实在论立场的出现是否有其深层的原因，笔者将在下一章探讨内在实在论理论困难的部分，尝试为上述问题给出一个适当的回答。

然而，本书的主要目的仍然是探索普特南本人建构理论的思想意图和内在线索。这就意味着仍然要跟随普特南本人，去理解他是如何为那个被认知概念所观念化的真理提供必要的客观性或确定性的。在笔者看来，普特南所采取的手段就是再度诉诸一种历史意识。更准确地讲，普特南在这里要求的是通过一种历史化的过程来发起对一种超历史的目标的持续追求，这种追求将把我们对问题的考察重新拉回对现代科学与其中所蕴含的价值观与道德观的分析。普特南认为，决定一个信念是否合理的，并不是那些由现代科学的文化霸权所编织出来的一系列先入为主的偏见。这些偏见包括认为世界中的真实对象只是由现代科学所揭示的物理对象，同时只有现代科学所生产的知识能够向我们揭示什么才是合理的。也就是说在这里，普特南开始全面反思现代科学所包含的某种道德和文化上的后果，这一后果总结起来就是：通过经验主义或实证主义，把自然缩减为严格受到理论操纵的客体，进而通过对数学规律的把握达到对自然的征服。换言之，现代科学暗中依靠并支持了一幅主客分离的二元论哲学图景，这一图景以冰冷的数学性思维为范式，进而摒弃了那些诸如道德伦理等不可或缺的领域。

在《理性、真理与历史》或《实在论的多副面孔》等著作中，普特南均详细论证了现代科学所导致的某种刻板偏见，即运用还原论的手段将世界理解为纯粹物理的世界，同时将合理的观念等同于那些只能导致精确性、规律性或形式性的理论系统：

> ……新图景的核心是"外在"世界的概念，被严格的形式法则控制着的外在世界的概念……正是这个概念促使把性质分为第一性的和第二性的，或分成关于外在世界的内在性质和影响观察者的思想动力。①

但是，按照内在实在论的立场，所有现代科学的理论也不外乎是由主体自我生产的种种概念框架和解释模型。因此，真正决定现代科学有效性的是，我们生产理论时所凭借和依赖的诸种认知价值和伦理价值。这些价值包括简洁性、融贯性、明晰性、美感、全面性、丰富性等等，也包括是否会给某一群体造成伤害的善恶道德。正是这些价值的总体构成了我们对合理可接受性的诸种判断条件和适当依据。也就是说，任何科学理论的生产都必然要依附于某种内在于主体的伦理道德或认知价值，正是这些价值的总体构成了我们合理的可接受性。而那些认为现代科学只是对单纯"事实"的认定，也就是理论系统与物理世界之相符的看法，无非就是把语句的真值认定为最高甚至唯一的认知价值罢了。如此我们就拥有了内在实在论真理观的第一个结论：合理可接受性的实质是某种人类伦理、审美、价值和道德的集合，是我们共同的兴趣、目的与实现手段之间的统一。

那么何谓一种合理可接受性的"理想化"呢？在普特南看来，我们绝对无法找到一个形式性的规则，来强有力地概括关于一切合理的可接受性信念。我们既无法找到某一信念在任何场合都是合理的充分必要条件，也没有办法能对一切被合理证明的信念进行普遍概括。但是我们能够在一种现实生

---

① Hilary Putnam. The Many Faces of Realism [M]. La Salle, Illinois: Open Court, 1987: 35.

活的历史条件下，去追求具有广泛说服力的理性信念，去要求人们拥有承受合理批判的能力，以及寻找一种拥有持续活力的道德体系。因此，对一种合理可接受性的追求的最佳说明就是在一个无休止的历史过程中去努力形成对合理性更好的哲学理解，去构建一个道德体系或合理程序体系的必要方法论。因此，合理可接受性的"理想化"，就是我们通过这一无休止的历史过程想要达到的一个超历史的目标，也就是我们对合理可接受性理解的持续进步的某种最终结果。这一结果在普特南看来，就是具有自律的理性和善意的道德的人类共同体最终能够认定的合理的可接受性，也是有关人类认知水平发达与人类幸福兴盛的观念的总体。在这里，我们再次看到康德哲学对普特南的影响：对一种均质化的理性自律的道德人格的终极信靠。因此，内在实在论所理解的真理，即合理可接受性的理想化，最终是一种历史的或文化的人类道德与认知价值的总体，是对一种超历史的或超文化的人类共同目标的无限追求。

五　事实与价值的深度缠结

在内在实在论中，普特南思想的最大转变就是他完全改换了早期科学实在论所凭借的理论图景的根本基础。普特南早期的科学实在论虽然试图打开封闭的主体性从而恢复科学对世界本身的认识，但这种认识仍然假定主体与客体处在一种相互对立的关系模式中。普特南所做的是为科学赋予一种能够得到持续发展的历史性，但科学发展的最终结果仍然是达到对客观世界一劳永逸地描述，也就是形成一种终极的符合论真理。在这样一幅哲学图景中，真理将是某种非认知性的事实，也就是无需诉诸主体自主知性的参与和解释，就能够被世界本身挑选出来的对应关系。在内在实在论中，普特南实际上意识到正是我们的自主知性所生产的差异化概念，形成了对世界各种各样的解释模型。因此，根本不可能存在一种与认知主体无关，进而能够以旁观的形式一劳永逸地描述的世界，我们是通过生产概念框架和解释模型从而差异性地把握世界。这就意味着不可能存在着某种中立的"事实"，某种与我们自身的视角和偏好纯然无关的"事实"。事实必然渗透着诸种属于我们自身的价值范畴，因为我们并非对象性地得到一个世界，而是通过知性概念的生产从而把握一个依赖于我们自身视角的世界。为了规定或描述我们知识生产的理由或根据，普特南进而提出了合理可接受性的概念，合理可接受性意味着我们在认知过程中对合理性的持续领悟和进步。因此，真理不再是一种与外部世界的符合，而是我们在知识生产过程中所凭借的某种认知性概念的持续发展的结果，也即合理可接受性的理想化。更进一步说，正是普特南对二元论科学观做出的反思性批判，尤其是指明其中包含的超越并征服世界的非道德意义，使其从一种形式化的科学立场转向了价值与伦理的领域，通往了一种有关人类道德和生存方式的教诲。

我们可以把普特南从实在论走向道德论的内在过程进行如下总结：由于我们的心灵并非单纯被动地模仿一个固化的自然，而是主动地通过理智的自发性形成不同的解释模型和概念框架来重构自然，因此，就必然需要一些合理可接受性的解释标准，来说明和规定我们生产知识的依据和理由。而对合理可接受性的学习又处在一种人类语言和实践的共同体持续进步与领悟的过程中，因此，合理可接受性的理想化就并非某种形式性的真理，而是人类伦理、审美、价值和道德的集合，是我们共同的兴趣、目的与实现手段之间的统一。不仅如此，按照普特南的设想，这种统一还具有超历史的发展目标，即某种人类认知水平发达与人类幸福兴盛的观念总体。用普特南本人的表达方式来说：真理不是一个简单的概念，一个能够独立于我们的心灵和话语的存在物的被动摹本。说一个陈述是真的，等同于对该陈述进行认知性的理解，真理因而并非是独立于理论的，而是需要从我们的合理可接受性标准那里获得生命。我们看到，普特南在这里实际上是在强调，任何事实都从根本上依赖于我们对价值的认定。普特南在《事实与价值二分法的崩溃》中，阐释了事实与价值之间的高度缠结：

> 我论证的是，我们关于其中没有一种东西能够既是事实又是有价值负荷的语言图像是完全不恰当的。我们的大量描述性词汇是而且必定是"缠结的"……赞成事实与价值二分法的哲学论证全都依赖于关于中立性"事实"性质的学说。然而这种学说已经在20世纪50年代早期的蒯因和其他人的批判面前崩溃了……我们使用一个人不可避免地使用的、必须使用的词汇谈论"适合于有价值的功能"，而这种词组几乎完全是由"缠结的"概念即不能简单的离析

成"描述的部分"和"评价的部分"的概念组成。①

普特南认为，事实对价值的依附首先是认知的价值，诸如融贯性、简洁性、有美感的或实用的等等。我们在进行理论建构的同时，就已然占先性地凭借了对上述诸种认知价值的偏好。同时，事实对价值的依赖还超越于单纯的认知价值。因为对诸种认知价值的认定乃是依附于人类现实生活中的种种伦理与道德印象的综合，依赖于我们支配善之观念的人类生活与实践的总体。正是在这个意义上，可以说对事实本身的认定不仅依附于认知价值，更依附于各种伦理价值和我们的道德本身。尤其是在真理中已经蕴含着人类对善之观念的判断和构想。

那么，这种将事实依附于价值的观点会为现代科学带来什么样的结果？对普特南而言，一个重要的洞见在于，他看到了现代科学本身不可能拒绝或回避有关伦理或道德的问题。我们赖以决定何者有资格或无资格成为一个科学事实所凭借的认定标准，自身就已经预设了种种价值，至少科学预设了真理本身是一种最值得追求的特殊价值。在早期的科学实在论中，普特南将现代科学的发展目标定义为一种全面成熟的系统化科学理论，这种科学理论将最终为我们揭示世界的真实面貌。也就是完成了的科学会指称全部的实在。在内在实在论时期，放弃了这种主客对立的二元论哲学图景的普特南，同样也对现代科学的意义给予了更新的判断。在他看来，科学不应该是一种用我们的概念体系与非概念化的现实进行比较的事业，因为这种比较本身也必须通过我们合理可接受性的判断标准而获得意义。现代科学进而应该是这样一种事业，它能够最为理想地满足合理可接受性的应有标准。宣称科学只试图追求一个真实的世界图景并不能准确地描述现代科学的全部内涵。科学应当是通过隐含在科学理论之内的各种合理可接受性的标准，从而获得实质性的内容。科学发展的最终结果，并非是形成对客观实在一劳永逸地全然描述，这种描述通向了征服自然的企图；而是令我们对合理可接受性的判断和采纳

---

① 在该著作中，普特南同时将"事实与价值的二分法"与实证主义"分析与综合的二分法"相互联系起来，指出这种二分法的起源在于经验主义相信能够得到一种"中立的事实"或"直接所予的经验"。具体可参考《事实与价值二分法的崩溃》p21-28。更多休谟主义经验论对"事实与价值二分法"的影响及其后果，还可参考罗森《虚无主义：哲学反思》。

标准的理解持续进步的过程，并最终达到合理可接受性的理想化。

由此可知，普特南实际上是试图为现代科学的事业套上一副来自人类道德的面孔，或者可以说是为了给我们的知识生产构建一种来自伦理与价值的限度。需要强调的是，这种从认识论向价值论的转变，是普特南从本体论或形而上学的层面彻底改变自己哲学图景的结果。在科学实在论时期，由于普特南仍然固守了一种主客对立的二元论模式，因此，对现代科学和知识生产的限制来自那个独立的世界本身。真理最终体现的是其与客观世界的单纯符合。然而主体与客体之间的关联是单纯因果式的，致使我们缺乏从根本上判断知识真伪的合理标准：科学的陈述要么是真的要么是假的，但经常的情况是我们不知道孰真孰假，每个人都有可能是钵中之脑。在内在实在论时期，由于普特南在本体论的层面上抛弃了主客对立的二元论，促使他意识到我们的科学方法不仅依赖于世界，世界本身也要依赖于我们的价值。我们是通过运用合理可接受性的标准从而建立一幅属人的世界图景，这就意味着事物存在的方式不能脱离于我们的诸种概念框架与解释模型。

然而，这种看待世界的方法所带来的问题在于，它部分地纵容了我们理智自发性的无限膨胀。如果诸种概念框架与解释模型无法得到有效规约的话，那么就意味着我们得到的将永远是一种无限增殖式的知识生产。我们能够通过不断运用自主知性，从而以知识的观念化重构自然，这种过程将是永无止境的历史延续。因此，普特南必须认定知识生产的过程同时也是我们的合理可接受性得到不断进步和发展的过程。这就是事实与价值的深度缠结，从而通过价值判断的进步指导我们认定事实的哲学构想。这种构想试图用现实的人类生活中的道德与伦理来限定我们的科学实践。

在普特南晚期回忆其内在实在论的著作中，他谈到自己当时的想法是认为合理可接受性本身已经包含了来自世界的内容。① 而这种可接受性的原则并非是由人的理解来提供的，而是世界自身的呈现。换句话说，普特南认为人类的道德进步，或者人类对至善的向往是一种真实的客观需求。普特南反对道德的主观主义理解，这种主观主义理解认为伦理、道德与善本身也不过

---

① Hilary Putnam. Philosophy in an Age of Science [M]. Cambridge, Massachusetts: Harvard University Press, 2012: 72-90.

是来自我们的信念与生活形式的附属产物。在普特南看来，这种观点是某种物理主义或科学主义观点的遗留产物。它们均是如下哲学观点的反映：认为只有能够被还原为物理语言的陈述才是唯一有意义的。

因此，诸如"公正的""正义的""善的"这样无法被还原为物理语言的道德陈述，就是无意义或不真实的。然而根据普特南构建内在实在论的论证，一切对事实的认定，或者一切科学知识的生产，本身都要依靠我们自身对诸种价值的判断。没有一种预先的认知背景，或者说没有一种特殊的属人视角，种种对知识与事实的认定都是不可能的。正是在这里，普特南将价值在我们认知世界中的不可或缺性，提高到了一种真实的、客观的层次。因此，事实部分地依据于理智的自发性，而理智的自发性接受道德的管辖。普特南因而将自由创造的知识生产套上了来自人类道德的面孔，而人类道德又是一种朝向至善进步的客观需求。普特南进而再度分享了康德哲学的主题：真理的最终面貌并非是与世界的符合，而是与至善的符合。

事实与价值的深度缠结进而是我们与世界的深度缠结，从而是真理与至善的深度缠结的体现和结果。普特南试图将合理可接受性的诸原则客观化，或者使人类对道德的诉求真实化从而为自发性观念构建一种外部的限制。然而我们对善与美好的看法在普特南看来又都受到历史境况的制约，依赖于人在不同时空条件下的视角。因此，内在实在论对真理的最终认定，是一种历史化的进步过程对一种超历史目标的无限追求。试图用道德而非形式化的法则来限定真理是普特南区别于其他分析哲学家的关键之处。在塔尔斯基那里，所有的"真理"都将是一种语义真理，进而是一种已被定义的元语言和待被定义的对象语言之间的逻辑关系。在 T 型语句，即"'雪是白的'，当且仅当雪是白的"中，并不包含任何对事实本身的直接认定或承诺，塔尔斯基的真理观实际上是一种语言逻辑学，探讨的是对现实情况保持中立的无矛盾的语义真理的形式可能性。[①] 而戴维森的做法是将 T 型语句转化为真的条件的理论，然而对何为真之条件的判定仍然依附于语言行为者本身的观念与解释。戴维森进而将语言行为所承载的诸种人类观念理解为对"真理"的某种

---

① Alfred Tarski. logic, Semantics, Metamathematics [M]. Oxford: the Clarendam Press, 1956: 152.

直白的占有，因此，事实最终是诸种观念与概念之间的融贯。① 而在普特南看来，真正能够为真理提供限定的乃是我们合理可接受性原则的持续进步，这种进步因而是人类伦理、审美、价值和道德的集合，是我们共同的兴趣、目的与实现手段之间的统一。

第三节　内在实在论的整体图景

一　内在实在论的基本特征

本章分析了普特南早期的科学实在论中所包含的一系列问题，进而以此为基础详细阐释了普特南在内在实在论时期的主要理论建构和潜在的思想意图。我们能够感受到，从科学实在论向内在实在论的转变是普特南哲学生涯中一次重大的思想事件。其转变程度之彻底、涵盖内容之丰富、立场变更之坚定，都是其哲学生涯后期的其他思想变化所不能比拟的。同时我们也能够看到，普特南的这种转变不仅包含那些最表面层次的技术性哲学理论，更包括一种潜藏在理论之下的深入性的哲学立场。通过这种立场的变更，可以说普特南已经彻底改换了看待世界、实在与我们自身的根本方式。也正是在这一点上，相比其前期的科学实在论而言，普特南在运思的深入性和全面性都大大超越了前者。这种超越的最突出体现就是他意识到了科学实在论所暗中凭借的某种理论前提或哲学背景，从而要求反思这些前提或背景自身的合理性。通过这种自我扬弃，普特南在内在实在论时期展现出了对更多领域问题的关注，进而不再把现代科学看作最具权威性、最具合理性的文化范式。正是这样复杂丰富的理论发展，需要我们从各个方面来对内在实在论的基本特征进行必要的总结。

首先，在认识论的层面，内在实在论彻底反思了前期科学实在论中以"指称的因果链"理论为基础的语言哲学立场。"指称的因果链"预设了在世界和主体之间能够找到一种唯一正确的对应关系，预设了指称的固定是以一

① Donald Davidson. Inquiries into Truth and Interpretation [M]. Oxford: Clarendon Press, 1984: 189.

种因果的联系形式而进行传导的。同时各种理论之间的作用方式也是一种直接的累加模式，从而无需主体为其进行任何诠释和说明。简而言之，普特南早期科学实在论的语言哲学认为能够找到意义与指称之间必然确定的关联、自我拣选式的关系和唯一固定的对应模式。而在内在实在论时期，受到实用主义或皮尔士哲学影响的普特南首先意识到，对语言指称作用的理解无法脱离对主体本身的讨论，不是语言而是思想者反映了世界。因此，并非"指称的因果链"理论，而是有关主体的认知状况的理论才是认识论的关键。这一关键被普特南认定为对心灵意向性的批判，该理论认为我们对外物的认识就是心灵将内部发生的意象或图像，通过一种指向性的能力，投射到外部的世界中。正是认为我们的心灵拥有这种神秘意向性的投射能力，从而使得我们认为在心灵与对象之间具有一种唯一确定的、自我等同的相互对应关系。对此，普特南本人首先通过"钵中之脑"论证，探讨了如果我们的知识就是对一种对象性的客观世界的完全摹写，或者我们只能对一个固化的世界形成完全相同的认识，那么后果就是我们无法避免自己可能是一种钵中之脑。甚至我们也没办法判断那个对象性的世界究竟是真是假，因为我们没有任何超出这种单纯映射关系的认知维度。此外，普特南又通过勒文海姆-斯科伦定理，或者模型论论证，强调了我们认知的某种本性，就是能够对同一对象形成诸种差异化、多元化的概念框架和解释模型。只有在各种框架和模型之内去讨论诸如对象、符合、关联之类的问题，我们的语言才是有意义的。对世界的认识不可能脱离我们自主的知性参与和个体的洞察视角，也正是因此我们才得以认定这个世界的真实性，从而避免自身沦为某种钵中之脑。

其次，在真理观的层面，根据上文的总结，普特南早期的科学实在论实际上仍然持有的是一种传统的"真理符合论"的观点。虽然普特南凭借一种历史意识将理论对实在的符合延展到科学发展的全部过程之中，但无论如何科学的最终目标是获得这样一种整体的理论图景：按照这一图景，科学理论将向我们揭示有关外部世界的完整面貌。按照普特南早期的语言哲学立场，理论的指称可以通过因果链的作用得到历史性的确定。不同时期的理论能够以叠加的方式得到相互间的积累，从而最终形成某种对世界一劳永逸的描述。科学实在论时期的普特南仍然秉承真理的符合论，这种符合以主客对立的二元论图景为基础。而在内在实在论时期，正是在如何看待"真理"的问题上，普特南的立场发生了重要的改变。由于内在实在论主张对任何对象的认知都无法脱离由主体建构的诸多概念框架和认识模型，甚至实在本身的存在方式都部分地由我们的看法和视角来决定，那么真理就不再是一种封闭的心灵与一种外在的独立世界之间的符合。在内在实在论这里，真理是一种内在于主体的认知性概念，即合理可接受性的理想化。而合理可接受性的理想化又是人类共同体的诸目的与诸信念之间的融贯，是在一切理论接受中所附加的认知价值、伦理价值与道德善恶的理想化发展。在这里，我们再次看到普特南对一种康德哲学的吸收，即认为有一种均质化的道德良知能够被赋予每个主体，从而指导我们的理性在认知和实践过程中的作用，尤其能够统领理性重构自然并生产知识的过程。因此，真理将是某种与"至善"的契合，或者是人类道德的持续完善化。对实在论时期的普特南而言，不再有一个外部的世界作为对照，"真理"是认知价值与人类道德的综合，是通过一种历史性的发展过程，对一种超历史的理想化目标的持续追求。

再次，在本体论的层面，可看到，实际上无论是认识论层面还是真理观层面的转变，都不是普特南从早期科学实在论到中期内在实在论思想转换的真正动因。相反，这些表面的层次都是伴随那个深入性的根本层次的转变而发生更改的连带效应。这一根本变化就是普特南在本体论和形而上学层次上产生的思想剧变。在普特南早期的科学实在论时期，正如笔者一直所强调的那样，普特南整体的运思过程暗中承认了那个继承自17、18世纪近代思想的二元论哲学图景。尽管普特南本人极力试图打开笛卡尔主义或休谟主义中那个内部封闭的主体性，从而试图恢复主体与客体之间相互沟通的能力。但是亦如本书所揭示的那样，普特南只是要求弥合二元论哲学中的分裂境况，而并没有意识到彻底抛弃这幅哲学图景的可能性。因此，普特南试图弥合主体与客体的努力，终归只是一种二元论图景内部的自我调整，是一种局部的细节变化，而并非对这种沿袭自近代哲学的二元论图景的彻底反思和抛弃。尤其在早期的科学实在论中，普特南将世界理解为某种固定不变的客体，一种可以按照既定的规则进行分割拼贴的对象，一个单纯作为各部分之和的不变的总体，一个独立于人类心灵且不受到心灵影响的孤立世界。简而言之，普特南在此将世界理解为一种业已造好的世界，一个自身就是完备的，从而按照既定的方式保持永远如此的世界。同时，我们作为这个世界的认识者独立于整个世界之外，以单纯旁观者的视角试图一劳永逸、一览无余地摹写这个对象性的世界。因此，这种二元论的哲学图景还需要假定在心灵与对象之间存在着既定的对应关系。世界中的每个单独的部分都能与认知者建立起无需解释就自我挑选出来的确定关系。而在内在实在论中，普特南彻底抛弃了这种主客对立的二元图景。其中最关键的变化在于，他认识到那个独立的心灵，或者作为拥有自我意识的认知者，同样是世界重要的组成部分。因此，实在论必须解释这种主体的自我意识是如何融入到整个世界的构成当中的。过往那种试图复写世界的自然之境式的观点，依旧遗漏了对主体本身及其作用的认识。通过"概念的相对性"等手段，普特南实际在本体论的层面上建构起了一种心灵与世界相互融合并彼此缠结的形而上学图景，① 要求一种"人居于世"的行动者视角。

最后，在科学观的层面，正如本书所着重强调的那样，普特南是在现代科学所认定的那个理论化的物理世界中开展自己的思想。因此在普特南思想的前期，其最突出的特点就是为现代科学认识世界的合法性与合理性注入了极高的权威，从而将现代科学理解为能够向我们揭示世界深层结构的最高事业。在其科学实在论所打造的语言哲学中，我们能够看到普特南为科学共同体内的专家，或社会语言亚群中的科学从业者赋予了极高的话事权和知识的权力，其他一般语言亚群都需要通过专家的前沿认识来获得有关什么才是事物本质的真正知识。换句话说，只有现代科学才能够为我们提供最理性的真理。而在笔者看来，正是在如何看待现代科学的问题上，埋藏着普特南向内在实在论立场进行转变的另一个重要的深入线索。在本书的第二章中，我们详细解读了普特南对现代科学的某种占先性的立场，就是他希望现代科学能够为我们提供一种对自然之为奇观的肃穆感和尊重感，而不是安于对现代科学技术副产品的恣意运用。然而在普特南科学实在论中，所暗含的二元论哲学图景从根本上无法服务于普特南的这种对自然的谦卑感。相反，二元论的哲学图景假定了世界是一种固定不变的对象性客体，一种没有生机与活力的单纯物理世界，一种不包含价值与道德的纯粹事实世界，一种有待被人类利用的单纯物质

---

① 普特南将那种把世界理解为与心灵无关，具有确定的内在对象和结构的封闭体的实在论定义为一种"形而上学的实在论"。这种特殊的用法是普特南自身的发明，但并不意味着普特南否定了哲学在形而上学或本体论的层面。相反，普特南中期的诸多理论建构都是致力于在形而上学的层次上构建一种主体与客体、人与世界相互融合，即非疏离的观点。

世界。因此，二元论的哲学图景必将导致人类意志对"世界"的全面征服。按照普特南本人的表达方法，即被严格的数学形式法则所控制的外部世界的观念。这种观念由于其凭借的形而上学图景，进而从根本上不可能通向一种对自然的敬畏和遵从，一种普特南所要求的无法全知自然的限度感和谦卑感。因此，在内在实在论中，普特南彻底反对有一个业已造好的世界，一个等待着人类去征服的世界。由于真理不再是与那个对象性世界的符合，而是内在于主体的诸种合理可接受性的理想化。因此，对事实的考虑从根本上就是我们的诸种认知价值与伦理道德之间的融贯与和谐。现代科学所生产的知识就不再享有最高的理论权威，而是属于人类整体的各种平等的合理观念和文化繁盛中不可分割的组成部分。现代科学的"完成"与"成熟"从而就不再是获得一种全面的知识谱系，而是在康德意义上与"至善"道德的全面契合。

二 内在实在论的总体结构

在上一节中，从认识论、真理观、本体论和科学观等四个层面，对普特南内在实在论的基本特征进行了必要的总结。通过这种归纳和概括，我们已经能够把握到普特南中期思想的某种整体性的框架。这种框架的基本结构又可以被理解为由普特南本人所提出的一个著名的哲学立场，即对一种"上帝视角"的反驳。

从对内在实在论思想的解释、梳理和总结来看，实际上普特南在这里存在着一个根本性的立场，这种立场就是反对我们僭越到一种"上帝的视角"来看待这个世界。仿佛我们每个人都可以超出自己的皮肤以外去洞观整个世界，仿佛我们能够站在一个总的视角之上去一览无余地判定这个世界的每一个对象和成分。正是在这样一种意义上，普特南将这种实在论定义为"形而上学的实在论"，或者"大写 R 的实在论"，并认为这种立场实际上是要求我们从一个并不属于我们的视角，或我们永远也无法达到的视角，去洞观整个世界。① 对普特南本人而言，这就意味着"上帝的视角"实际上是一个"虚

---

① 在笔者看来，普特南反驳大写 R 的实在论、形而上学的实在论，或所谓上帝视角，最终都和普特南对一个"业已造好世界"的反对相关。没有"业已造好的世界"在这里同时还意味着无法形成所谓"世界的绝对观念"。进一步的讨论还可以关注普特南与柏纳德·威廉斯（Bernard Williams）之间的一系列争论。

无的视角"，一个不应该被接受的假设。我们从内在实在论的理论建构和哲学思想的总方向上来看，无论是对概念相对性的强调，还是对心灵意向性的反驳，抑或是将真理等同于一种"合理可接受性的理想化"，普特南的所有用意都指向对这个"上帝视角"的反对。他禁止我们僭越到一种我们本不应处于的位置上，妄图判明实在之整全，并极力号召我们以一种安于尘世的态度回归人的现实生活。这就是普特南在内在实在论中所要着重强调的哲学立场，即呼唤一种属人的实在论，这种实在论将通过永远建构对实在的理解从而克制征服实在的冲动。

可以说，普特南的整个内在实在论，最终的落脚点在于对现实生活的忠诚和对意图摆脱现实的反对。通过本书的分析和归纳，上述立场又可以分割为两个重要的细节问题：第一个问题即如何使人安顿于现实？第二个问题即如何仍然保留一种超越现实的维度？对第一个问题的回答，普特南采取的办法是要求我们的自主知性参与到对一切对象的认识活动当中，甚至承认我们的概念框架或解释模型本身就决定了对象存在的方式。因此，真理就成为了内在于主体的某种认知性概念，即合理的可接受性。而主体并非是在单纯真值条件的层面上去把握有关真陈述的可断定性，而是在一种生活世界中通过社会实践和人类协作去不断学习有关合理可接受性的内涵。因此，内在实在论所谓的"真理"，其实质就是包括对话与文本在内的人类现实生活的总和，换言之就是持续演进中的人类历史。而对第二个问题的回答，普特南采取的办法是要求一种合理可接受性的"理想化"，即承认在内在于主体的认知性概念之外，还存在一个超越观念的理想化领域。按照理查德·罗蒂的看法，普特南认为在完全属人的言辞、文本、观念和行动之外，还存在着逾越这一边界的纯粹超越之物。[①] 而对内在实在论时期的普特南而言，他不再认为这个超越之物是某种外化的世界，某种为知识提供最终保障的候选者。他将这一超越之物再度转化为某种人类理性发展的历史化目标，是人类诸观念的相互融合促进所最终达到的理想化图景。

应当看到，普特南内在实在论的某种终极内涵，最终再度回到了本书所强调过的那种普特南所具有的"历史意识"。而罗蒂本人的见解也从侧面证

---

① 理查德·罗蒂. 实用主义哲学［M］. 上海：上海译文出版社，2009：10.

实了本书对普特南"合理可接受性的理想化"这一理论建构的分析，即普特南最终尝试诉诸的，乃是人类历史的总体，对一种超越历史的目标的持续追求。而这一超历史的目标又部分地是康德意义上道德式的，即真理乃是与"至善"的契合。我们可以说，对现实生活的历史性和超历史性，我们的语言和文本是否应该具有一种限度，以及我们是否应该尊重限度之外的那个超越之物的讨论，是普特南内在实在论所包含的某种深层线索和意图。[①] 而对内在实在论时期的普特南而言，那个超越之物可以被理解为一种指导人类实践的诸观念，包括诸认知价值与伦理道德在内，所持续进步的最终目标。

　　某种程度上，罗蒂的立场和普特南的内在实在论之间产生的关系最令学界感到困惑。罗蒂与普特南同样赞同某种行动者的视角，反对有一个外在的对象性世界等待着心灵去摹写。与普特南一样，罗蒂同时也激烈驳斥真理是一种与客观事实的符合，从而赞同抛弃这种老旧过时的哲学范畴。然而根据普特南的看法，罗蒂是某种激进相对主义的忠实拥护者，而非其内在实在论立场的盟友。按照普特南的表达方式，罗蒂根除了那些超越于人类历史与习俗以外的一切事物，进而承认存在的将只有属于人类的语言、文本与解释，而不再可能得到任何外在的内容。也就是说，在罗蒂那里，只有现实中的社会实践和具体的人类兴趣。而没有能够判别这些观念与兴趣合理与否的外部法则和标准。简言之，罗蒂拒绝那个超越历史的维度，因此"存在"就是被解释，就是拥有诸种旨趣的社会共同体内最大程度的相互宽容。哲学的最终结局将是人类兴趣基于文本的修辞式的增值。在普特南看来，这就是既完全忽略一个真实的世界，又彻底取消了那些超越于人类历史的事物。正如罗蒂所言，他与普特南的根本差别最终在于如何看待保持限度与追求"超越之物"的问题。在普特南那里，我们可以通过持续改善认识，也即历史的进步发起向超越之物的无限追求。而在罗蒂那里，超越之物被人类旨趣的愉悦和自我启迪所取代，最终演变为社会文化不断自我分化与重新团结的过程。

---

　　① 有关普特南与罗蒂思想的异同，还可参考保罗·福瑞斯特（Paul Forster）论文《在普特南与罗蒂间的关键是什么？》作者同样注意到普特南承认我们语言的界限，承认存在着我们对真理判定方式之外的事物，这一事将是我们认知的某种最终目标。作者认为普特南走向了一种"解释"的进化论。而罗蒂则并不承认语言的这种界限和超历史的目标。该文载于 Philosophy and Phenomenological Research 第 52 期。

　　通过简单对比上述两位不同哲学家的立场，我们能够看到普特南与罗蒂之间的相似性和不同之处。他们都反对世界是一种独立于人的对象性总体。但普特南通过否定我们能够对实在得到完全彻底的理解，从而以不断建构对事物的观念性认知，表达一种安于限度和对超越之物的崇敬。并以一种基于现实生活的人类历史，发起一种向超历史性的理想化目标的持续追求。但对罗蒂而言，他已经将现实中的人类语言行为抬高到最高的程度，从而取消了那个超越之物本应具有的地位。

　　我们可以最后将普特南内在实在论的整体图景和总体结构描绘如下：

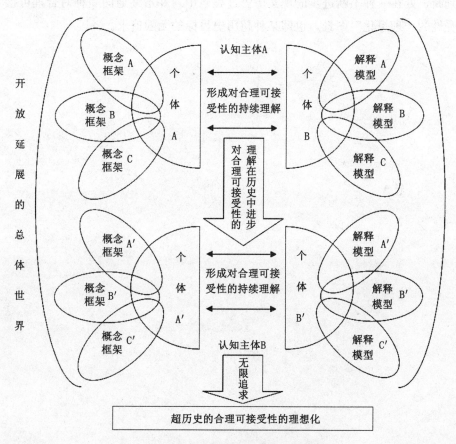

图 4.1　普特南中期内在实在论的总体结构

　　从上图的总体结构中，我们可以更加直观地把握普特南内在实在论的一些重要的特点。包括不再承认一个已经业已固化的世界：世界的总体将处在一种开放延展的过程当中，而主体与世界的关系也不再是相互对立的二元论模式，而是一种主体处在世界之内的"人居于世"的图景。同时，我们对世界的认识也不再是一种主客体之间单纯的符合，我们不可能得到对实在的全然真实和完整的理解。而是通过个体不断建构概念框架和解释模型的方式，制造对世界的各种多元化、差异化的认识模式。同时，在建构概念的过程当中，某种预先凭借的认知价值与道德文化的总和，即我们对合理可接受性的判断，处在一种不断进步的现实历史过程当中。并最终通向一种对合理可接受性的"理想化"图景，也即某种超历史目标的无限追求。

第五章　自然实在论与感知的地位

　　在本章中，笔者将主要处理普特南从中期的内在实在论向后期的自然实在论或常识实在论的思想转变，并试图把握这种转变的潜在线索、理论意图和普特南所要表达的哲学立场。对普特南后期自然实在论探讨的最重要的切入点，就是如何理解其内在实在论所包含的问题。因此，在本章的前面部分，笔者将试图阐释普特南在其思想中期所犯下的一些不容忽视的严重问题。这些问题主要包括一种过分激进地克服二分法的理论激情，促使普特南取消了世界在现象与实在层面的必要区分。而普特南对一种康德哲学不充分的理解与吸收，促使这种没有二分的世界全部转化为主体内部的观念性建构。内在实在论最终倒向了某种主观主义的唯我论。为了克服这一重大缺陷，普特南选择的做法就是重新解释有关"认知"的哲学地位，试图解决在经验与感知等问题中遗留的诸多困难。这就是本章在中间部分所要着重阐释的内容，即对一种以"直接认识论"为依托的自然实在论的理论建构的分析。以此为基础，在本章的最后部分，将对普特南自然实在论的理论图景进行总体性的梳理与概括。

第一节　内在实在论的主要问题

一　亚里士多德与康德哲学

　　普特南的内在实在论实际上在各个方面都试图回归一种康德哲学的基本图景。这种回归以破除我们的心灵与对象之间存在某种"相似性"的哲学教条为目标，从而试图凭借康德理解有关我们的知性如何自主地参与到构建知识的认知活动当中去。在这一点上，普特南的学生科南特很好地将其老师的意图总结为试图在英语世界中吸收康德的哲学见解。① 而普特南本人在《理性、真理与历史》中，也异常坚定地将康德视作第一次提出其所谓的"内在实在论"或内在真理观的第一个人：

> 我想说的是，我们读康德时最好把他理解成第一次提出我所谓的"内在论"或"内在实在论"的真理观的人。尽管康德本人从未道破这一点……想找到在康德之前既秉承一种"内在论"又秉承一种"实在论"观点的哲学家，是不可能的。②

那么，为了理解在普特南内在实在论中所包含的思想困难，同时也为了洞察这种困难之所以产生的理论原因，我们就必须面对这样一个问题：普特南本人是从何种角度来看待康德哲学的？或者说我们能够从普特南对康德哲学的理解中挖掘出什么样的深层内涵？对这一问题的阐释又将分为三个具体的层面。第一，普特南为何要寻求康德哲学的指导？第二，康德本人是如何构建自己的思想体系的？第三，普特南是如何理解康德本人的思想的？本节将为上述三个具体问题提供适当地回答。并期待通过这种回答，能够揭示普特南内在实在论所存在的深层困难。

对于第一点，普特南为何要寻求康德哲学指导的问题，这实际上与普特南本人的哲学立场及其对哲学史的个人理解息息相关。普特南提出所谓的内在实在论，是为了克服主客对立的二元图景和形而上学的实在论。上述两者联合在一起，将真理理解为封闭的主体与固化的客体之间一劳永逸的对应关联。某种程度上，普特南认为要在康德之前找到一位既不持有符合论真理观，也不赞同形而上学实在论的哲学家是不大可能的。在这里，普特南又将符合式的真理描述成一种"相似性"的理论，即认为我们心灵中的表征与所指向的外部对象之间的关系，实际上是一种相似的等同关系。为了寻觅这种

---

① James Conant. The Search for Logically Alien Thought: Descartes, Kant, Frege, and the Tractatus [J]. Philosophical Topics, 1992 (20): 115-116.

② 希拉里·普特南. 理性、真理与历史 [M]. 童世骏, 李光程, 译. 上海: 上海译文出版社, 2006: 67.

哲学观念的源头，普特南最终追溯到了亚里士多德的物理学和形而上学。按照其本人的解读，在亚里士多德的哲学中，在心灵中的幻象与外部的实际事物之间，拥有一种天然的和谐关系。这种关系又被普特南理解为两者具有同样的形式。而既然心灵的幻象与外部对象是相似的，那么拥有此幻象的心灵就能直接拥有那个外部对象的形式本身。换句话说，亚里士多德持有一种朴素的身心一元论的立场。

　　然而在普特南看来，亚里士多德的哲学态度却在相当大的程度上是不可靠的。这种不可靠性的原因就在于他无法为心灵如何获得或者接收到外部对象的形式提供一个可以理解的科学说明，这一过程在某种程度上将是完全神秘的。普特南认为亚里士多德最大的错误就在于，他没能解释清楚为什么我们对外部事物在感觉经验上的接触，就能够使我们的心灵获得有关外部事物的形式。尽管亚里士多德区分了心灵（psyche）与理智（nous），但是两者都无法解释从我们的感觉到事物的形式之间发生了怎样的变化与过渡。换句话说，在普特南眼中，亚里士多德的问题在于他没有为我们的认知过程提供一个合理化的说明。需要再次强调的是，普特南是在现代启蒙理性的立场上构筑自己的实在论思想。在这里，普特南实际上忽略了古代哲人与现代思想在思维方式上的异同。现代思想所强调的那个感觉的世界，在亚里士多德那里是城邦政治的日常生活。古代哲人并没有那种"感觉"分割主体与客体的哲学图景，他们所追求的并非是从感觉经验到事物形式的剧变，而是从日常生活到哲学生活的上升。在亚里士多德那里，心灵与事物的形式之间也并非一种绝对相似的等同。对亚里士多德来说，"形式"能够对理智所敞开，继而允许理智通过人类思维将"形式"带到一种现实性的认识活动当中。但诸种认识活动之间并没有现代意义上的方法一致性，也缺乏统一所有科学分支的最高原则。尽管亚里士多德的哲学的确看重理性与自然之间的和谐，但其并未因此许诺一种人类思维与事物本性的直接等同。换言之，亚里士多德承诺了理念（eidos）的世界能够通过理智的活动从而向人类敞开，但却并没有承诺我们可以轻易地进入那个世界。因为古典的人类智性乃是散漫的话语推论，从而无法在对话中把握到它自身。在人类智性和神圣智性之间，亚里士多德仍然保留了必要的区别，这是其与柏拉图哲学在关键之处所拥有的相似性。①

　　无论如何，在普特南看来，由亚里士多德所奠定的这种直接等同的相似论传统，直到近代哲学才开始被逐渐打破。做出这一决定的是笛卡尔主义和英国的经验论哲学。无论对笛卡尔还是洛克而言，他们都不再认为在我们的心灵和事物的形式之间能够找到一种无须诉诸分辨的相似性。他们都试图区分事物在第一性上的质和第二性上的质之间的区别。也就是试图区分哪些是事物本身的性质，哪些是我们投射到事物之上的性质，或者是以我们的心灵为转移的性质。对普特南来说，这就彻底拒绝了自亚里士多德以降的哲学立场，那种立场认为我们的心灵与事物本身并没有任何区别。然而，近代思想对第一性质与第二性质的区分却导致了另一种哲学教条的出现，那就是心灵与身体的二分法。这种二分法将主体自身彻底孤立了起来，从而强调在有关心灵的知识与有关身体的知识之间没有任何相互沟通的渠道。感觉经验成为了横亘在心灵与世界之间的分界线。因此，新的问题转化为：如何能够既克服这种身心二元论，又不回到亚里士多德的那种神秘的等同论？在普特南看来，贝克莱是做出这种尝试的第一人，但其结果却导致了绝对的经验主义，即认为我们能够谈论和思考的事物，实际上全部都是由感觉或意象所构成的对象。正是在这种两难的局面下，普特南开始寻求一种康德哲学的帮助。

　　普特南本人的思路可以简述如下：亚里士多德哲学以一种"相似论"为手段使得主体屈从于事物的形式。而近代思想为了挑战这一图景，又将主体抬升至要么超越、要么无视事物存在的地位。而普特南的意图在于，他需要为我们在世界中切实的生存提供一种合理化的说明，以使心灵得以安顿于现实的生活中。而康德哲学的作用就在于，它为普特南揭示了这样一种可能性：心灵与世界能够相互缠结在一起。现在我们就转向对康德哲学本身的讨论。众所周知，康德以一种对纯粹理性的批判哲学为基础，将世界分为了两个基本层面：物自体的层面和现象世界的层面。对物自体或事物本身而言，我们无法对其形成任何有效地认识。我们唯一能够确定的是，物自体本身以

---

① 有关康德思想与亚里士多德思想的异同，还可参考斯坦利·罗森极具启发性的文章《反柏拉图主义：一个案例研究》，载于其1989年出版的论文集《古典与现代：重新思考现代性》。

不依赖于我们的方式自主存在着。这是我们通过对纯粹理性的批判，或者通过我们对认识能力之限度的批判所达到的认识。也就是说，通过对理性的批判，我们能够对物自体形成的唯一认识，就是它不可认识并自主地存在着。那么对现象世界来说，康德又是在两种层次上进行谈论的。第一个层次是我们对具体事物在感觉经验上的认识，第二个层次是我们能够对这些事物形成认识的先天条件。正是在这一问题上，包含了康德哲学在认识论层面的全部复杂性。

康德并不怀疑，我们能够认识到某种先天的必然性联系，包括因果律和数学真理等等。对这些无可置疑的必然性的理解，并非源于对某一特殊事物的具体认识过程。相反，我们之所以能够从特殊事物中理解到必然性的联系，是因为我们能够拥有某种纯粹理性的先验原则。这些原则是我们能够经验到这个现象世界，或者是我们能够在现象世界中进行思考的某种必要的逻辑条件。正是通过承认这种占先性的先验原则，康德将从事观念化思考和认知性活动的个体和必然性的法则捆绑在了一起。因此，"知识产生的某种先验条件不仅规定了我们能够怎样理解一个具体事物，更规定了这些经验事物能够以何种方式而存在着"。① 对康德来说，一个先天综合陈述就是一个必然真实的陈述。该陈述之所以是先天的，并非因为它可以独立于我们的经验，而是无论我们拥有怎样的经验，它都是必然真实的。而该陈述之所以是综合的，是由于它可以扩展我们对经验事物的知识，从而形成观念的整体网络以通达现象世界。因此，我们可以说，在康德认识论的体系中，最关键的部分就是令我们能够对现象世界形成经验并进行思考的那种先天的必要条件，也就是康德所谓的"先验自我"。先验自我并非费希特或谢林哲学中的拥有自我意识的绝对自我，而是使我们的经验和思维成为可能的某种必要逻辑条件和先验原则。正是在先验自我的层次上，纯粹理性才能够产生各种具有必然性的先验法则、观念和种类。按照康德本人的表达方式，我们能够通过感性获得被刺激的表象的能力。同时又通过感性，对象被给予我们并为我们提供直观。直观通过感觉而被表象，叫作现象；直观通过自发的知性而被思维，

---

① Stanley Rosen. Essays in Philosophy [M]. South Bend, Indiana: St. Augustine's Press, 2010: 23-41.

就产生出概念。然而康德这一复杂体系的运作却有一个决定性的关键：感性直观的纯粹形式。根据康德，现象的一切形式已经在我们的内心中先天地为这些现象准备好了。感性直观的纯粹形式将先天地在内心中被找到，现象的一切杂多都将通过这种纯粹形式而得到整理。正是在这个意义上，可以说康德的"先验自我"就是我们进行思考并获得经验的必要逻辑条件和先验前提。

因此，康德就承认了两种层次上的科学。一种是在现象世界内针对具体事物的经验科学，另一种是在先验自我的层次上来规定一切先天知识的可能性、原则和范围的科学。对前者来说，通过认知主体的自主知性结合经验生产概念，从而可以在一个观念化的认知活动中持续建构有关经验事物的表象。因此，任何经验事物的本质将由最晚近的经验科学成果来决定，然而这种科学揭示的只是现象世界属人的"主观性"。而对后者来说，我们将通过一种理性的批判哲学，认识到我们能够形成经验并进行思考的必要条件，从而理解这些先验的逻辑原则与先天知识的可能性。这些必要条件、逻辑原则与知识的可能性，以及纯粹理性在这些条件下产生的各种必然性法则和观念，无论对任何个体来说都是完全一致的。正是在这一层次上，我们才获得了现象世界真正的"客观性"。通过上述分析我们能够发现，康德认识论体系的核心在于对"先验自我"的阐释。认知主体是通过纯粹理性在先验自我所提供的知识与经验形成的先天逻辑条件和形式规则下，形成知识与经验。因此，一切可能的经验事物都具有某种先验结构，同时又需要我们的感性来不断填充其内部的具体内容。普特南在《带有一副人类面孔的实在论》中，将他对康德哲学自我矛盾的理解进行了下述总结：

> 康德曾经在两个观念之间遭受撕扯：我们的知识必定部分地是我们自身建构的观念，以及知识必定产生于我所说的"上帝之眼"的观念。然而，又存在着对知识的限制，以及我们发现当我们试图超越这个限制时，我们自身处在二律背反之中。这也是一个康德的

观念，对于康德来说，好像超越于限制之外的东西就是先验的形而上学。①

　　总的来说，康德哲学所形成的最终局面就是某种普遍的二律背反：我们既被经验束缚于现象世界，同时又是超越现象世界的；我们的经验既有某种固定的先验结构，又是持续变化的流动漩涡；整个现象世界既是主观的，又是客观的；我们的科学既是有限的，又是无限的；我们既通过先验自我自由地创造了智性的世界，同时又在这一过程中成为理性的卑微奴仆；而作为能够创造世界却无法真正认识本体的我们，既是神圣的，又是平凡的。在这里我们看到康德深藏的意图乃是克服由亚里士多德所区分的那种人类智性和神圣智性之间的区别。

二　现象与实在的必要区分

　　在现代哲学如何自我发展的这段故事里，我们已经明晰费希特是怎样将"先验自我"结合其反映于主体上的行为原则，即康德所谓"统觉的综合统一性"，一并转化为具有自我意识的"绝对自我"。我们也熟知黑格尔是如何以康德思想的终点即普遍的二律背反作为自身思想的起点，从而将矛盾律转化为绝对精神自我分化的辩证法，真正试图令思想在历史的演进中把握到自我，进而延续康德克服亚里士多德哲学中人类智性与神圣智性之区别。然而我们在此的目的并非书写一部现代思想的时间简史，尽管德国古典哲学仍是现代英美哲学与大陆哲学的一个隐秘的思想中心和智识源泉。同时，对神与人或心灵与实在的距离感的克服，同样也是普特南整个实在论思想背后的某种深层主旨。但是在这里，我们对亚里士多德哲学和康德哲学进行必要的梳理和阐释，是为我们继续考察普特南内在实在论的主要问题而服务。在上一节中，我们实际上回答了有关康德哲学如何影响普特南的前两个问题。其中第一个问题是，普特南为何要寻求康德哲学的帮助？对此问题的回答可以总结如下：普特南既拒绝亚里士多德哲学中神秘的等同论，又拒绝近代经验主

---

① Hilary Putnam. Realism with a Human Face [M]. Cambridge, Massachusetts: Harvard University Press, 1990: 89.

义中封闭的二元论，从而需要在康德哲学那里寻求解决之道，以调和主体与世界之间的割裂。而第二个问题是，康德如何建构自己的哲学思想？对此问题的回答可以总结如下：康德试图在三个层面上来探讨世界，包括本体的层次、现象的层次和先验自我的层次。世界确实能够为个体提供出某种感觉经验，但个体之所以能够形成这些经验并进行思考，乃是由于其通过纯粹理性而先天就具有了某种感性直观的纯粹形式。因此，康德认识论的突出特征就是它并没有孤立地看待主体与客体、经验与形式，而是试图通过先验自我来串联所有相关的领域。

在本书的第三章中，在探讨普特南的科学实在论思想时，就已经谈到了普特南对这种先验认识论具有的某种重要看法，即他反对我们的认识能够形成某种必然性的、固定不变的、绝对确定的知识。也就是说，他反对康德哲学中那个与纯粹理性相连，从而能够为我们的知识必然性提供保证的先验自我。在拒绝了康德先验自我的假设后，普特南在其早期科学实在论思想中用一种历史化的主体取而代之，从而要求我们对世界的科学认识能够在现实的历史过程中不断得到积累与发展，进而最终揭示那个对象性的世界全貌。我们可以说，普特南为先验认识论准备的替代方案，是某种历史化的真理符合论。然而在内在实在论时期，普特南一方面并没有宣称需要重新接受康德认识论中那个著名的先验自我；同时，也果断拒绝了真理符合论的哲学立场。那么普特南对康德哲学这种"去先验化"的吸收式改造，究竟将会带来何种结果？而这种结果又会为其内在实在论的哲学立场造成怎样的影响呢？这就需要我们回答有关康德哲学的第三个具体问题：普特南怎样理解康德哲学的？

普特南究竟是如何通过诠释康德思想，来完成这种从"先验自我"向"历史自我"的转化的呢？某种程度上，这种转化恰恰来自于普特南本人所拥有的那种弥合各种二分法的哲学激情。这种激情不仅试图取消康德对现象世界与本体世界的区分，更试图将康德由"先验自我"所串联的所有范畴，理解为完全相同的对象。在普特南看来，康德实际上定义了两种不同的"自我"。一种是纯粹作为"我"之自我，是某种被贝克莱称为精神性的自我，或者按照康德的说法，就是统觉的综合统一。而另一种是现象世界中实际的"我"，是某种被休谟称为在内省中窥见的自我，是时空情境下作为具体个人的自我。在普特南看来，康德哲学的一切精妙之处就在于，他并未如同笛卡尔或经验主义那样，将前者定义为一种心灵，而将后者定义为一种身体。康德毋宁在于表达，我们的经验能够同时拥有两种性质：来自观念的与来自外物的。我们的经验并非像亚里士多德主义那样，能够与外物的形式产生直接的等同；但我们的经验也绝非如经验主义所设想的那样，是一种纯粹直接的所予，一种与我们心灵无关的中立感觉材料，从而可以被视作为我们的知识提供客观保证的承担者：

> 　　在康德的系统中，存在着纯粹的主体性，即贝克莱哲学中作为精神的"我"（用康德的语言就是统觉的先验综合），以及作为经验的自我，是休谟所谓自省时察觉到的"我"……但康德并没有说主体中存在着两种"实体"——心灵与身体。康德是说，在我们的经验中拥有着双重性。①

对普特南而言，康德重塑了如何看待心灵与身体的二分法问题，即认为在此二者之间并不存在一种完全清晰的分界。所有有关经验或心灵的问题，实际上都是主体如何通过知性建构观念从而理解外物的问题，而经验本身亦无法脱离于这种综合的理解过程。换句话说，在普特南看来，康德哲学导向了这样一种可能性：我们的感觉经验本身同样是知性活动下的某种观念化的建构产物，而绝非一种直接的所予、世界的内容或中立客观性的承担者。

实际上在这里，普特南关注的是康德哲学有关感觉经验教诲的二律背反，即我们在上节所谈到的那种"主体既被经验束缚于现象世界，同时又超越经验"的矛盾。康德本人对该问题的处理方式可以简要概括如下：虽然先验自我通过纯粹理性生产必然性或先天性原则的可能性是完全独立于感觉经验的，但是只有在主体已经拥有了对事物的某种感觉经验的同时，这种必然性或先天性原则的产生才是可能的。换句话说，通过先天的逻辑条件和形式原则，纯粹理性生产了我们感觉经验的某种先验结构，但这种生产本身并不

---

① Hilary Putnam. Words and Life［M］. Cambridge, Massachusetts: Harvard University Press, 1994: 10.

能脱离于我们的感觉经验而独立存在。康德实际上在这里试图将感觉经验整合进纯粹理性和先验主体产生必然性的范围，而非取消二者之间的差异。但按照普特南的解读方式，由于我们的身心与世界的一切互动都被等同于知性理解的观念建构活动，直接的感受性被完全抛弃，这就取消了世界呈现于我们的内容和我们所添加进世界的成分之间的关键区别。其导致的进一步结果就是，由 17 世纪近代思想所规定的第一性的质，即那种事物本身拥有的自然性质，被全部转化为第二性的质，也就是由私人化的主体所决定的主观性质。正是在这一问题上，普特南推动了由"先验自我"向"历史自我"的转化。

在《理性、真理与历史》中，普特南以近乎宣誓的姿态，号召新的哲学不必再坚守那种第一性质与第二性质间的区分：

> 我提议，按如下作为基本近似的方式阅读康德：指出洛克关于第二性质所说的话适用于所有性质——第一性质、第二性质一视同仁……对它们进行区分实际上并没有什么意义。①

如果所有第一性质全部转变为第二性质又会发生什么呢？按照普特南的看法，这就是宣告不仅现象世界，而且全部世界的总体都是某种属人之物，某种为我之物，而不再有独立于心灵的自在之物。世界整体的存在方式都将依赖于心灵通过知性生产的认知性概念，即他本人在同样段落中的下述表达：

> 我们关于对象所说的任何东西都具有如下形式：它是怎样怎样，以至于能以如此这般的形式影响我们。我们关于任何对象所说的任何东西都没有描述对象的"自在"状态，都不能离开它对我们的影响……另一个结论是，我们不能假定我们关于一个对象的观念和任何不依赖于心灵的、可对我们关于该对象的经验作最终说明的

---

① 希拉里·普特南. 理性、真理与历史 [M]. 童世骏，李光程，译. 上海：上海译文出版社，2006：77.

实在之间的相似性。我们关于对象的观念并不依赖于心灵之物的摹本。①

换句话说，在普特南那里，并非是纯粹理性把握了思维与经验产生的某种先天逻辑条件和形式原则，恰恰相反，正是主体所具有的自主知性本身生产了这些逻辑条件和形式原则。必然性连同先验自我一道，成为了认知主体创造性的观念产物。或者说必然性被从自发性中剥离出去，从而令自发性成为了没有束缚的创造性。在普特南看来，对知识的保证并非是一种永恒不变的先验规则，而是一种在现实的历史过程中不断试错并不断修正观念的过程。尽管普特南本人也无法论证失去了那种必然性的先验规则，我们又该依据何种手段来判断观念的对错或其演进目标本身的合理性。

普特南在这里是通过取消经验与思维、现象与实在之间的二分法，从而拒斥了康德先验自我的假设。因此，在认知过程中由自发的理性构建世界所形成的自然秩序，转变成为了主体自身进行持续创造的历史过程。然而，失去了先验自我培护的历史本身不过是人类生存所形成的变动不居与持续流转的幻象，以尼采的表达方式来说，就是能量随意聚集与释放的附属现象。由普特南所推动的这场从先验认识论向历史意识的转变，本身已经在尼采那里达到顶峰：所有的真理无非都是主体的创造，所有的价值无非都是人类的欲望。而欲望与创造本身，甚至现实的历史本身，"又不过是存在作为混沌的随机摄动所引起的表面震荡"。②

实际上，普特南理解康德哲学的视角本身就是来自后康德主义，或者说，是借用了以皮尔士为代表的实用主义的眼光。问题的关键仍然在于我们如何能够突破主体自身的束缚，从而认识到外物。康德将这一问题转化为：我们是否通过对经验进行观念化的分析从而运用理智生产了世界秩序。而普特南借助皮尔士或实用主义看待哲学的方式，又将这一问题转化为：经验本身是否已经由我们自己建构的认知产物？如果回答是否定的话，即认为经验

<hr>

① 希拉里·普特南. 理性、真理与历史 [M]. 童世骏，李光程，译. 上海：上海译文出版社，2006：78.

② Stanley Rosen. The Mask of Enlightenment: Nietzsche's Zarathustra [M]. NY: Cambridge University Press，1995.

是某种自然客体的承担者，那么我们是如何可能认识一种与主体从根本上相互异质的经验事物的？这就落入了塞拉斯的主题，即驳斥这种认识的可能性。我们绝无法拥有一种纯粹接受性的中立所予，相反我们事先就将事物置入一种理由的逻辑空间之中。我们不可能通过感觉经验从而获得有关世界的直白印象；我们对世界的所有理解都只是我们自发制造出来的规范性语境。甚而言之，我们是用理由的逻辑空间取代了自然的逻辑空间。① 塞拉斯的路径从而就通向了戴维森与布兰顿的哲学立场：我们能够得到的只是诸语言、信念与社会实践之间明确的解释均衡，而不是我们究竟是否与世界相互联系的断言推论。②

　　普特南的处理办法则是对上述问题给予肯定式的回答，即认为经验确实是某种人工建构的认知产物，同时也蕴含着某种来自世界本身的成分。其结果是继续虚假地坚持我们能够拥有一个外部世界的观点，因为这个外部世界本身已无法与主体自身的创造相互区别。我们虽然通过"经验"与外部世界彼此联结，但由于"经验"本身无法脱离于我们的观念，外部世界因此成为了内在于主体的认知产物。这就是普特南内在实在论所造成的某种重大的哲学后果。通过拒绝康德的先验自我并取消了在现象与实在之间的必要区分，普特南虽然同样试图寻求一种世界的客观性地位，但这一"客观性"却被交由主体自身予以保管：世界被全部转变为认知主体观念化的创造产物。

三　历史主义的主观唯我论

　　在上一节中，我们着重探讨了普特南本人看待康德哲学的方式，以及这种方式所带来的哲学后果。需要再次强调的是，普特南的立场从一开始就是后康德主义的，也就是意欲用一种完全历史化的属人视角来取代康德哲学中先验认识论的成分。对康德而言，现象世界的必然性从根本上是由理智的自发性通过先验自我构建而成。在这一点上，康德诉诸理智自发性的目的在于他试图在理性之中保留人类的自由。尽管理性创造了具有必然性先验结构的

① Wilfrid Sellars. Empiricism and the philosophy of mind [M]. Cambridge, Mass.：Harvard University Press, 1997：75-76.

② 有关普特南对塞拉斯哲学更进一步的评论和看法，可参考普特南专著《重建哲学》。其中他将塞拉斯与美国经典实用主义者如杜威与詹姆斯进行了比较。

现象世界，但支配理性进行创造本身的却是某种不可言说的人类意志。正是在这一点上，理智本身，或者说拥有自由的人性本身，如同物自体一般处于不可知的状态之中。而康德哲学的问题在于，他恰恰无法为主体自身注入一种来自其内部的自我清醒：我们能够理解我们所构建而成的事物，理性能够把握由其制造出来的规律，但却丝毫无法理解我们从事这种建构的缘由。而先验自我的行为原则，或形成经验的必然结构中的思维统一性，即康德所谓统觉的综合统一，只是定义了理智思维对知识进行分析的视野范围，而理智思维却仍然是某种逻辑原则的主题，因此缺乏自我意识的清醒。如果说休谟哲学最终结束于对心智只能认识间断的经验流，而其自身却不可认识的判断，那么康德哲学在这一点上并没有超过英国经验论的范围，而只是将其充分超验化。对康德而言，现象世界最终就是先验自我的创造性投射。

由康德主义通向一种激进的历史主义路径可以被提示如下：康德哲学最终划定了可知与不可知的分界线。可知之事乃是由人的理智思维创造的现象世界，而不可知之事乃是人本身和事物本身。这就使人的根本境况如物自体一样，共同处于表面世界之下的某种深层的本源。康德是通过一种普遍的道德良心来沟通二者，即通过对卢梭思想的吸收，康德如卢梭一样相信人对良知的向往终将通过信仰将人带至本体的领域。[①] 因此可以说，康德对可知与不可知的分界，实际上是对知识与信仰的分界。但是，一旦我们转换康德的处理方式，将未知的主体与未知的物自体之间的关系做出如下调整：我们能够通过理解主体的行为状况来通达物自体，能够通过对人进行某种生存论的分析从而使存在向我们敞开，康德哲学便转化为了海德格尔的存在主义。那个在历史命运中进行本真性生存决断的此在就取代了康德哲学中那个缺乏清醒自我意识的先验自我。

以海德格尔存在主义为标志的激进历史主义把握了这样一个事实：一切的理解与一切的知识，无论它们是如何真实、如何客观或者如何科学，都必然占先性地预设了一种属人的视角，一种由人的预先决断所形成的参考系。或者说，所有理解与知识的形成，都必然需要某种纯粹主观的背景和融通的观念才是可能的。只有先拥有了这种从根本上属于人的视野，才使得一切观

---

① 卢梭. 论人类不平等的起源和基础 [M]. 李常山，译. 北京：商务印书馆，1997.

察、见识和判断成为可能。^① 也就是说，一切认识都需要依附于人自身的选择，而诸种选择全无好坏对错之分。没有一种选择是绝对有意义的，但不做出选择和试图搁置选择都是不可能的。同时，诸种选择乃是持续流变的历史，是不断变迁着的人类视角和价值观的取舍过程。因此，激进的历史主义拒绝超历史的终极洞见，从而强调面向死亡的人类生存的有限性和暂时性。正如康德从卢梭那里汲取有关人类生存的道德意义，为海德格尔扮演这一角色的是基督教义下的基尔克果。^②

在上文中，我们简要探讨了在先验认识论演变为激进历史主义这一坐标轴上的两个端点，也就是康德哲学与海德格尔哲学的基本要旨。出现这种变化的原因部分在于康德哲学本身就没有拒绝这种转变的可能性。由于康德试图在信仰中保存理性，同时又试图在理性中保存自由，其结果就造成了思维的自发性与世界的必然性之间难以兼容。自由的自我与不可知的本体领域产生了相互印证的关系，因而使得由自我所生产的世界秩序重新沦为了主观制造的幻觉。对海德格尔本人而言，他把握到了康德哲学所留下的唯一精神出路：人本身与事物本身不可知的相似性。从而试图为人的选择与实践赋予本体论层面的意义。通过对深不可测的人类生存决断本身进行分析，海德格尔希冀飞越到对一种本源性存在的最真实的理解。然而该方案却最终在其思想的后期被完全反转：所有试图通过对历史中的个体进行生存论分析，从而揭示存在的本真面貌的企图，都是对存在本身的覆盖、抹杀和破坏。相反，我们之所以能够去思考存在，或者说我们所选择的一切行为决断，恰恰都是存在通过"历史命运"摆布和操弄我们从而展现自身的过程。为了彻底杜绝思想对存在的施暴，海德格尔反过来要求思想接受存在的支配。激进的历史主义最终将"存在"理解为一种从不可名状、不可言说的智识源头开始，将自身展现出来的过程，对历史命运的生存论分析最终结束于对"存在完全展现

---

① 列奥·施特劳斯. 自然权力与历史 [M]. 彭刚, 译. 北京：三联书店, 2006：13-14.

② 有关普特南如何理解基尔克果的宗教思想，或基尔克果的宗教观对普特南本人的影响，还可参考普特南本人著作《重建哲学》的 157～159 页。同时还可参考卡维尔（Stanley Cavell）著作《理性的陈词》的 247～291 页。对比普特南与基尔克果或存在主义思想的启发性论文还包括詹姆斯·科南特（James Conant）专文《基尔克果、维特根斯坦与无意义》。载 Pursuits of Reason：Essays Presented to Stanley Cavell.

自身"的期待。

我们在这里选择适当地探讨康德与海德格尔哲学的主旨，并非为了散漫离题地对比大陆哲学与英美哲学在智识源头和思想发展上的共通性。而是在于，当我们勾勒了从先验哲学到历史主义思想变化的两个重要端点之后，就可以准确定位普特南内在实在论的哲学立场在这一谱系中的具体位置，从而呈现出普特南中期思想的某种根本性的问题。对康德哲学而言，普特南是通过如下手段来反对其思想中的先验成分，即普特南识别出了在康德认识论中有关感知和经验教诲的复杂性和含混性。并通过对这种含混性的彻底取消，走向了对本体与现象这种二元论本身的反诘。由于普特南拒绝接受在我们的感觉和经验中有一种来自世界的内容与心灵添加的成分之间的二分法，因此，也就不再需要承认有一种与纯粹理性相连的先验自我，从而可以为我们的感觉经验提供超验式的先天必然结构。普特南正是凭借着这种试图取消近代思想中一切哲学二分法的激情，将世界的整体，包括实在与现象，共同纳入到认知主体自身的管辖范围。从而不再有一个先验自我来提供必然性的世界结构，所有对世界的认识都是认知主体所拥有的种种主观概念自我发展的结果。这种发展从而是个体视角及认知偏好不断变化着的历史过程，普特南的内在实在论因此在本质上是一种历史主义的主观唯我论：世界因而被完全的属人化，而属人的历史本身在这里又只是人类创造和生存激情的持续流溢。在普特南晚期的论文集《科学时代的哲学》中，普特南这样总结自己的内在实在论思想：

> 我当时没有想到这种可能性，对内在实在论的诉求会使得一切都变得没有意义。或者更确切地说，这只是一个人试图完全撤退到一种唯我论的视角当中去……我们只能假定我们拥有一个外在的世界，因为我们的观念并没有负担来自世界的内容。所有内在实在论中反个体主义的维度都是一种虚假的反个体主义。①

---

① Hilary Putnam. The Question of Beiry: A Reversal of Heldegger [M]. New Haven: Yale University Press, 1993: 300-305.

由于世界本身被整体属人化，我们便无法为道德与伦理提供一种超出主观主义的真实根据。即使知识的形成必然需要依附于种种预先选定的认知价值，但这并非如普特南所主张的那样证明了道德本身的客观性，恰恰相反，这同样可以证明一切道德都只是我们的私人偏好而已。也就是说，一切价值、伦理与有关善的观念，不可避免地成为变动不居的历史观念，因而仍然是主观的。在内在实在论时期，普特南完全抛弃了二元论哲学的主客体对立结构，从而以重新诠释康德主义认识论作为手段，尤其是通过利用我们的感觉经验所具有的双重性，将世界全部纳入历史自我创造观念的自发性活动中。①

我们可以对比普特南这种历史化的主观唯我论与一种以海德格尔为代表的激进历史主义之间的差异。在某种程度上，内在实在论与激进历史主义同样都取消了主体与客体、自然与历史之间的分别。自然不是一种能够独立于人类自身的历史，并为容纳这种历史提供空间的最高场所；相反，自然要么本身就是人类历史将其显露的过程，要么已然被历史发展的不断嬗变所取代。我们不再能够在这样的哲学图景中询问什么是永恒真实的，所有貌似真实之物都将依附于我们自身的视角。同时，普特南和海德格尔又都试图保留一种与历史相互异质又相互关联的某种超越性的事物。在海德格尔那里，对命运根植于历史选择的本真性个体进行的生存论分析，能够将我们带入到一种最本源性存在的洞察和询问。无论在海德格尔的前期和后期思想中产生了怎样的变化，或者说无论他如何改换了存在与思维之间彼此决定的关系，对一种从历史化个体到本源性存在的彻底飞越，都是海德格尔哲学所强调的思想特点。以此为基础，海德格尔取消了在永恒之物与暂存之物之间的区别。人类历史不再有一种黑格尔意义上的完结，而是无尽延续和分化的过程，这种延续和分化正是存在自身持续展现和湮灭的体现。科学于是成为了人类话语的无限增值，这种增值已经无法与彻底的沉默相互区分。

不同于海德格尔，在内在实在论中，普特南并没有为历史自我的生存实践赋予一种本体论层面的意义。也就是说，他并没有为通过历史自我飞越到

_____

① 对从康德哲学到一种主观主义唯我论的哲学表述还可以在罗森的论文《康德对感知的教义》一文中找到更为详细的阐释。该文载于其本人于 2013 年出版的论文集《哲学论文：现代篇》。

某种本源性的存在领域开辟一种视野，因为普特南反对脱离人类现实生活的形而上学。对普特南而言，历史自我是一种缺乏先验必然性的认知主体，通过不断建构对世界的种种认知性概念从而在历史发展的过程中将自然重构。在这一点上，普特南的历史自我仍将是康德式的，即缺乏自我认知与自我意识，只是将某种自发性的观念投射到外部世界当中。而在另外一点上，普特南也继承了康德哲学对道德的强调，即人类拥有的良知高于观念化的知识。但与康德不同的是，普特南并未强调良知是本体加之于我们的使命，进而可以与理性结合生产出指导人类实践的普遍道德律。在《实在论的多副面孔》中，普特南认为：

> 康德假设了一个对纯粹实践理性的需要，它要求我们相信，只有在本体的感召和帮助下，我们才能够达到某种程度上的至善。他要求我们相信，存在某个本体的实在，它配得上"上帝"的名号。①

普特南实际上试图为我们对知识的自主生产加上来自现实道德的约束，或者试图将其纳入道德原则的管辖范围内，但却并未将这种道德源头追溯到超越现实的本体领域，而是基于现实的历史性发展目标。所谓合理的可接受性，本质上就是人类伦理、审美与价值的集合，是我们的共同兴趣、目的与实现手段之间的统一。而合理可接受性的理想化，本质上就是人类道德持续演进的发展目标，一种被普特南称为人类平等与繁盛的终极图景。总结来看，海德格尔对历史自我的生存论分析指向了本源性的存在领域，而普特南对历史自我提出的要求指向了超历史的发展目标。海德格尔的那种对存在终将全面展现自身的期待，在普特南那里将是对人类道德在现实中持续进步的信念。然而，由于普特南无法说明我们为何要接受种种道德的规约，尤其是他无法为道德本身或价值选择提供一种真正客观性的源头，因而普特南的内在实在论仍然是某种历史主义的主观唯我论。

---

① Hilary Putnam. The Many Faces of Realism [M]. La Salle, Illinois: Open Court, 1987: 93.

第二节　自然实在论的理论建构

一　知觉经验与唯我论的出路

在上一节中，深入辨析了普特南在内在实在论思想中存在的主要问题，同时也挖掘了其之所以出现这种问题的深层线索。普特南本人的理论意图及其发展过程可以总结如下：试图克服疏离与分裂的二元论哲学图景的理论激情，促使普特南反对一种相似或符合的等同论从而走上了康德哲学的道路。而同样尽力破除各种二分法的哲学意图促使普特南取消了在我们的经验中所包含的双重性，即来自世界的内容和我们所添加的成分之区别。以此为基础，普特南进而要求彻底根除康德哲学中现象与本体的区分。普特南拒绝了康德先验自我的理论假设，从而将世界全部转化为内在于主体的认知性概念，因此，实在就是历史自我对世界所赋予的创造性解释，而真理则是主体，认知概念不断发展的最终结果。对康德哲学而言，我们能够对事物进行认识，是由于主体能够形成先天的形式从而为事物提供必然的结构认识，同时我们也能够与事物在现象层面进行充分的经验接触。因此在康德哲学那里，事物既是又不是我们的创造。

在普特南的内在实在论那里，至少按照其本人的最初设想，认识事物的条件应该是事物作为一种实在而存在着，也就是我们能够首先认识和接受事物在实在层面的原初存在这一事实。但由于普特南激进地取消了现象和实在之间的必要区分，结果认识事物的条件就不可避免地混同于事物作为现象而存在着。但现象本身，对于内在实在论而言，又只是由主体生产的诸种认知性概念形成的主观图景。因此，世界全部被属人化为受主体支配的观念性产物，这不仅导致了主观主义唯我论的出现，同时也导致了那个作为"实体"或"实在"的真实世界本身的隐退。在这里，普特南实际上分享了费希特哲学的主题：知识成为了纯粹封闭化的"绝对自我"的智性建构。"绝对自我"因而演变为缺乏清醒意识的、不连续的历史个体，理性缩减为个体行动的自由。费希特将康德现象世界与先验自我之间的复杂关系单纯化为"绝对自我"自发建构的自由活动，从而重新形成了"绝对自我"与隐匿的本体之间的二元对立局面。由于普特南将本体世界整合进现象，或取消了二者之间的分别，从而使得主体建构观念的自由行动沦为了没有基础和依托的第一原则：认知的自发性失去了来自实在的限制。

通过上述的全部分析，已经能够充分洞察普特南内在实在论存在的深刻危机。这种危机虽然可以概括为一种主观主义的唯我论，但又可以被具体阐释为如下几个重点方面：第一，缺乏对感觉和感知过程的合理阐述，无法处理人类经验的双重性问题。第二，缺乏对世界与人之间关系的有效说明，对二元图景的驳斥导致了世界被整体内化为属人的观念产物。第三，作为认知主体的"历史自我"缺乏充分的清醒意识，只能够认识自身生产出的那个观念化的世界。主体仍然不能形成清醒的自我认识，因此，缺乏自我演进的扬弃动力。第四，虽然试图为主体从事知识生产的自由加上来自人类道德的管束，从而将知识的发展目标引向一种超历史的道德繁荣。但他却无法为主体选择何种道德提供一个合法的理由，从知识的自发性中并不能得出道德的客观性，道德仍然是某种主观的私人看法。我们将看到，普特南在其思想的后期，也即所谓自然实在论、常识实在论或实用主义实在论的阶段，其理论建设的重点便是围绕如何解决上述四点理论困难而展开的。其中第一步就是，普特南必须重新解释我们的心灵对外界的感知是如何可能的。既然经验不再是一种能够承担外在世界内容的直观所予，而是已经被我们自身所观念化的产物，那么主体究竟如何能够突破主观主义的唯我论枷锁从而通达外部事物，并避免在这一过程中将世界转化为主体自身的观念化造物呢？这就是普特南在其思想的后期再度转向一种有关心灵哲学的技术性理论建构的深层线索和思想意图。

在这里，普特南的任务可以总结为如何使我们的知识能够为实在负责，同时又不滑落至以下四种被普特南强烈拒绝的哲学立场：第一，固化的形而上学实在论；第二，主体与客体各自封闭与相互疏离的二元论；第三，心灵与世界直接相等的神秘相似论或等同论；第四，将世界全部属人化的主观主义唯我论。

而普特南试图挑战这项艰巨任务的尝试是在其后期思想中的重要著作，即《三重绳索：心灵、身体与世界》当中完成的。我们可以对普特南在该著作中表达的立场和做出的论证进行充分地分析，以便洞察到普特南做出思想转变的核心因素和关键内涵。在该著作中，普特南以自白的形式总结了其过去思想的可取与不可取之处。其中普特南坚持强调自己的哲学立场是反对一种形而上学的实在论，这种实在论认为存在一个形式、一般概念或属性的总体，这一总体一经固定便永远固定。一个词的每一种可能的含义都必须符合其中一个形式、一般概念或属性，这些形式、概念或属性能够被该词所指示的所有事物一劳永逸地分享。[①]

为了反对这种以先验认识论为基础的形而上学实在论，早期的普特南试图以历史意识取而代之：所有知识断言的形式以及它们为实在负责的方式都不是被一劳永逸决定的。而其所采用的方法就是以指称的因果链理论为手段的理论积累的历史发展模式。但该方法的问题在于，他假定了在语言与实在之间存在着无需诉诸解释就能够被自动挑选的因果关系。普特南承认自己在那时过于草率地认为我们对语言的使用和理解本身已经固定了"解释"，除此之外没有其他的可能性。为了继续纠正其本人的这种错误看法，普特南通过模型论论证或勒文海姆-斯科伦定理达到了这样一种洞见：在认知领域内部的每一个过程，我们的概念都完全不能决定对事物的指涉。认为在语言与对象之间能够存在唯一正确的对应关系，就是在寻求一种"上帝之眼"的视角。如此普特南就回到了某种传统实用主义或威廉·詹姆斯的哲学立场，即我们对事物的每一种描述都依附于描述者的不同兴趣，并因此有无数种描述事物的不同方法。然而这种哲学立场导致的问题就是无法区分自我与世界，由于所有的知识都依附于主体自主认定的认知价值，因此，不再有一个真实的实在能够完全超越于我们自身的视角。

以上就是对普特南目前的哲学历程所进行的一个大致的概括。我们能够从中发现，当下问题的关键又再次回到了如何处理有关"主体性"的问题。近代思想的共同特点是试图将"自我"作为一种独立的核心要素从世界之中剥离出来，从而将"自我"抬升到可以与世界相互平行的地位。人与世界因此不再是古典思想中那种共同处于开放的自然秩序之中，并能够按照理性的

① Hilary Putnam. The Threefold Cord: Mind, Body, and World [M]. New York: Columbia University Press, 1999: 11-13.

尺度得到相互区分的排列，而是处于一种非此即彼的紧张对峙的关系之中。而现代哲学将近代思想的图景转化为了主体如何进行认识活动的认识论哲学，那么关键的问题就在于，主体究竟是如何突破自身从而通达外物的？如果外物与主体本身就是异质性的，那么我们根本不可能抓取到任何东西；而如果外物与主体本身就是同质性的，那么我们又该如何分辨真实世界和我们自身的造物？在这里，普特南对该问题的解决方式就是重新考虑有关我们的知觉与经验的作用，以及与之相关的感觉材料与所予的概念。在内在实在论中，普特南成功甄别出我们的经验不可能是一种纯粹被动的客观世界印象，一种直接的所予进而能够承担世界作用于我们感官的真实面貌。恰恰相反，是我们自身的知性和观念为经验产生的形式提供了必要的条件。甚至可以说，我们不可能在经验当中甄别出哪些属于主体自身的建构，而哪些来自世界呈现的面貌。按照普特南本人的表达方法，就是不存在一种可推论经验与不可推论经验的区别。

对知觉与经验问题所进行的重塑是现代思想解决有关主体认知世界问题的关键。而其中的重中之重就是讨论我们是否能够在"自我"内部获得一种直接来自世界的接受性，也即康德所谓的感受性，无论这种获得式的接受性是以感觉还是经验的方式呈现的。因此，后分析哲学以塞拉斯和普特南为标志，开始集中探讨有关"所予"或"感觉材料"的问题。这里的区别在于，塞拉斯从根本上承认我们无法拥有这种来自世界本身的获得性或接受性。所有的知识从源头上都是我们知性的自发性、自我演绎的结果。或用他本人的术语来讲：不存在一种我们去认识到某物的状态，存在的只是我们将某物置于理由的逻辑空间当中，即某种能够证成我们的语言理解和使用的逻辑空间。因此，哲学不应或根本无法对世界负责，而是只应或根本只能对我们人自身的话语负责。如此一来，知识的本质就是历史群体的语言和社会实践所形成的无基础的持续流变。

塞拉斯的工作开启了整个后分析哲学向唯名论或观念论的转变，这种转变认定知识的目标不再是对客观世界的表象，而是某种历史群体在其语言与实践上修辞式的增值。而为了给这种漫无目标的增值过程寻找一种历史的完成状态，以免落入黑格尔所谓的"糟糕的无限"或"没有尽头的喋喋不休"，几乎所有后分析哲学家都求助于一种我们的观念与解释所最终能够达到的一致状态。例如，戴维森所谓的"客观性与交流之共同的最终源头"，布兰顿所谓的"共同体相互采取的推论态度所展现出的明确解释均衡"，罗蒂所谓的"具有自我创造力与敏感性精神的个体之间最大限度的团结"，等等。

二　感觉材料与感知的分界面

在自然实在论时期，区别于上述立场，普特南认识到内在实在论所造成的某种结果，即主观主义的唯我论。对普特南来讲，人类话语和行动并不能完全取代自然本身的地位，哲学仍然应该以一种能够对世界负责的态度来从事思考，而不能用一种集体化的"我们"来取代那个主观唯我论中的"我"。在普特南看来，实在论的终极使命仍然是对自然的一种根本性的承认。在《三重绳索：心灵、身体与世界》中，普特南认为必须重新回到对这样一个问题的思考：我们如何才能获得一个世界？而对这一问题的说明又必须借助于对主体所拥有的知觉和经验，或者说对一种直接所予的考量。在这方面，普特南并未完全追随塞拉斯对所予可能性的彻底拒绝，而是识别出了我们在感觉经验中的某种双重性，其中既有来自世界的成分，又有来自心灵添加的成分，两者相互缠结，并不存在一种刻板的二分法。然而，内在实在论时期的普特南却从这一结论中错误地做出了下述推论：根本不存在一个独立于心灵的世界，世界的存在方式甚至要依附于我们自身的视角。其结果为：世界被属人化或内化为主体自身的历史建构。现在我们再来审视这段论证，就能发现普特南在这里的实际问题是，他仍然在不自知地运用现代思想孤立的主体性来看待人与世界的关系。也就是说，普特南虽然识别出了经验中所包含的双重性，却仍然把感觉经验理解为一种内在于主体的私人感受。而这种理解方式从根本上无法与这样的传统经验论相互区分：我们知觉到的并不是外在事物，而是外在事物以某种适当的方式对我们所造成的主观感受。我们永远没有接触到外在事物本身，而只是接触到了它们为我们唤起的某种私人属性。

在普特南看来，虽然亚里士多德的身心等同论或相似论的哲学观有着神秘的蒙昧色彩，但是他无法说明我们的灵魂或思维是如何通过与外部世界在感觉经验上的互动就能够接收到事物或对象的形式。但是亚里士多德哲学却并不拥有那个严重有害的近代教条：我们经验到的只是自身之内的事件，而这些内在的事件与外部事物本身是完全异质的——唯一的联系可能是外部事物导致了这些内在事件，但这种联系也同样脆弱。因为主体仍然可以声称，我们自身生产的形式规则和逻辑理由，才是外部事物能够对我们进行刺激的某种先决条件，正如塞拉斯本人所做的那样。在普特南看来，这种区别于亚里士多德哲学的思维方式导致了顽固的现代主体性的出现：我们的经验完全发生于心灵或大脑之中，也就是发生于一个内在的领域之中。因此，在内在实在论那里，普特南虽然拒绝了我们的经验是一种能够承担客观世界内容的直接所予，但仍然保留了我们的经验是一种内在于主体的私人印象或事件。我们看到，为了保存我们能够对实在负责的哲学态度，普特南必须求助于改写感知的作用，从而在感知的过程中拯救世界的地位。正如笔者在上一节所探讨的那样，为了达到这一目的，普特南选择采取的手段就是重述感觉材料的地位。

在罗素那里，感觉材料成为了一种能够被主体直接获得或者亲知到的特殊独立元素，其哲学也最终达到了一种感觉材料的"殊相主义"。每一感觉材料都各自完全独立地存在着，尽管它们持续存在的时间长短由主体对其进行经验关涉或知觉的过程来决定。罗素哲学的结果就是感觉材料彻底分割了主体与世界，我们直接知觉到的并不是世界而是诸感觉材料。对现代经验论者来说，他们取消了罗素哲学赋予感觉材料的殊相主义的地位，不再将感觉材料看作自我维持着的独立元素，而是单纯地将其视为与私人的感觉经验相连或者只是主体直接知觉到的对象。便形成了如下的现代经验论教条：我们能够经验到的并非外在事物，而是内在的感觉材料。

在内在实在论时期，普特南试图强调感觉材料同样也是主体自身观念化的认知产物。这种处理方式导致了世界本身的消失和唯我论的出现。而在自然实在论时期，普特南选择的方法就是彻底抛弃有关"感觉材料"的理论，不再认为心灵与外界的交互过程需要任何感觉材料或感官经验作为中介。这就是普特南在其思想后期重塑感知过程的一个最主要的着力点：取消有关感觉材料是分割主体与世界的界面这种现代经验论的教条。按照普特南在《三重绳索：心灵、身体与世界》中表达的看法：

　　　　直接感知到的对象是某种事物呈现给我们的面貌或者感觉材

料，而不是事物本身，因此我们永远也无法突破这种主体性的束缚从而通达外界——这种立场本身就是无法得到合理解释和说明的预先假定。或者说，这种教条要么认为感觉材料是大脑制造出来的私人事件，要么就是心灵体验到的内部感受。但是它们却都无法解释为何我们就不能对外物本身形成直接认识，而必须要依靠某种内在性或私密性的领域来制造主体与世界之间的差异。①

普特南认为，包括福多尔在《心灵的模块性》中表达的立场，即知觉模块输出的表象主义，都是试图为主体必须依靠中介才能通达外物的哲学立场进行合理性或合法性的辩护。而这种辩护必将失败的原因在于，它无法解释为何感觉材料就必须是一种内在于主体的知觉对象。

在普特南看来，解决现代思想顽固主体性问题的关键就是不再把知觉经验或感觉材料理解为一种内在于自我之内的封闭对象，无论此二者究竟是一种主体的自发性产物，还是一种直接接受到的所予。问题的关键在于，它们都是被固化于主体之内的对象或事件，从而无法与世界本身产生必要的联系。也就是说，即使普特南甄别出在知觉经验中存在着知性的自发性与感性的接受性，但都难以回避如下的质疑：这种内在于主体的知觉经验为何能够承担来自世界的内容？如果它是主动自发的，那么这种自发性必然将在主体内部制造一个完全属人的世界；而如果它是被动接受的，那么这种接受的可能性必然又要以主体生产的理由空间作为先决条件。因此，我们仍然不能宣称可以直接认识外部事物本身，而只能认识到主体内部形成的印象或事件。

普特南对该问题的解决之道就在于，他强调我们只需对知觉经验做如下这种意义上的理解：我们并不是感知到某种知觉经验，而是直接拥有它们。换句话说，我们既不必将知觉经验视为某种主体之内的主观产物，也不必将其看成与主体完全异质的外部内容。相反，知觉经验本身就是主体与客体，或者说是人与世界之间不可分割的一部分。我们并非只能对种种内在的知觉经验和感觉材料形成认识，恰恰相反，我们只是充分地拥有它们，并通过整

① 希拉里·普特南. 三重绳索：心灵、身体与世界 [M]. 孙宁，译. 上海：复旦大学出版社，2017：24.

体化的感知过程从而直接形成对外部世界本身的认识。这就达到了詹姆斯主义或普特南称为"自然实在论"或"直接实在论"的立场。

按照普特南本人的说法，自然实在论否认可正式知觉到的对象只是感觉材料的立场。因为这种立场预设了主体与客体之间无法进行直接的沟通，并必须诉诸某种潜在的中介。这就使得整个感知过程必然存在着一个分界的步骤，一个区分自我与世界的分界面。而直接实在论或自然实在论恰恰拒斥这一分界面存在的必要性。普特南在《三重绳索：心灵、身体与世界》中表达出：

> 直接实在论拒斥这一断言：在我们的认知能力与外在世界之间必须存在一个界面，也就是说，认为我们的认知能力不能一路通达对象本身……直接实在论并不将感觉材料视为我们与世界之间的中介，而是持有这种意义上的直接实在论立场：我们并不是知觉到视觉经验，而是拥有它们。①

我们完全不需要坚持近代思想有关主体性和私人性的哲学教条，而可以通过普特南称为"二次天真"的哲学立场，即占先性地坚持我们与世界之间是不存在某种感觉界面的分割，从而可以达到对外部世界的直接认识。在其中，一方面我们不必抛弃有关知觉经验的有效性和地位，因为对知觉经验的彻底拒绝将使我们失去能够为世界负责的哲学观念；而另一方面我们也不必坚持知觉经验就只是我们的感知对象，而是将其挪移出主体之外，强调其沟通人与世界的意义。因此在这里，普特南的直接实在论就是对"心灵与外物无中介的充分接触"这一立场的自然化。感知不再是对某种单独的殊相元素或内在对象的认识，而是心灵以一种整体的知觉与外部世界进行的直接沟通，这种沟通甚至是无法被还原或分析的过程。也正是在这一意义上，普特南的自然实在论是一种"二次天真"。

我们可以简要对比普特南的上述立场与其内在实在论在性质方面的差

① 希拉里·普特南. 三重绳索：心灵、身体与世界 [M]. 孙宁，译. 上海：复旦大学出版社，2017：25.

异。在内在实在论中，普特南的经典立场就是"心灵与世界共同塑造了心灵与世界"，这种对心灵能够塑造世界的承认，使其无法与一种古德曼主义的多元论或主观主义的唯我论相互区别。在自然实在论中，心灵并非塑造或改造实在，亦非参与到实在本身的形成过程之中，而是具有一种特殊的认识能力，这种能力能够促使心灵与实在形成无中介的直接交流。也就是说，心灵绝不参与到塑造实在本身的行为中，但也绝不脱离与实在之间的相互沟通。在内在实在论阶段，普特南实际上混淆了心灵塑造的性质与来自世界的性质之间的区别，世界因而被内化为心灵的观念建构物；而在自然实在论阶段，为了恢复心灵与实在之间的必要区别，同时又防止二者再度陷入各自封闭，普特南实际上求助于一种心灵通往实在的双向敞开，并在这种敞开的沟通过程中，保持一种"有差异的统一"。正是在这个意义上，我们可以说普特南的自然实在论实际上是借助于对实用主义哲学，或者对知觉经验与感觉材料问题的重塑，回归到一种亚里士多德的哲学立场，也就是心灵与自然之间的和谐。不同之处在于，在普特南看来，亚里士多德哲学的身心同一论是一种无法得到说明的完全等同。而自然实在论则以现实的具体情境为基础，是一种心灵对实在的持续追逐，以及实在对心灵的持续敞开过程。

三　麦克道威尔与普特南的心灵观

我们可以从更多角度对普特南所达到的这种"自然实在论"或"直接实在论"立场进行诠释和分析，尤其是普特南试图将主体与客体、自我与世界重新整合为一种相互开放但保留差异的综合或统一，以及对实在能够终将向心灵完全敞开自身的期待。这已经分别令我们想到了一种对黑格尔哲学或者海德格尔哲学的祛魅化。然而为了更清晰地展现普特南自然实在论思想的完整面貌，从而引申出对自然实在论在其他方面的问题考量，一个更合适且稳妥的做法是在现代英美哲学内部寻求对普特南自然实在论思想的定位。而其中最具有参照意义的就是麦克道威尔的思想。某种程度上，普特南本人亦承认自己的自然实在论汲取了来自麦克道威尔思想的影响。而后者是在认知主体的理性自发性如何能够参与到外在自然的问题上建构自己的哲学理论。对麦克道威尔来说，分析哲学的自我发展已经暴露了这样一种深层的忧虑：在心灵与世界之间已经出现了非此即彼式的紧张关系。而之所以会造成这种紧张，其原因在于两种哲学立场的失败。第一种哲学立场，即对"所予神话"的绝对信任。按照这种观点，我们能够在经验中获得某种感性的纯粹接受性，这种接受性承载着来自我们的思想与观念之外的客观成分或世界内容，并能够为我们的知识和概念带来一种来自外部的裁决和限制。也就是说，所予的神话意味着我们的经验代表着世界向我们的某种赤裸的呈现，它们同时也是我们经验判断的终极依据。而另一种哲学立场被麦克道威尔称为"露骨的自然主义"。这种自然主义认为我们的一切观念、概念和知识，或者我们的理性自发性本身就是自然的组成部分。按照麦克道威尔的表达方法，露骨的自然主义假定我们自主的概念能力本身就隶属于自然逻辑空间的规律领域，因此，自主的概念能力并非一种自成一类的理由逻辑空间。简单来讲，露骨的自然主义承认理性自发性与自然秩序本身之间的完全同质化。①

　　在麦克道威尔看来，无论是所予的神话还是露骨的自然主义，它们所犯的问题都是相似的，即它们都没有看到一种自发的理性与外在世界之间的复杂关系。对于所予的神话而言，麦克道威尔承认这种哲学立场的企图仍是可取的，即试图为我们的知识与思维寻求一种来自外部世界的合理限制，从而为我们的诸观念提供客观性的奠基。然而所予神话的问题在于，它占先性地假定存在着某种与概念无涉的纯粹接受性的领域，并进一步假定我们的内部诸概念和外部诸内容能够在"经验"这一渠道中进行充分的摩擦，从而能够为我们的思维和知识提供一种来自概念领域之外的合理奠基。而对露骨的自然主义来说，他又过分高估了理性的自发性与自然或实在之间的和谐。按照麦克道威尔的表达方式，露骨的自然主义不再承认理由的逻辑空间和自然的逻辑空间存在着基本的异质性。理由的逻辑空间并非自成一体，或者说并不具有独立的异质性，而是同化于一种自然的属性，成为了自然的逻辑空间的一部分。如此一来，我们完全可以信任一切由自发性构成的概念、观念与知识。这样看来，所予的神话及露骨的自然主义就分享了某种相同的主旨，他们要么认为自发性能够与接受性在经验中得到直接的对比，要么认为理性与自然之间并不存在任何绝对的差异。心灵与世界要么是某种理性自发性与感性接受性的刻板分割，要么便是二者之间朴素的同质化。

---

① 麦克道威尔. 心灵与世界［M］. 韩林合，译. 北京：中国人民大学出版社，2014：11-15.

　　塞拉斯和戴维森，以及部分地包括埃文斯在内，都对这一问题作出了重要阐释。他们都甄别出了在心灵与世界之间，或者在自发的理性与自然之间，存在着某种深刻的异质性。而这种异质性的直接体现就是，我们根本无法获得一种纯粹的接受性，一种概念无涉的经验，从而能够向我们提供来自世界的直接呈现，以此为我们的思维与知识提供客观的限制与裁决标准。相反，知识与概念所构成的规范性语境完全不同于一种直接的接受性。甚至可以说，我们能够与世界产生接触本身，都要依附于来自观念与知识的规范性语境。按照塞拉斯的说法，我们无法对一个事物获得某种直白的印象，而只能够将其置于理由的逻辑空间，也就是使人的理解、判断与信念成为可能的空间。由于在理性与自然之间存在着绝对的异质性，塞拉斯要求我们放弃经验能够为我们提供有关世界的直白呈现的所予神话，而这一点同时导致了对世界本身的抛弃：自然根本无法为我们形成一种客观的印象。塞拉斯对所予的反对进而在戴维森那里演变为对图式与内容二分法的反诘。我们不再需要将经验视作我们的观念与知识的法庭。甚而言之，经验本身的不纯粹性在戴维森那里已经构成了抛弃经验的条件：它使我们混淆了被思考之物与受感官撞击之物间的根本区别。对戴维森而言，经验对主体的信念或判断并不构成认知性的关联，而至多处于一种无需严肃理会的因果关联。经验并不能算作坚持一个信念的理由，真正能够为我们的信念判断提供理由的，只能是其他存在的诸信念。戴维森实际的主张在于，我们无法或无须走出自身的信念之外去把握世界；相反，主体有关某一信念的自我解释必定已经直白地占据着某种朴素的真实性。[①]

　　对麦克道威尔来说，以塞拉斯与戴维森为首的种种融贯论的学说要求将思想或信念与世界或实在进行完全的切割，从而取消哲学需要对世界本身负责的立场。哲学真正需要为其负责的事物乃是由理性自发性所形成的诸信念本身，是主体在现实中进行交往实践的持续流变的话语集合。也就是说，对所予或接受性的彻底拒绝倒向了这样一种融贯论立场：它不承认需要对我们的思维施加任何来自外部世界本身的限制；不再要求我们的信念需要与来自世界的内容产生任何意义上的摩擦；不再认为经验能够成为对我们的知识进

---

① 唐纳德·戴维森. 真与谓述［M］. 王路，译. 上海：上海译文出版社，2007：37-38.

行裁决和限制的合理法庭。正是在这一点上，这种激进的融贯论立场落入了普特南对一种主观主义认识论的反思：试图用大写的"我们"来取代唯我论当中的"我"。也正是这一关键性总结，向我们揭示了普特南与麦克道威尔哲学立场的一致性。普特南与麦克道威尔都对一种无视世界甚至可能失去世界的哲学立场表示了深刻的担忧，而在普特南的内在实在论中，普特南本人就促成了这种对世界的抛弃。^①需要再次强调的是，普特南是由于如下看法从而错误地忽视了世界本身：普特南虽然通过康德哲学识别出了在我们的经验中拥有着来自心灵与世界成分的双重性，但是普特南的问题在于他过分激进地取消了做出这种划分的必要性。从而使经验完全成为了知性的自发性建构的产物。因而心灵本身就塑造着世界，或者说世界的存在方式将部分地由观察者的视角决定。对麦克道威尔而言，问题的关键在于，我们如何才能既承认理性与自然的区别，又使得我们的知识能够对世界负责，或得到来自世界的支撑。这是麦克道威尔诉诸一种"最小经验论"的理论目的。

在麦克道威尔看来，哲学的使命仍然是对世界本身负责，而不是囿于思维和语言形成的诸概念之内。为了达到这一点，我们必须接受在经验中能够获得一种来自世界的接受性。但我们又不能因此回到一种所予的神话中，因为这种神话承认了一个与我们的自主知性完全无关的领域。^②同时，我们亦不能选择一种无视世界的融贯论，因为这种融贯论抛弃了我们的知识需要接受来自思维之外的限制，从而造成了自发性的运作只是某种在虚空中没有摩擦的引擎空转。麦克道威尔的全部哲学意图在于停止这种两端皆非的摇摆，进而调停心灵与世界之间的紧张关系。或者说他的目的在于，如何重新产生一种对经验的天然信任感。而实际上，在这一点上麦克道威尔采取的理论手段是相对单纯的，即回到康德认识论中对感知问题的剖析，并与普特南同样，暗中抛弃了康德先验自我的假设。康德本人将感知理解为先验与经验的对立统一：一方面先验知识是绝对必然的，因为它是从独立于任何经验的纯粹观念和理解当中获得的；而另一方面我们的所有知识又不能超越来自经验

---

① 同样试图将麦克道威尔与普特南思想绑定为同一阵营的著名哲学家还包括理查德·罗蒂。具体论述可参考《罗蒂自选集：实用主义哲学》p231-241.

② 麦克道威尔. 将世界纳入视野［M］. 孙宁，译. 上海：复旦大学出版社，2018：242-245.

本身的限制。康德对该问题的解决方式就是承认一种先验自我,先验自我并非是费希特哲学中与客体相互对立的绝对自我,而是我们形成知识与经验所需的先天形式规则与逻辑条件。因此,纯粹理性通过先验自我为我们的经验提供或生产了独立于其内容的必然结构,但这种提供或生产本身必须在我们实际接触到某种经验事物的同时才是可能的。这就是对康德认识论中感知问题在技术层面的解决方式,但这种解决方式造成的局面就是,我们对可能的具体事物拥有着固定的先验结构,但其中却可以填充无限多的感觉与知觉的内容。康德哲学更深层面的二律背反进而表现为:作为既是有限又是无限的世界,既是又不是我们的建构。

麦克道威尔在这里正是以康德对感知问题的阐述为基础,从而试图调和心灵与世界、理性与自然之间的矛盾。其所诉诸的"最小经验论",实际上是再度以康德所谓的"没有内容的思维是空洞的,没有概念的直观是盲目的"作为自身的理论建构基础。在麦克道威尔看来,我们必须承认自然的逻辑空间与理由的逻辑空间之间的基本异质性,也就是承认我们的理性自发性乃是区别于自然接受性并自成一类的空间。但是,这种承认并不应当倒向这样的主观主义:我们的思维根本不需要有一种来自经验的必要限制。恰恰相反,我们需要以如下方式构想经验的形成:源自理性自发性的诸概念本身就已经在经验当中起作用了,因此经验以一种可以理解的方式与我们的自由知性处于合理的关系之中。在经验中既包括接受性的运作又包括自发性的生成成为了一个关键的事实,从而令我们可以接纳在经验中所包含的属于事物本身的内容。

四　交互主义与心灵的长手臂

麦克道威尔与普特南同样,都识别出了康德认识论对感觉经验的看法,就是在经验中包含着理性的自发性与感性的接受性之间的合作。麦克道威尔的意图在于,令我们既能为思想施加来自外在事物的限制,同时又能够令理性的自发性得到应有的释放,从而缓解心灵与世界之间的关系危机。按照麦克道威尔本人的表达方式,我们必须将可以经验到的世界理解成主动思维着的一个题材,而这种主动的思维又受到了来自经验内容的合理限制。但与此同时,我们之所以能够承认在经验中所包含的接受性,恰恰是我们能够让自发性观念配合进来的结果。麦克道威尔的理论建设实际上是在表达，感性的接受性本身之所以能够成功运作，关键在于这种运作本身就是理性的自发性进行参与的结果，两者以相互合作的方式共同构成了对方存在的基础。麦克道威尔持续强调知性已然无法分割地牵连到感性的释放物本身之中。如此一来，经验世界在我们感官上所造成的印象，虽然是某种感性的接受性，却已然具有了自主的概念内容。以经验为平台，自发性与接受性、知性与感性、理性与自然全都被整合进这样一个合理地组织起来的网络，它是由主动地调节人们的思维以适应经验的内容所构成的网络。我们的经验是一个整体的动态系统，在其中我们的感官所形成的印象是让整个动态系统运转起来的燃料，而这一燃料在注入系统的同时就已经配备了属于知性和概念的引擎。因此，麦克道威尔认为，在这样一个动态的系统之内进行概念活动，我们就总是发现自己已经在与世界交锋，同时又保留了人类理性自身的独特性。

　　麦克道威尔的哲学图景和深层意图在相当大的程度上分享了普特南的主题，即我们如何能在保留心灵与世界，或者理性与自然之间基本差异的同时，又能够跨过这道差异从而达到与世界或自然的持续交流。正是在这个意义上，两者都致力于构建一种自然的实在论或直接的认识论，却又不回到某种简单的心灵-世界等同论或相似论。麦克道威尔的做法实际上是充分吸收康德对感知问题所做出的复杂剖析。康德留下的认识论图景是如下一幅画面：我们的自主知性能够通过纯粹理性进而在先验自我的作用下为感觉经验提供必然性的逻辑原则和形式结构，但这种逻辑原则和形式结构的生产必须在我们获得了相关经验的同时才是可能的。因此，经验事物既是又不是我们自身的产物。麦克道威尔的做法是将康德所遗留下的认识论的二律背反重新解释为一种心灵与世界相互沟通的内在机制，为这种二律背反赋予某种建设性的哲学意义：正是由于经验事物既是又不是我们自身的产物，所以理性才与自然处在一种双向敞开的沟通渠道当中。麦克道威尔并非简单地试图通过将理智自发性予以自然化，来宣称自发性本身就是自然的一部分从而调停心灵与世界的关系危机。那种做法属于被他称为"露骨的自然主义"，其结果是不承认人类思维的理智特殊性，从而回到某种粗糙的相似论或等同论。实际上，麦克道威尔的视角与普特南类似，本身就属于一种后康德主义或后黑格尔主义，其理论意图的全部要旨在于，将康德认识论的矛盾教诲转化为一种积极的理论建构：正是由于在经验中包含着自发性与接受性互动配合的运作系统，我们便能够承认通过经验，主体一方面思维着外在的世界，同时又受到来自外在世界的限制。

正是在这一关键问题上，麦克道威尔充分展现了其理论的实际结果：与普特南同样拒绝了康德先验自我的假设。按照康德，自发性是通过纯粹理性与先验自我相结合，从而生产必然性的逻辑原则和形式结构。而在这一过程中使纯粹理性生产必然性成为可能的，康德为古典的柏拉图-亚里士多德哲学所保留的理式领域，即对某种神圣智性的强调。神圣智性属于完全超越单纯人类智性的理式领域，将伴随认知主体通过纯粹理性联结先验自我从而生产必然性知识的整体过程。我们必须再次强调，康德最终的哲学意图乃是克服亚里士多德哲学中人类智性与神圣智性之间的差异。因此，康德并非简单地将感知或经验理解为一种自发性与接受性的单纯配合，而是承认了一种先验的综合可以克服人类智性与神圣智性的分裂。在康德那里，理性的自发性本身与超验的必然性无法分割。而麦克道威尔的做法恰恰取消了自发性与必然性之间的连接，自发性演变为单纯的自主性或创造性。正是在这一层面上，我们可以说麦克道威尔没有意识到他保留了一种最小经验论，即将经验设置为法庭的做法，实际上最终无法与露骨的自然主义相互区别。按照其本人的说法，露骨的自然主义只是为我们的自发性概念提供了无罪证明，而最小经验论能够提供的是真正的辩护。但在这里我们同样可以说，最终的判决结果却是完全一致的：所有的自发性，所有由人生产出来的概念都将是自然的。我们缺乏为诸种知识进行等级排序的参照办法，露骨自然主义与最小经验论的区别仅仅在于后者自以为知识通过经验与世界产生了摩擦，即使这种摩擦本身仍然以自发性或自主知性的运作作为其前提和基础。

在《科学时代的哲学中》普特南详细回应了麦克道威尔有关最小经验论的哲学建构。普特南同样认为令经验成为最终的法庭是不可靠的，因为这种做法没有注意到在康德哲学中真正规定着经验的结构、知识的范围和理智的视野并非经验本身，而是使自发性与接受性能够得到调和的认知主体自身。更确切地说乃是康德为我们的理智所承认的某种先验性和神圣性：

　　……因此在康德那里，真正使裁决成为可能的并非经验，而是先验自我的统觉的综合统一原则，经验只是在这一过程中构成了评判知识的场所。即使经验确实是某种自发性与接受性相互配合的系统网络，但我们仍然不清楚自发性是如何在接受性中获得合理的限制和评判的。①

而接受性成立的可能性本身又以自发性的运作作为先决条件，我们便更无法理解如何才能使诸种创造性的知识得到真伪程度的排序。也就是说，真正在评判知识的仍然是主体自身，或者说是心灵自身，而非那个具有双重属性的经验。"最小的经验论"仍然缺乏对经验形成结构中的思维统一性的有效说明，或者说缺乏对认知主体的知识视野和行为方式的有效定义，也即缺乏对康德统觉的综合统一原则的必要吸收。麦克道威尔的做法只是如其所说的那样，为了治疗心灵与世界之间的紧张关系。而这种治疗只是宣判病人实际并未患病，却无法为健康与疾病给出必要的区别方法：所有病人都将是健康的。然而，即使我们的概念得到了与外在世界的摩擦，但这种摩擦如何给予我们的概念以真伪和优劣的评判仍然是晦涩不明的，尤其考虑到这种摩擦本身又以我们的概念作为其存在的先决条件。

麦克道威尔试图将康德认识论的二律背反转化为积极的哲学建构，这种转化同时根除了康德对神圣智性和先验自我的承认。其结果是麦克道威尔理论中的那个认知主体同样缺乏自我清醒的认识能力，它能够理解自发性的创造产物却无法理解为何进行创造的原因，缺乏辨析优与劣的必要原则从而无法获得自我扬弃的动力。笔者认为，普特南在《科学时代的哲学》中对麦克道威尔的评价是相当到位的：能够成为法庭的不是经验，而是统觉。或者说就是作为认知主体的自我本身。我们将看到，普特南与麦克道威尔的不同之处就在于，他看到了诉诸经验问题来为我们的知识提供必要限制，从而缓解心灵与世界紧张关系的做法，只是回到了他在内在实在论时期所犯的错误之一：即使我们识别出在经验中所包含的双重性，但如何处理和解释这种双重性，仍然是属于自我统觉的职责范围。否则的话，对经验双重性的承认，仍

---

① Hilary Putnam. Philosophy in an Age of Science [C]. Cambridge, Massachusetts: Harvard University Press, 2012: 82.

然可能导致世界本身的消失和创造性概念的无限膨胀。因此，普特南所采取的方法就是直接去塑造对心灵或者自我本身的理解，而不再把经验看作处理认识论问题的关键。按照普特南对康德哲学的解读：是"我"本人在经验中体验到一种属于"我"的观念。因此，理性的思想和感知的过程又再次取决于如下事实：我自身看管着我自己的思想、经验、回忆及诸如此类的事物。是我们自身为思想与实践负责，并因此作为一位思想者而存在。[①]

对于前文所阐述的原因，对普特南而言，经验已经并非是我们如何才能拥有一个世界的关键。相反，经验问题本身就已包含在心灵如何与环境持续互动从而不断涉入世界之中的整体过程。在《与实在相关联》一文中，普特南详细阐释了其对心灵问题的新看法：

> 我所拥护的新立场主张，我们从一开始就拥有一种涉入环境的能力。我们的感知依靠我们与环境之间的交互……我们心灵的功能性的能力可以类比为一种"长手臂"，它可以直接伸入我们所处的环境之中。[②]

在普特南看来，我们的感知实际上是由我们自身和环境的持续互动的情景化过程而决定的，我们所能察觉到的事物不仅依赖于该事物本身，也依赖于我们所处的整体环境。我们可以通过一种对环境持续涉入的"能力"来阐释我们的感知过程。[③] 感知并不是某种通过感觉经验从而在大脑中形成事物的内在表象，也不是如麦克道威尔所提倡的分离主义那样，认为我们通过一种诚实的感知过程从而一劳永逸地获得了事物属性的最高公因数。在普特南看来，感知意味着我们的心灵具有一种持续与周遭环境互动的能力，并能够通过这种能力直接深入到对实在进行的双向沟通过程当中。正是在这个意义

---

① 有关麦克道威尔对普特南本人评论的相关回应，可参考由麦克道威尔撰写的论文《知觉性经验中的观念：普特南与特拉维斯》，该文载于 2013 年版本的《阅读普特南》。

② Hilary Putnam. Philosophy in an Age of Science [C]. Cambridge，Massachusetts：Harvard University Press，2012：83.

③ 普特南在《无本体论的伦理学》中承认对"能力"一词的借用来自经济学家阿马蒂亚·森。但普特南赋予了"能力"一词哲学层面的意义，即体现人与世界相互缠结从而可以持续涉入环境。

上，普特南在其自然实在论中提出了我们的心灵具有一种"长手臂"的观点，这种长手臂将保证我们的感知过程既是依托于现实环境的功能性活动，又是对现实环境的持续涉入。我们并不是通过形成一个单一的场所，如经验等等来保证与现实世界的交流，而是我们的心灵本身就具有一种面向世界开放的能力。这种能力保证了感知是一种与现实环境的持续互动过程。因此，普特南认为这种以自然实在论或天真实在论为主旨的心灵观是一种"交互主义"的心灵观。

五　自由功能主义与自我清醒

在早期的科学实在论时期，普特南曾致力于构建一种以机械功能主义为基础的自动心灵或外在论的心灵观。普特南的理论目的在于通过这种功能主义的机械心灵观，从而破除某种根深蒂固的内在主义心灵观。内在主义心灵观认为我们的大脑根本不是对外界事物本身形成认识，而是在大脑之内形成有关外界事物的内在图像或心理状态。这种心灵观尤其还与一种语言哲学相互结合，认为在头脑中发生的语言含义一劳永逸地决定了语言的所指。在其早期的科学实在论中，普特南试图改变这种封闭的内在心灵，从而恢复其与外界事物进行沟通的能力。普特南的做法就是将我们的心灵类比为一种能够自动根据外界的信号输入做出反应的黑箱，从而与环境互动反馈出不同的信号输出。在机械主义的功能观中，普特南实际上是为了破除近代哲学"疏离观"与"固化观"的思想教条，从而突破某种对心灵的私人主义的理解模式。按照其本人的说法，机械主义的功能观相信大脑的"生理状态"可以类比为一种计算机的"逻辑状态"，这就意味着生理属性可以被等同于计算机的演算系统。在普特南的后期思想，也就是其自然实在论或直接实在论时期，普特南再度致力于构建一种要求心灵具有直接涉入其所处环境的能力，并能够与现实情境进行持续性的互动，从而与自然或实在形成双向的沟通。在《科学时代的哲学》中，普特南又将自己对心灵哲学的这种崭新看法定义为一种"自由功能主义"的心灵观：

我现在将我自身的立场描述为一种"自由化的功能主义"（Liberalizing Functionalism）。这一立场认为我们对世界的理解将依赖于我们对世界涉入的程度，以及对环境的敏感性，语言的使用并非单纯描述世界，而是我们的心灵对涉入世界能力的一种持续锻炼的过程……但这一切都并非一种人与世界单一的对应关系。①

普特南放弃机械论的功能主义从而拥护一种所谓的"自由功能主义"，其原因既来自理论的技术性层面，更来自元哲学的态度和看法层面。首先需要阐释的是，自由功能主义和机械功能主义都试图将心灵看作一种有机化的整体，从而能够具有一种认识事物的能力，而非单纯地将心灵看作一种物质或非物质的器官。然而，在机械论的功能主义中，普特南仍然求助于一种心灵能够获得的直接所予，只不过这种所予被理解为信号的输入。按照普特南本人的反思，机械论的功能主义仍然只是一种对笛卡尔主义认识论的粗糙唯物化。这种唯物化承认了一种纯粹的知觉输入构成了心灵认识过程的界限和分界。这种分界不仅是固有的，而且是非认知性的，也就是无需我们自身的理解参与。因此，机械论的功能主义仍然假设了某种感觉材料的理论，这种功能主义并不能按照普特南最初的理论意图，可以根据环境的信号输入和内部的黑箱计算从而输出不同的数据。相反，整个过程仍然需要借助某种中介才能得以完成。或者更精确的说，按照这种机械论的功能主义，所谓的输入过程并非是心灵直接获得了来自事物本身的信息，而是仍然承认了一种事物作用于心灵从而产生出的感觉材料，即某种被普特南称为"感质"（qualia）的对象。"感质"便等同于在大脑内部接收外部内容的物理层面，从而分割了心灵内部的物理过程和外部世界本身。如此一来，心灵认识到的事物仍然是对"感质"的知觉而不是对外在于大脑之物的知觉。所谓机械论的功能主义，实际上是通过承认一种机械性的"输入"，从而将外部事物转化为大脑内部的物理对象，或类似感觉材料的"感质"。因此它不仅仍然承认了感觉材料的所予，而且也仍然没有破除内在主义的经验论窠臼。或按照普特南本人在《三重绳索：心灵、身体与世界》中的说法，仍然只是对笛卡尔主义认识论的唯物化：

---

① Hilary Putnam. Philosophy in an Age of Science [C]. Cambridge, Massachusetts: Harvard University Press, 2012: 51-71.

当时我所持的心理功能图景不过是一幅"笛卡尔主义兼唯物论"的图景，根据这幅图景我们必须借助魔法才能触及任何外在输入（也就是被我等同于物理事件的"感质"）的东西……笛卡尔主义兼唯物论的知觉理论，承认了知觉输入是认知过程的外在界限，而任何处于这一界限之外的东西与心理进程的联系都是因果性的，而非认知性的。①②

我们看到，这种不彻底的机械功能主义无法承担一种对心灵的外在化尝试，反而是通过承认一种机械性的输入过程，从而将感觉材料转为了大脑内部的物理性感质。这是普特南在理论的技术性方面必须拒绝机械功能主义的原因。但功能主义的运作方式对普特南的整体哲学图景仍然具有着相当重要的建设性意义。因为它并没有诉诸一种内在的心灵图像或心灵状态一劳永逸地决定外在事物的神秘能力，也没有诉诸某种心灵的意向性与外在事物形成刻板关联对应的神秘作用。换言之，功能主义的理论设计仍然能够较好地服务于普特南外在论的哲学构想，从而使心灵可以持续地涉入周遭的环境，达到对世界或实在的某种双向沟通互动。然而机械功能主义的问题还在于，它不仅仍然需要承认内在知觉对象与外在事物之间的感知分界面，同时还由于将感知理解为自动信号的输入和输出过程，从而将整个心灵缩减为一种自动机器。或者说它仍然求助于一种大脑内部的心灵状态，只不过将这种心灵状态伪装为物理描述的大脑逻辑状态。按照普特南本人的说法，机械论的功能主义仍然是一种粗糙的还原主义，它不再把心灵还原为意向性的承担者，而是将心灵还原为自动机。这种自动机根除了人对自身理性的理解能力和对自主知性的解释，更严重的是，它通过将心灵类比为机械化模型从而使心灵永远处于一种缺乏自我清醒的不自知状态，而无法对其所处的环境进行真正的

---

① 另一方面，如斯特劳森等人坚持认为感知或知觉是一种因果性的概念。认为我们能够拥有经验是因为对象的呈现是一种直接性的常识，而在普特南看来这就是坚持一种无须对感知诉诸解释的因果知觉理论。相关讨论还可见斯特劳森（Peter Strawson）的《感知及其对象》。

② Hilary Putnam. The Threefold Cord: Mind, Body, and World [M]. New York: Columbia University Press, 1999: 35.

综合判断，它能够输出信号，却不知输出信号的意义何在。用康德哲学作为类比，是因为自动机缺乏对统觉的综合统一原则的把握。

因此，在晚期的自然实在论时期，普特南认为功能主义的理论主旨仍然是值得保留的，但需要我们用一种新的"自由功能主义"来描述我们的心灵。自由的功能主义将不再试图把心灵感知的过程还原为意向性的神秘关联或者非意向性的机械模型，而是对心灵涉入实在的功能采取一种自然的态度，即不再认为我们的心灵对环境的持续交互需要任何中介的辅助，也不再认为心灵对自然的开放式交流需要设置任何的分界面。我们的心灵作为一种功能性的有机整体，具有一种与生俱来的涉入世界的能力，从而能够在现实情境中把握到一种对周遭环境的感知。这就是普特南对自由功能主义心灵观的整体描述。我们能够看到，这种心灵观仍然需要以普特南在自然实在论所凭借的某种预设立场作为基础，也就是普特南本人对一种"二次天真"的呼唤。我们需要成为一个深刻的"天真实在论"者，这种天真要求我们承认而不是论证我们能够拥有一个世界。在这里，普特南再度借用了来自斯坦利·卡维尔的论述，对世界的终极感知并非理论能够证明的范畴，而是凭借信仰去承认的领域。① 通过自然实在论，或通过某种深刻的天真，从而相信心灵与世界开放式的双向交互沟通，自由的功能主义不再认为心灵的功能是某种内在于大脑的物理过程；不再强调心灵的功能可以被等同于某种机械的计算能力；当然也拒绝那种神秘的意向性或与外物刻板符合的心灵观。因此，用普特南本人的语言来表达，自由功能主义的心灵观将依靠所谓我们的心灵拥有的长手臂，这种长手臂为心灵赋予的能力使得后者可以突破唯我论的束缚从而直接涉入实在。

普特南对早期机械功能主义心灵观的自我扬弃，是他意识到心灵的作用并非是与环境纯粹形式化的互动，这种互动只是用物理主义的视角来还原心灵；而是持续涉入到整个世界之内，从而是一种与世界在深层次的紧密连通。在普特南看来，自由功能主义的核心关键就是意识到功能不是单纯数学化或物理化的，而是意识化或觉知化的，也即主体必须拥有一种源自其内的

---

① Hilary Putnam. Philosophy in an Age of Science [C]. Cambridge，Massachusetts：Harvard University Press，2012：339.

自我认识和自我清醒。机械功能主义即使能够成功接收环境的信号从而得到一种有效输出，但这一过程只能反映心灵所认知的对象，而不能反映其对自我的认知。也就是说，机械功能主义将永远无法形成对世界真正的全面理解，因为有关自我清醒的意识和认识将永远缺失。在自然实在论时期，普特南实际上已经通过自由功能主义的心灵哲学意识到了这一问题。在他看来，自由功能主义还必须明确什么才是主体真正的功能化能力的问题，也即如何才能获得一种自我清醒，而不是将认知主体还原为某种纯粹物理性的机械。对普特南来说，建构一种直接的外在论心灵观仍然无法保证我们知识的合理性，因为对合理性的判定，乃至所有知识建构过程的裁决者，都是我们自身的统觉。因此，一个缺乏自我清醒的主体将只能理解由自己制造的事物，却无法理解制造本身是否合理，尤其不能为诸种知识提供一种优劣的合法次序。

　　实际上，这里问题的本质仍然是如何为康德认识论中，那个体现先验自我行为方式和智识视野的统觉，提供一种彻底的自我清醒意识。对康德而言，统觉的综合统一仍然与自我清醒的认知人格之间是相互分离的，因此，康德与休谟一样，都无法得到对自我本身的理解，而只是得到了自我的现实化或具象化。对普特南而言，他在这里试图将康德对人类普遍良心的道德教诲，与来自经典实用主义的发展视角相互结合，从而为心灵或认知主体注入一种源于其内部的自我清醒，并希冀从现实的人类生活中演化出自我进步的扬弃动力。在《无本体论的伦理学》中，普特南试图将主体的这样一种自我反思或自我觉察的能力描述为一种"第三次启蒙"。

　　　　启蒙运动的特征……将对正义的寻求与反思超越的实践——保
　　持距离结合起来。实用主义的启蒙重视反思的超越，或者用杜威自
　　己曾经用过的一个表述，对批判的批判。它不仅意指对普遍接受的
　　观念的批判，还指更高层次的批判，"保持距离"批判我们习惯于
　　批判观念的方式，是对我们的批判方式的批判。①

---

① Hilary Putnam. Ethics Without Ontology [M]. Cambridge, Massachusetts: Harvard University Press，2002：86.

在普特南看来，这种自我清醒意识的获得表现为一种反思的超越，即一方面和传统意见保持距离，另一方面和启示的权威保持距离。哲学进而是一种对正义的渴望和一种对批判性思考的渴望之间的相互结合。正是通过这种反思性的超越，主体将获得来自内部的自我清醒，以及持续进步的扬弃动力。在这里，一方面普特南借用了康德的道德哲学资源，即对一种能够普遍化的均质性人类良知的依赖：思维对真理的追求因而就是实践对道德或至善的追求；另一方面普特南也借用了来自杜威的实用主义资源，即把哲学理解为一种"对批判所进行的批判"，从而是在现实的社会实践中不断发展进步的持续性过程。我们看到，普特南对传统实用主义哲学的吸收是多方面的。从皮尔士那里，普特南获得了一种对知识发展的最终状态或者历史状态的洞见；在詹姆斯那里，普特南获得了对感觉经验所包含的概念双重性的认识，尤其是认识到感觉与统觉是相互紧密结合无法分开的范畴；通过杜威，普特南再次认识到自我的统觉并不是康德意义上的那种形式化原则，而是一种在现实的社会实践中不断批判不断反思从而获得动力向前发展的进步过程，这种进步过程同时也是对我们的道德不断完善的自我理解的反映。

第三节　自然实在论的整体图景

一　自然实在论的基本特征

普特南从内在实在论转向自然实在论或直接实在论是其整个哲学生涯中的另一个重大的关键转折。但是，这次转折相比其从早期的科学实在论向内在实在论的转变则显得温和而内敛。我们看到，从科学实在论向中期内在实在论的转换是普特南实在论思想的一次深入的、系统的哲学谱系的更换。这种更换发生在形而上学或本体论的层次，是对过去的那种历史化的主客对立的二元论图景所进行的一次彻底反思。而从内在实在论向自然实在论的转换过程中，应当注意到普特南实际上是通过扬弃内在实在论所包含的理论问题和哲学困难，从而达到了一种直接的或者实用主义的实在论立场。需要再次强调的是，内在实在论的根本性问题是将心灵自身的属性和创造产物理解为世界本身具有的结构和内容。换句话说，内在实在论的根本困难在于一种难以回避的主观主义唯我论：心灵参与到塑造世界本身的过程当中。这种哲学困难产生的原因在于普特南所具有的两种哲学企图的特殊混合。第一种企图是普特南试图改变主客对立的哲学图景，从而要求对自然的理解不能脱离主体自身的视角和概念框架，也就是要求人与世界的紧密结合。第二种企图是普特南反对存在一个超越于人类现实生活或现实世界之外的某种固化的本体领域，从而要求取消康德哲学中那个现象世界与本体世界的二分法。其所造成的结果是，世界本身被完全归属于心灵自身的建构物，本体从而成为了变化中的人类话语构成的历史。

　　自然实在论实际上就是对内在实在论所造成的理论困难进行反思和改善的尝试，而非从根本上抛弃内在实在论要求世界与人紧密结合的立场。其中普特南对在内在实在论中所提倡的绝大多数哲学态度都得到了保留和继承。如对一种概念相对性作用的诠释，这种相对性意味着在语言及其指称对象中并不存在某种绝对的、固定的、自我挑选的对应关联。我们是通过自发的知性，从而对同一事物产生出差异化的概念框架和理论模型。但区别于内在实在论的立场，在自然实在论中世界的存在方式不再由我们所生产的概念框架和理论模型所决定或影响，事物将在某种程度上仍然按照自身的方式存在着，但这种存在并不取消差异化的理论图景对该事物进行理解的有效性。这就是普特南所谓的"概念相对性与实在论之间的兼容"。坚持我们的概念是相对的，与坚持一种实在论的基本立场并无矛盾。其原因在于，正是我们能够对同一事物建立起多元化的理解模式，或者说正是我们的知识在把握事物的真实面貌方面所固有的困难与不充分性，才从根本上证明这些事物并非我们心灵的建构产物。与此同时，这正说明了我们对真实的世界，那个不依赖于心灵却对心灵开放的世界，负有持续对其进行回应的责任。这种责任促使我们不断面对实在进行自发性的理论阐释和解释说明。因此，概念的多元性而不是符合论的真理观，才恰恰导向了一种对实在论的真正拥护。这是我们理解普特南内在实在论与自然实在论中，概念的相对性如何能够与实在论兼容的前后区别：前者导致了对世界的取消，而后者导致了对世界的承认。关键在于一种哲学态度的转变：人类理智的自发性是对实在进行回答的责任，而不是参与塑造实在过程的成分。

　　无论是内在实在论还是自然实在论，实际上都诉诸了一种现代性的视角来看待思维与存在的关系。这种视角将思维理解为一种产生于主体之内的自发性向外界的投射。世界虽然不再是一种对象性的客体，但却仍然保留了一种作为"主体之外"的概念。换句话说，现代思想顽固的主体性问题仍然在自然实在论中被延续了下来。因此，当思维以一种主动的方式向存在投射自身的时候，现代思想就必然无法绕过如下问题的困扰：我们是否真的与外界进行了接触，还是说所谓的投射只是我们创造性地被禁锢在一个观念化的世界中。换句话说，思维是如何突破主体的束缚从而通达外界的？如果外界与我们从根本上是异质的，那么我们就绝无可能理解任何东西；而如果外界与我们是完全同质的，那么我们得到的不过是持续变化的人类语言所形成的历史。在普特南那里，对上述问题的思考转化为对如下问题的解答：感知是如何可能的？我们的经验是否本身就是感知过程的产物？这是普特南从内在实在论转向自然实在论的另一个主要的理论路径。在内在实在论中，普特南正是通过对经验中所包含的概念与内容二分法的取消，或者说对经验中所包含的来自世界的接受性的取消，倒向了一种主观主义的唯我论。

　　可以将普特南对感知问题的更新理解进行如下总结：首先，普特南不再认为我们的感知过程必然需要诉诸某种经验性的中介，无论这种经验性的中介是观念化的产物，还是某种直接所予的感觉材料；其次，对感觉材料的取消促使普特南认为我们的感知过程不再需要一种与外界进行摩擦或交换的分界面，我们的心灵可以直接深入到与实在的双向互动的开放式交流过程中，也即普特南提倡的某种"二次天真"；再次，以此为基础普特南提出了交互主义的心灵观，这种心灵观认为我们的心灵能够拥有一副长手臂，从而可以直接涉入与周围环境的持续互动当中；最后，我们的统觉规定了我们的心灵与实在进行互动过程中的可能方式与视野范围，但我们的统觉并非如康德所定义的那样遵照一种统觉的综合统一原则，而是一种在现实世界中的具体行动方式与处事原则。也即普特南所谓的保持距离的"反思的超越"，或者一种"第三次启蒙"。普特南通过自然实在论的理论建构，从而部分地解决了内在实在论的问题。在前文中，笔者曾试图将内在实在论的困难分为两个层面：认识论的层面与实践论的层面。在认识论中的主要问题是其无法处理经验中的双重性，导致了人类历史与自然本身的混同。在自然实在论中，心灵并非塑造实在，而是与其处在一种持续开放的交流过程当中。心灵通过自主的知性从而不断追问实在的真实面貌，而非通过持续地建构理论而塑造实在。对主客对立图景的驳斥进而就不再导致世界被整体的属人化，而是导向了一种心灵与世界相互连通的开放式关系。在实践论中，内在实在论的问题是作为认知主体的"历史自我"缺乏充分的清醒意识，只是通过重构世界而具现化自身。因此既无法理解自己的动机，也缺乏自我演进的扬弃动力。在自然实在论中，普特南试图通过对经典实用主义哲学的吸收从而为认知主体提供一种来自内部的自我清醒，或者说使主体具有能够把握自身的理解力。方法就是杜威哲学中看待现实的持续批判与反思，时刻与既有观点保持距离从而达到一种自我启蒙的反思式的超越。因此，作为认知主体的自我其自身并非不可认识，而是处于一种不断促进自我清醒的历史过程当中。

综上所述，我们可以将普特南自然实在论的基本特征总结为如下几个方面。

第一，开放的直接性。普特南在自然实在论中所要求的不再是识别我们的理论建构中包含了多少自发性或接受性的成分。他不再关注经验是否能够成为我们与外界进行摩擦的领域，并以此驳斥我们的感知过程必须依靠某种中介。应当去做的是直接理解我们心灵自身拥有的能力。在普特南看来，我们的心灵本身就拥有一种不断涉入现实环境的自由功能，这种功能是我们的心灵与生俱来的能力，从而能够伸出一副"长手臂"直接与实在进行双向开放的互动交流。因此，普特南的自然实在论是一种秉承外在论眼光的直接实在论。

第二，历史的进步性。毫无疑问，在自然实在论中，普特南仍然拒绝接受由康德哲学所引入的那个能够生产必然性秩序的先验自我。普特南仍然反对我们的知识具有一种无法被后世更改的绝对结构，或者我们的知识能够最终形成某种对世界的绝对正确的描述。相反，心灵与环境的不断交互，从而是心灵与自然的持续交流，必定会导致我们的一切知识都处在一个不断得到调整的动态过程当中。同时，我们亦通过某种"反思的超越"获得了在意识层面的自我清醒，也因此拥有了一种扬弃的进步动力。自然实在论依然承认了某种持续发展的历史进步性。

第三，多元的开放性。自然实在论仍然坚持认为我们并非依照单一的方式复写实在。相反，我们对实在的理解同样是多元化的，依然可以对相同事物建立起不同的概念框架和解释模型。而这种对实在的多元化理解，恰恰意味着我们与实在本身的相互连通和相互契合。我们被一种实在在场从而必须解答问题的责任感召，并因此不断向实在发问。这恰恰是对实在并非我们的理论建构物的某种终极的确认。普特南在这里一方面试图通过承认心灵与实在直接连通的缠结性，另一方面又试图强调心灵认识实在所固有的不充分性与不完整性，来确定实在本身超越于我们的意义。普特南实际上在多元论和对实在的终极承认之间建立起了某种深层次的关联。对多元论的强调与实在论的立场最终相互兼容。

二　自然实在论的总体结构

实际上，普特南的理论要旨仍然诉诸于一种历史性：我们对实在的理解必然处在一种时间性的发展过程当中。这才是自然实在论背后所展现的真实意图：我们的心灵能够持续涉入环境从而不断与实在进行开放性的沟通。而我们作为现实生活中的行动者，又不断通过"反思的超越"从而持续获得意识的清醒。因此，心灵对实在的理解实际上是与实在的相伴过程。在理解普特南自然实在论的过程中，我们必须注意到普特南对这一时间性问题的强调。其所达到的终极图景一方面将是一种情境主义，这种情境主义反对我们的历史具有一种超验的、不可更改的原则和结构。我们对任何事情的理解都是面对实际环境形成的交互性认知。但另一方面，所有情境认知的总和又体现了一种心灵面向实在敞开，从而陪伴实在持续演进的过程。

这里的基本要旨可分为两点：第一点，普特南通过承认我们的心灵能够直接涉入实在并能够通过反思而自我演进，从而承认了心灵是一种无法与自然相互分离的领域。作为具有自主知性的心灵本身就处在一种与自然秩序相互融合的纽带中。第二点，普特南承认了世界本身是一种能够持续演进和扩展的开放性总体。换言之，世界不是一个闭合的整体，是一个按照自身规律而永恒不变的客体。世界并不是由固定的独立对象累加的总和，而是不断改变着自身的形态。我们看到，只有真正认识到上述两个关键的方面，才能从根本上理解普特南在自然实在论中所要表达的立场。普特南实际上已经对实在本身形成了某种隐秘的理解，这种理解意味着实在是一种无定型的存在，能够不断地延展和调整自身。也正因如此，心灵与世界双向互动的沟通是一种持续性的过程。这一过程本身在普特南看来似乎是没有尽头的，按照普特南本人的说法，他因此是一位对"进步"之可能性的坚定信仰者。

为了更进一步巩固上述观点，我们需要再次对比普特南与其他哲学理论家在立场上的异同。在这方面，与普特南自然实在论的思想最具有对比性的，仍然是麦克道威尔的哲学。某种程度上，二人都达到了一种后黑格尔主义的视角，都试图弥合理性与自然之间的分裂，从而诉诸人与世界的融合。但是，仍有待阐明的是他们对历史本身的看法。实际上，真正使黑格尔的历史哲学区别于古典哲学的并非理性与自然的分裂，而是由希腊思想所引入的更为根本的哲学区分，即永恒之物与暂存之物的分别。在柏拉图那里，永恒之物与暂存之物，或者说神圣之物与属人之物之间，处于从根本上相互分离的状态。人作为某种暂存之物，能够得到的只是对一种永恒性或神圣性的无尽追求。由于完满的智慧从根本上隶属于永恒或神圣领域，因此对智慧的追求必然是无尽的过程，这在一般意义上就意味着哲学。柏拉图试图运用推论性的逻各斯从而通过哲学对话来接近智慧，但这种接近只是使人对智慧的追求成为可能，而非使人对智慧的获得成为可能。二者之间仍然被柏拉图的神话（mythos）相互隔离。按照黑格尔，为了使人获得一种完满的智慧成为可能，就必须拒绝永恒之物与暂存之物的相互分离。也就是从逻辑上否认希腊哲学对"一"与"多"的理解。"一"不再是一种从根本上超越于"多"，从而保有自身绝对完满的神圣事物。"一"，从关键的意义上讲，就是"多"在数量上的总和。永恒之物与暂存之物因而被同质化，这种同质化体现为人类历史与世界结构的等同。[①]

也就是说，存在并非某种超越于人类话语的领域，而是持续变动的人类话语的集合。在这个意义上讲，存在是历史的总和。又在这种情况下，人类的自发性既是自然又是历史的承担者。自然将自身揭示为并非通过理智直觉获得的事物，而是呈现于人类历史的话语之中。因此，对永恒之物与暂存之

---

① 有关黑格尔哲学、后黑格尔主义对现代思想的一系列显著且重要的影响，还可参考罗森的代表性著作《作为政治的解释学》。

物的分裂进行调和的企图，才是促使现代哲学整体性地转向历史的真正原因。人作为能够重述神圣话语的历史重建者，因而不再有一个异质的、超验的、隐藏的真理或原则与人的话语相互分离。这种转变的最终结果是，现代思想必须证明人类历史的总体对某种神圣性的分有，以及人类历史必须能够在演进中完成自身，也就是必须证明自我的智慧性。这就是普特南的自然实在论诉诸一种直接性与历史性的深层次原因。他必须要求心灵与实在之间能够进行无中介的直接交流，从而分有实在的永恒性；他也必须要求这种交流是持续无中断的，从而使其自身最终获得一种完全的自我清醒。实际上这就是普特南所承认的理智发展的过程：心灵通过其所谓"反思的超越"从而以有限否定的扬弃形式，展现了人类理智在历史中完全显露的过程。这种显露同时也是实在向心灵彻底打开自身的过程。

从这个角度讲，麦克道威尔与普特南实际上是殊途同归的。两者间根本的相似性在于，他们都试图保留一种哲学能够为现实世界负责的责任感。[①]而两者间最初的差异在于，麦克道威尔认为经验本身能够通过呈现一种心灵与世界相互摩擦的状况，来承担这种责任。而在普特南看来，由于麦克道威尔仍然承认这种摩擦是自发性与接受性相互配合的结果，也就是这种配合的方式仍然隐秘地被交由主体的统觉予以保管。因此，我们必须拥有一种彻底的自我清醒来说明这种摩擦为何值得信赖。而这就是麦克道威尔诉诸一种"第二自然"的真正原因。本书曾将麦克道威尔哲学的问题归纳为：没有一种对统觉的说明，最小经验论就无法和所谓露骨的自然主义在结果上相互区别：所有的概念和知识都将是合理的。为了解决这一问题，麦克道威尔必须为主体提供一种自我清醒，使其能够分辨理性与自然相互作用的合理方式，进而规范自身的行为和思想。这就是"第二自然"诞生的理论必然性。

在麦克道威尔看来，"第二自然"是我们通过伦理的教化从而将人类以一种可以理解的方式引领进理智的自发性即理由的空间地带，继而以适当的形态逐渐反映在人类的生活之中。最后作为结果而出现的思想和行为习惯就

---

① 从更技术性的角度讲，麦克道威尔试图用"最小经验论"和"第二自然"在经验和心灵两个方面来保持人与世界的一体化，这种一体化正是普特南晚期思想所强调的那种"缠结"。更进一步的讨论可参考麦克道威尔论文《普特南论心灵与意义》，载于 1992 年 Philosophical Topics.

是"第二自然"。实际上，"第二自然"是对自我清醒的理智和伦理品格的持续塑造，这种塑造将加强人们获得一种实践的理性，从而分辨知识与道德的高低优劣，并最终引领人类走向理智方面的成熟。也就是说，"第二自然"被构想为一种实践理性与伦理美德的交叉领域，根据这一领域主体能够通过持续的自我教化从而对理智的自发性本身负责。也就是麦克道威尔所谓的让自己的眼睛向理由的空间张开。

正是"第二自然"的这张拼图，使麦克道威尔与普特南殊途同归，他们都意识到将理性融入自然的做法最终仍然必须回答有关主体性自身的问题。康德哲学中那个规定着先验自我的行为方式，从而规定着认知主体理智视野的统觉的综合统一原则，分别被普特南转化成与实在相连的心灵所进行的反思式的超越；以及被麦克道威尔转化成与自然相连的伦理美德与实践智性的自我教化。二者都将康德哲学中的先天性与必然性转变成为了一种具体的、现实的演进过程，并试图在这一过程中令主体获得充分的自我清醒。因此，对某种时间性的历史发展和人类智慧的最终成熟的诉求，构成了二者思想的趋同和相似。

但是一个重要的区别在于，麦克道威尔承诺了一种历史的完成，即"第二自然"的最终成熟。"第二自然"联系着人既是"一般动物"又是"理性动物"的观念。作为伦理美德与实践智性的教化空间从而容纳了真实的自然与自发的理智，并使二者能够得到合理的融合与互动。因此"第二自然"的成熟标志着人类集体在智慧上的完满，这种完满按照麦克道威尔的说法，实际上是理性与自然这对基本矛盾达到相互和解的历史过程。但在普特南那里，我们能够找到的只有一种对历史性的持续进步的诉求，即通过"反思的超越"从而不断与现有的一般意见形成保持距离的批判性思考，继而持续地通过否定现状达到自我扬弃。但是普特南并没有对这种持续进步所能达到的最终状态做出任何描述，尤其是他没有对我们的心灵面向实在开放并伴随后者不断演进所能达到的最终结果做出任何阐释。普特南的自然实在论强调的是对进步可能性本身的信仰。我们的语言、文化和知识乃是伴随开放性的世界一同延展自身的。在这里我们再次看到普特南思想的根本特点，即他将世界理解为一种持续扩展的、非封闭的、无定型的实在。①

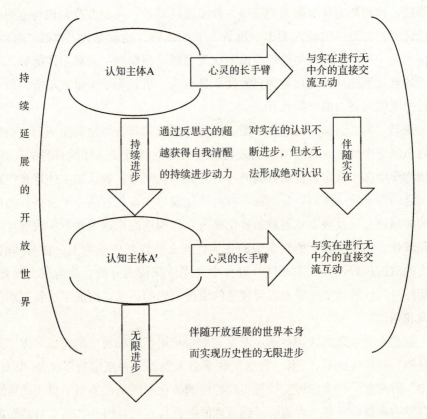

图 5.1　普特南后期自然实在论的总体结构

我们可以最后将普特南自然实在论的整体图景和总体结构描绘如图 5.1。从图的总体结构中，可以把握到普特南自然实在论的几个根本性的特点。第一是认知主体通过心灵的长手臂而直接与实在进行无中介的持续交流。第二是通过这种交流主体得以开展自我启蒙，即反思式的自我超越，从而获得自我清醒的进步动力。第三是这种交流和进步均是没有尽头的无限过程：我们无法彻底认识实在的全貌，但却伴随实在持续向我们敞开。第四是世界本身

---

① 有关普特南如何强调一种不定型的、延展中的世界，并反对有关世界的"绝对观念"，还可参考普特南与当代著名哲学家伯纳德·威廉斯（Bernard Williams）的一系列观点交换。其中最具有价值的是威廉斯的专文《作为人文学科的哲学》。普特南对此的回应载于《自然主义、实在论与规范性》，2016。

也并非某种固化的总体，而是持续延展自身的开放的、不定型的世界。因此，普特南的自然实在论通过诉诸心灵与实在的直接沟通，从而促使心灵能够伴随延展的世界自身实现不断进步。这一过程从某种程度上讲是没有尽头的。我们可以说普特南在这里是把对世界的根本承认与对进步的坚定信仰通过自然实在论而结合了起来。

第六章 普特南实在论的多重面孔

在本章中，笔者将全面总结普特南实在论发展与思想转换的内在线索，并试图为其思想的总体脉络提供一种根本性的说明，也就是指出普特南实在论变化发展的深层动力。在本章的第一部分，将继承前文有关自然实在论的内容，并对其包含的理论问题进行分析，以判明普特南最终的哲学思想所埋藏的困难。在第二部分中，将根据普特南诸实在论的主要特点，挖掘其思想气质的统一性，以及推动其实在论发生变化的那种恒常的因素。在最后部分中，将试图总结普特南在其诸种实在论转换的思想脉络中埋藏的深刻线索，这一线索初步被笔者认定为普特南本人所具备的某种"历史意识"。最终的争论似乎落脚于世界作为科学研究的对象，究竟是一种可以理解的稳定总体，还是一种持续被塑造以至永远也无法理解的神秘。

第一节 普特南实在论的整体局限

一 自然实在论的自我矛盾

通过对普特南实在论思想的一系列阐释和把握，我们最终从其早期的科学实在论走到了其理论上的思想终点，即自然实在论或所谓直接实在论。在对普特南整体思想的发展变化及其内在的机理线索进行挖掘和总结之前，我们仍然需要对普特南最终所达到的哲学图景进行必要的评价和分析。需要说明的是，普特南本人经常承认其思想所存在的问题与包含的困难，并不断试图做出理论方面的改进。但普特南没能对自然实在论或直接实在论进行更进一步的反思或探讨，就令人惋惜地结束了自己的哲学生涯。因此，笔者将完全借助于自身的哲学的眼光，而非普特南本人的自我批判，来处理有关其自然实在论或直接实在论可能存在的问题。这就意味着，是否能够独立地、公正地评判普特南在哲学生涯的终点所展现出的思想图景，构成了对自然实在论进行总结的内在困难。但就如普特南本人乐于宣称的那样，一切事物都存在着通过犯错从而得到进步的可能性。自然实在论也同样不是完美无缺的。

笔者认为，普特南自然实在论存在的最严重问题就是它必须以一个未经判明的哲学前提作为基础，自身的成立才是可能的。这个基础就是普特南始终在强调的作为直接性的交互功能主义：我们的心灵具有一副可以直接伸入实在之中的长手臂。换句话说，普特南自然实在论以心灵对实在所进行的直接交流作为自身的基础，我们的心灵可以跨过种种认知的或经验的障碍，从而达到对实在的直接认识。然而，问题的关键就在于普特南的这一立场并非是自明的，或者说我们并无法通过理性的论证来推演出这一立场的合法性。自然实在论所强调的自然主义或所谓"二次天真"，即相信心灵可以直接与实在连通，本身反倒成为了自然实在论最薄弱的理论环节。普特南本人在其哲学生涯的后期不断强调这样的"事实"：我们作为一个有机的整体持续涉入周围的环境之中，心灵或经验并非横亘在我们与世界之间的屏障，而是二者之间进行无中介沟通的桥梁。然而问题的关键在于，除非我们预先将这一立场接受为颠扑不破的基础，否则我们就无法相信心灵与世界之间的直接沟通就真的是可能的。对普特南的自然实在论而言，它缺乏一种理性的论证，来促使我们相信这种直接的实在论是真实的；相反它要求我们先通过一种缺乏根据的激情，预先接受自然实在论所预设的立场。

自然实在论或直接实在论更进一步的理论性问题还包括，普特南如何在这种实在论中解决由麦克道威尔提出的那个基本问题，即我们该如何处理自发性与接受性之间的差异？在麦克道威尔看来，我们不应该承认自发性与接受性之间毫无区别，这种做法粗暴地将自发性全部理解为来自自然的产物，进而失去了我们的认识自主性。同时我们也不应该只重视自发性而忽视接受性，这使我们无法为思想找到一种来自世界本身的限制。然而在普特南自然实在论那里，心灵自身拥有的长手臂就意味着普特南仍然将从事思考理解为一种心灵自发的行为，仍然是一种心灵向外界扩展自身的过程。但是在他看来，这种扩展却并非覆盖了真实的自然，而是延伸到了实在之中，与实在进行着直接的沟通。那么我们必须询问这样的问题：第一，如果我们的心灵真的是从自身向外延伸的长手臂，那么就意味着我们拥有理性的自发性和认识的自主性。但是我们因此就有理由去说，心灵是否真的在与实在进行无中介的沟通，这一主动权将完全掌握在我们自己的手中。向外延伸长手臂的心灵同样也可以将长手臂伸入其他人的心灵中，这就达到了塞拉斯、戴维森、罗蒂或布兰顿的立场：我们能够得到的只是主体间性的话语解释。第二，如果我们的心灵真的搭建到了实在中，或者说深入到了实在之内，那么我们所形成的所有认识，都必然将会是实在想要主动传达给我们的内容。而这又将完全压制我们自身的理性自主性，心灵伸出的长手臂复又不再是属于自身的长手臂。简而言之，普特南自然实在论或直接实在论的问题在于他仍然没能处理现代思想的那个顽固的"主体性"，仍然把认识理解为一种自发性，因此就无法安顿自发性与接受性之间的关系问题。总之，普特南在这里实际上仍然重复了康德的自我矛盾：实在既是又不是我们心灵的建构。

不仅如此，普特南的自然实在论或直接实在论还包含着更严重的哲学困难。按照普特南本人的说法，我们理解事物的过程就是我们的心灵与环境或情境持续交互的过程，这种交互能够令我们的心灵涉入实在的内部。总之，自然实在论所凭借的关键基础就是认为我们的心灵某种程度上与实在是直接连通的，也就是心灵与实在的一元论。但是按照这种看法，我们自身却仍然无法分辨这种与实在相连通的心灵所形成的认识。换句话说，正是因为心灵与实在之间的直接等同，使我们缺乏来自其他维度的判断标准来衡量知识的真伪优劣。我们所形成的一切知识都将是合理可取的，因为它们都是心灵与实在进行直接沟通的结果。而如果我们自身想要对所拥有的知识进行高低好坏的判断，就必须依靠来自这种心灵之外的标准。但根据直接实在论那将是不可能的，因为心灵获得的全部内容已然来自实在本身，除此之外再无标准。在这里普特南实际上仍然与麦克道威尔一样，需要处理如何评价主体与客体之间的关系问题。即使我们宣称主体可以直接深入到客体，或者能够通过经验与客体发生摩擦，但这种深入或摩擦本身又都需要来自主体自身的评价和判断，否则二者仍然缺乏存在的意义。普特南在这里实际上又重复了康德哲学的二律背反：想要理解或塑造世界的主体实际上无法形成对自身的认识。

纵观普特南实在论思想一系列的发展变化，我们甚至可以说普特南的自然实在论走到当下的局面是某种深层的必然。这种深层的必然是普特南两大重要立场之间相互矛盾的结果，即一方面他反对在我们的世界之内有一种神秘性的本质或固化的形而上学，另一方面他又主张我们能够达到一种对世界实在层面的认识。因此，无论普特南怎样主张要从现实性的实际生活出发来理解世界，无论其本人怎样试图维护现代启蒙理性所形成的祛魅化的世界，这种实在论的哲学都必然需要寻求在现象背后的某种超越的部分。而正是普特南思想中所保有的这种根本矛盾，使他无法分辨实在与作为环境、现象的世界在哲学层面上的不同。自然实在论主张心灵能够涉入环境从而通达实在，这就模糊了不同层次之间的根本差别。换言之，普特南一方面以祛魅的启蒙理性理解世界，一方面又以对世界本质进行探寻的实在论作为自身立场。这就促使普特南直接削去了在主体与客体，或者心灵与世界之间的那个深层次的第三方，即黑格尔所谓的绝对精神。对黑格尔来说，主体与客体之间是一种以差异为基础的同一，一种对立的统一状态。而这种状态之所以可能，乃在于绝对精神通过自我扬弃的内在运动不断分化自身的结果。[①] 对普特南而言，只存在着两个端点，即心灵与世界（实在）。绝对精神被视为神秘的、非现实的蒙昧因素而遭到抹除。主体与客体之间的联系失去了深层次的根本保证。因此对普特南而言，从内在实在论到自然实在论只是他本人的思想在两个端点之间进行摇摆的过程。对内在实在论而言，世界全部是心灵自身的产物，客体反过来成为了主体的一部分；而对自然实在论来说，心灵与世界是直接的等同，主体与客体都同时既是主体又是客体。

二　进步主义与虚无主义

上一节试图对普特南哲学思想的终点，即自然实在论或直接实在论所存在的理论困难进行探讨和整理。总结来看，在表面的层次上，普特南自然实在论存在的最大问题就是它必须以一种未经辨明的教条作为理论的基础，即心灵与世界之间的直接等同。按照普特南本人的表达方法，即心灵可通过伸

---

① Stanley Rosen. The Idea of Hegel's "Science of Logic" ［M］. Chicago & London：University of Chicago Press，2013：10.

出长手臂从而与实在进行无中介的沟通。这一表面层次上的问题进而引发了两个重要的理论困难。第一个困难在于，如果心灵真的与世界之间是直接的等同，那么自发性与接受性就难以找到一种合理的互动方式。或者说我们不知道自发性何以能够引领我们通达实在，而不是通达主体间性或纯粹的虚假。现代思想主体性的顽疾仍然没有得到解决。第二个困难在于，既然心灵与世界之间是直接等同的，那么我们所有的认识都缺乏来自二者之外的维度去予以评判。如果所有心灵形成的认识都是与实在相互沟通的结果，那么我们就无法避免这样的结论：一切既有的认识都是真实的；一切既有的理解都是正确的；一切既有的现实都是合法的。现代思想的另一个顽疾同样没有得到解决，按照黑格尔的表达方式就是：作为纯粹行动的主体是缺乏智慧的。在本研究看来，上述的"一个教条"和"两个矛盾"是普特南自然实在论最重要的根本问题，也在某种程度上标识了普特南本人的哲学终点。根据本研究的分析，造成这种问题的根本原因在于普特南意欲结合两种截然相悖的思想倾向。一方面，普特南反对一切蒙昧主义的哲学倾向，从而主张一种启蒙理性的祛魅化唯物世界观。而另一方面，普特南又试图强调对世界进行实在层面的认识，这种倾向必然就促使他拒绝停留在一种现象主义或经验主义的层面上，进而挖掘世界的真实面貌。两相结合的结果是，普特南取消了在心灵与世界之外的第三层次，即作为绝对精神的深层维度。心灵与世界共同失去了源头的保证，致使普特南必然只能认为心灵与世界是一种直接等同，心灵可以运用长手臂涉入环境从而与实在进行沟通。在这里，由于缺乏深层的维度，普特南又模糊了现象与实在之间的区别。

这就是本书对普特南自然实在论根本问题的大体总结。在这个意义上，笔者认为普特南从内在实在论向自然实在论的过渡，从本质上讲是对费希特哲学到谢林哲学的再次重述，只不过略去了二者共有的"绝对观念论"维度。对费希特而言，他将康德的感觉刺激，或者所谓接受性共同整合进主体性之中，绑定为"绝对自我"。但是，作为单纯自由和行动的绝对自我不能理解它自身，而只是经历了显露或展现自我的过程。因此费希特无法从绝对自我中确认世界的存在，难以再度寻回客观性。而普特南又在内在实在论中将费希特的绝对自我祛魅化，其结果必然是主观的唯我论。按照普特南本人的说法，内在实在论将世界完全理解为自发性理论或认知性观念的负载物，这就促使我们认为是主体自身塑造了全部的世界。谢林能够超越费希特的地方是他意识到必须在主体中重新发现客体，因此主体与客体都应同时既是主体又是客体。"绝对"是主体与客体之间的中立点或平衡点，主体性与客体性本身靠"绝对"的偏向性而定。但正是在这个意义上，谢林的"绝对"作为一种中立点或平衡点是无法也不能够被定义的。主体与客体因此是一种绝对的同一，这种同一最终抹掉了试图区分并理解二者的所有努力。按照黑格尔本人的说法，谢林的"绝对"就是这样一种状态："在夜晚中所有的奶牛都是黑色的。"① 换言之，谢林的"绝对"无法与"怎么都行"的虚无主义相互区分。而对普特南的自然实在论来讲，他再次去掉了谢林哲学中的"绝对"层面，或者说对其思想进行了祛魅化。其结果是主体与客体是一种直接的等同，我们的全部认识已然来自实在，因而无法再对其做任何评判。所有认识都将是合法的，因为它们即都源于心灵，又都源于世界。心灵与世界的直接等同使普特南的哲学终点仍然难以与虚无主义相互区别。

总之，普特南的实在论思想在整体的理论上仍然被下述两个"康德难题"所困扰：第一，康德没能够成功解释受主体的自发性塑造的外界是如何反过来给予主体本身以接受性的。也就是说，一种由主体自身参与甚至支配的感觉刺激是如何可能的？康德是通过承认一种先天认识来结合自发性与接受性的相互作用。即理性能够通过所谓"先验自我"，为现象世界提供必然性的结构。"先验自我"并非费希特哲学中作为纯粹主体性的"绝对自我"，而是自发的理性提供出必然性所凭借的先天逻辑条件和形式原则。这就引出了康德哲学的第二个难题：如何能够从先验自我达到一种统觉的综合统一，即指导主体进行认识与实践的绝对智性原则。根据这种原则，主体不仅可以评判自发性与接受性之间的作用方式，从而明确知识本身的高下优劣，更能够在重构世界的同时完全理解自身的动机和本性。简而言之，从先验自我如何得到完全的智慧仍然是不确定的。康德在关键之处与休谟一样，承认了作为行动者的人格和作为自我清醒的人格间的相互分离。

普特南的实在论同样面临着上述困难。而为了解决这种危机，普特南实际上依靠的是他本人的历史意识。在内在实在论时期，普特南试图强调所有

---

① 黑格尔. 精神现象学 [M]. 王诚，曾琼，译. 北京：中国社会科学出版社，2007：10.

的知识本身都需要依附于种种属人的认知价值，而价值本身又隶属于一种全面的人类道德伦理的谱系。因此，合理的可接受性最终是人类伦理、审美、价值和道德的集合，是我们共同的兴趣、目的与实现手段之间的统一。在这里，普特南实际上承认了知识的形成和判断标准都需要依赖我们自身。而唯一能够使我们获得这种自我理解与自我清醒的，是普特南相信的理想化的道德进步过程。也就是说，普特南试图为主体注入一种内生的绝对智性的方法是诉诸历史发展的持续性，相信我们总能延续这种理智进步的过程。内在实在论的路线可表述为：外部世界本身是主体的观念化产物，主体通过道德与理智的持续进步从而对作为观念化产物的世界负责。其问题在于，我们如何能够获得一种源自内部的进步动力？在自然实在论中，普特南基本上延续了这种哲学图景。虽然他极力强调心灵与世界是直接相连的，但为了避免本书上节中所阐释的问题，即主体与客体的直接等同导致无法或无须再进行任何认识的问题，普特南仍然试图说明判断知识的标准来源于我们自身所拥有的道德和理智：自然实在论不能脱离于我们对自我的理解和认识。但与内在实在论不同的是，普特南在这里试图说明我们如何能够获得一种道德和理智持续进步的动力。即他所谓的通过"保持距离的反思式超越"，或借助杜威等经典实用主义者的"对批判的批判"从而通过不断自我启蒙的方法而获得内在动力，以达到持续的进步。普特南促进康德哲学从先验自我到智慧的过度方法，全部来源于对一种持续进步的根本信仰。

　　然而这里的问题仍然在于，普特南削去了那个统领着心灵与世界、作为主体与客体共同基础的深层领域，黑格尔所谓的"绝对精神"层面被普特南以现代哲学的祛魅思想略去了。根据黑格尔，自我所进行的扬弃式反思是精神通过人的思维活动从而具象化自身的过程。人通过理解自己从而理解世界之内的精神，而精神又通过辩证的否定活动为人进行反思提供内在的保证和动力。因此，人的现实历史亦是精神向绝对发展的过程，这种过程又通过本体层面"一"与"多"之间的辩证逻辑从而整合了表面的主体与客体，并最终达到对整体的完全把握，也就是黑格尔所谓的绝对精神的完全显现与人类历史的完成。对比普特南，由于在他的实在论中不再存在一个位于表面之下的深层维度，没有精神的现象学也没有本体的逻辑学。因此，普特南所谓的"保持距离的反思式超越"只能具有一种方法论的地位，而缺乏任何内在的保障。我们必须去问，这种保持距离的批判如何真的能够促使人类在理智与道德方面进步？而由于所有反思的过程都只是主体单纯的自发性思维，我们又缺乏必要的外部判定标准来纠正我们进步的方向并揭示进步的可能性。总而言之，自然实在论必须将对进步本身的期待转化为自己新的信仰。它必须相信我们确实能够通过一种历史性的持续过程获得在理智和道德方面的不断进步——即使作为纯粹自发性的思维自身都没有能力确认这种进步的可能性和方向。在本研究看来，普特南的哲学最终仍然没有逃过尼采对现代思想结局的根本判断：用各种伪装起来的进步主义来标榜彻底没有希望的虚无主义。

三　自然与科学的复杂关系

需要说明的是，普特南持有的视角本身就是一种后黑格尔主义，即不再把存在理解为一种直接呈现的"整体"，而是理解为持续生成或变动的过程。因此，普特南解决康德困难的全部方法就是诉诸流变的历史，或者说诉诸理智与道德进步的可能性。对康德而言，先验自我仍然缺乏对自身的理解，理性只能理解出于其自身的规划而生产出来的事物。理性的上限是注定的二律背反，这种矛盾规定了人类认识的限度。在二律背反之下，人类认识在知性的层次上保存了自由。康德的意图是调和现象世界的必然性和人类灵魂的自由，这种调和终结于对作为既是有限又是无限的世界，既是又不是我们的创造——这样一种自相抵触的结论。康德最终无法解决知性与理性之间的矛盾，因此既无法形成对整体的全部认识，亦无法形成对人自身的理解。

黑格尔对康德的批判在于，后者没有看到理性认识的上限，即二律背反正是理性通过纯粹的否定性活动扬弃自身的过程。在黑格尔那里，康德的失败恰恰揭示了理性思考是一种具有内在动力的辩证活动。自我反驳的理性就将通过动态的发展过程最终展现整体的全部结构。我们因此得以克服主体的私人性，或者我们思维的主观性。因为理性的这种辩证的演化过程就将康德的先验自我转化为一种有关主体性的第一原则：主体本身是精神的外在体现，而精神将各自保存主体与客体之间的统一性和差异性。因此，黑格尔的必然意欲是那个历史的完成状态，也就是理性的辩证运动演化的终点：作为绝对精神的完全显现。也即暂时性的生成与永恒性的整体达到的相互一致。

在历史的终点，人作为精神的外化获得了完全的智慧，或者说他最终理解了"整体"。对于普特南所持有的后黑格尔主义的视角而言，他用对现实生活的持续反思或批判代替了精神自我扬弃的辩证运动，这是当代实用主义对黑格尔哲学吸收并加以改造的结果。同时，普特南又必须拒斥历史的完成，并以历史的无限延续取而代之：我们得到的永远是延展着的世界。我们也不可能获得一种完全的智慧，而只能是对这种智慧的源头——"实在"保持无限的开放。这就是普特南自然实在论或直接实在论所强调的那种实在对心灵敞开的全部哲学意蕴。

总结来看，普特南从最初的科学实在论开始，到最后的自然实在论为止，实际上完成了黑格尔所谓的对主体与客体相互分离的克服这种哲学任务的一个循环。并充分强调历史意识能够承担这种克服的任务：我们"相信"通过对现实的持续反思可以获得一种自我的清醒，并因此产生无限进步的过程。这种过程能够令我们的理智和道德得到充分发展，并在无限遥远的历史尽头期待实在向心灵完全敞开自身。然而，由于普特南抹除了在主体与客体之外的深层维度，使其哲学缺乏能够令心灵与实在保持对立统一的源头和保证，两者之间是一种单纯的直接等同。因此普特南的实在论最终是一种祛魅化的谢林哲学：进步主义难以与虚无主义相互区分。

现在我们需要在上述阐释的基础上理解如下问题：普特南是怎样处理自己的实在论哲学与现代科学的关系的？毫无疑问的是，普特南反对为世界做出任何精神性的解释是他将古典德国哲学予以祛魅化的关键原因。而这种做法的最主要源头就来自他本人对世界所秉承的科学唯物论的立场：普特南是以现代启蒙理性的视角来开启自己的哲学生涯的。从这种意义上讲，普特南的实在论思想在根本上无法脱离对现代科学与自然的理解。在早期的科学实在论时期，普特南实际上致力于形成下述观点：现代科学能够为我们揭示世界的真正面貌。现代科学所形成的理论是对世界在本质层面的描述，而一种成熟的现代科学将展现世界的全部内容。即博依德的经典科学实在论立场：完成的科学将典型地指称实在。在这里，我们看到普特南从其理论伊始就求助于那种突出的历史意识：现代科学必须处于不断进步的过程当中，必须能够有朝向一种成熟状态发展自身的可能。为了达到上述目的，普特南历史主义的科学实在论实际上依靠了一种积累式的科学发展模式。其早期科学实在论思想所提出的经典理论：如语言的所指决定了意义，指称与意义的固定是一种基于现实活动的社会劳动分工，二者在不同时空和历史背景下的传导又依据指称的因果链理论。现在我们看到，普特南在早期做出的所有理论方面的努力，都是为了形成下述立场：科学对同一事物，因此对同一世界的理解可以是发展变化的，而这种不同发展状态下的各独立部分又是能够相互联系起来的。通过知识的不断传导和累加，最终能够形成一种理想化的成熟科学整体。完成了的科学将通过自身统一的面貌从而指称实在的总体。

普特南早期的科学实在论表现为一种不充分的历史主义。虽然普特南致力于通过外化的语义学，即不变的指称决定了持续变化中的意义这样一种立场，来反对固定在头脑内部的种种观念一劳永逸地决定了外在的事物这种固化的认识论。但普特南积累模式的科学实在论同样需要依靠下述的重要前提：世界本身是一种固定不变的总体，可以被不同时空条件下的科学理论规整地拆解为数个单独的组成部分。同时普特南的科学实在论还附加了下述未经辨明的前提：我们是以一种旁观者的视角来认识一个对象性的世界，因此科学的最终目标是对世界一劳永逸的判明。而我们作为旁观者将游离于世界之外，自身并不处在科学的认识范围之内。简而言之，科学理论与世界之间是一种符合的对应关系。因此，普特南的科学实在论实际上建立在如下三大预设之上：第一，我们与实在是相互疏离的；第二，理论可以单独地分割世界；第三，作为对象性的世界具有不变的总体，这一总体将是独立的各部分的简单拼合。

总之，普特南早期的科学实在论思想虽然试图用历史主义和科学发展的最终状态来对抗"固化"的哲学观念，但是他无法解决下述问题：这种由完成了的现代科学所揭示的自然并非真实的自然。相反，它恰恰依附于一种预先形成的哲学图景之上，这种哲学图景反过来为揭示自然的现代科学规定了它自身的视野。也就是说，科学实在论所揭示的实在，在终极的意义上，乃是一种理论的建构物，一种基于观念的推论。在内在实在论时期，普特南对下述两种问题进行了反思：第一，即使是在同样的时空条件和历史背景下，对同一事物的认识也完全是差异化的。不可能形成对世界的一种绝对认识；相反，对任何事物的理解都将基于不同个体观念化的概念框架和解释模型。换言之，理论不可能独立地分割世界的某一部分，知识并非朝向整体的各部分积累，而是针对同一部分的差异化增殖。第二，如果所有认识都依附于我们自身的观念，或者说依附于种种属人的价值，那么世界就不再是一种与人疏离的客观对象，而是被内化为我们自身的观念。真理并非是与对象性世界的符合，相反是一种认知性的属人概念。此处我们可以进行如下正反两方面的总结。从积极的角度讲，普特南意识到了早期的科学实在论所依附的理论前提，并试图对这一前提本身做出剖析：他拒绝那个与人相疏离的对象性、固化的世界，拒绝科学的最终目的是以旁观者的视角对世界做出一劳永逸的把握。从消极的角度讲，普特南虽然意识到科学实在论所理解的自然是一种观念化的产物，但只是对这种"观念"本身做出了否定性的判决，却没有试图彻底否定"世界的观念化"。相反，他通过内在实在论推进了这一进程：世界被彻底带上了人类面具的枷锁。在这里，科学已经不再可能是对世界理论积累式的最终判明，而是理论自身膨胀式的增殖。

普特南晚期的自然实在论或直接实在论即是对上述问题的又一次系统性纠偏，他洞察到自然的观念化实际上是一种严重的危机：即它无法与主观主义的唯我论相互区别。世界全部内化为人自身的理论产物，就意味着我们失去了世界本身。简单来讲，这里的问题可以总结如下：世界究竟与我们是同质的还是异质的？如果是同质的，那么我们如何区分真实的现象与我们自身的创造性建构？而如果是异质的，那么我们又如何可能理解完全与我们相隔阂的世界？自然实在论所要达到的基本目的就是调和上述两个难以解决的纠纷，或者说它想要维持下述局面：我们应当既可以理解自然，又不至于取代它。普特南所采取的手段就是倡导心灵与世界是一种直接的相通，二者处在双向开放的沟通过程当中。从这个意义上讲，自然实在论的"自然"二字意味着心灵与实在之间是没有隔阂的。我们可以信任我们直接从常识世界中得到的一切认识，因为所有这些认识都已然来自实在本身。普特南通过自然实在论试图回归到一种非观念化的，被直接呈现的自然，或者一种生活世界下的现实情境。然而这种回归本身却仍以一种理论化的哲学立场作为基础：心灵与实在无中介的直接等同。在普特南的最终立场中，科学既不是一种发现"客观世界"的事业，也不是将人类观念或意志加诸世界之上的手段，而是人通过现实生活从而涉入实在之中，崇敬实在，并与实在持续共生的无止境的过程。

第二节　普特南实在论的思想全景

一　回归日常与走向深层

在上述章节中，笔者试图为普特南的实在论思想在全景的层面上进行总结和阐释。这种阐释是否定性和批判性的，即试图挖掘普特南整体的哲学事业及其最终图景所存在的根本问题和内在困难。在本章节中，笔者试图更多地以积极的角度梳理并肯定普特南实在论的整体思想脉络，挖掘其各种实在论演变的深层共通性，以期形成对普特南哲学正面与反面相互结合的最终考察。

如果我们试图对普特南思想在全景层面上的问题，或者最综合意义上的困难进行总结的话，其思想的矛盾可以简要表述如下：一方面，普特南试图发现一种可理解的自然，一种祛魅化的、以现实生活为根据的自然。但另一方面，普特南又无法摆脱对自然进行实在层面的探索和认识，这种认识又总以穿透日常生活进入实在的深层作为自身特征。对上述矛盾而言，普特南本人的历史意识起到了关键的作用：人类的言辞与行为所构成的历史，及其外在表现、变化过程、发展或进步的可能性，在普特南那里成为了沟通人与实在的中介。在早期的科学实在论中，普特南就倡导我们对世界的科学认识实际上无法与种种社会现实群体之间的合作与互动相互区分，也就是说科学不能与人类生活表层的社会劳动分工脱离开来。在晚期的自然实在论中，普特南已经明显试图摆脱种种观念化的世界，从而回归到一种对直接呈现的世界的真实理解，或者说回归到常识下的生活世界中来。然而正如本研究在前文中所阐释的那样，普特南这种调和表面与深层的做法与其说是一种哲学努力，不如说是一种摇摆不定的困境。这种困境表现在：普特南一方面试图以一种启蒙理性的视角看待世界，一方面又亲身感受到这种视角在哲学层面的无力和不充分。普特南因此摇摆在对世界的祛魅和返魅之间，这种摇摆的一个表面的结果是，现代科学要么被理解为一种由人类社会群体的语言与实践构成的约定性活动，要么被视为需要由一种有关现实生活的科学所取代，后者将通往心灵对实在的直接交流与互动。

　　普特南这种在表面与深层，或在日常与实在之间摇摆不定的哲学态度也体现了想要完整把握普特南的思想是非常困难的，但是我们可以通过强调普特南思想的主要脉络来突出其实在论的关键之处。本研究所抓住的根本线索是普特南所具有的历史意识。而从结果上我们也可以看到，历史意识在普特南的全部实在论中扮演了最为关键的角色，至少它统领了下述几个普特南哲学中的重要问题：第一，我们想要认识实在，或者说认识世界本质的所有努力，是否只是我们自身语言和行动的集合？或者说只是我们现实生活持续流变的历史？第二，我们是否能够直接得到一种不受人类历史所侵染的表面，以作为进入到世界深层的入口？还是说所谓的表面已经是人类历史的构成物，一种理论化、观念化和受种种语言和实践所支配的属人世界？第三，我们是否能够将存在理解为一种过程，因而可以将对存在的认识也同样理解为一种过程，以期待通过历史的无尽延续，存在终将向我们完全展露自身？还是说我们能够得到的只是没有任何目的的持续生成与湮灭，这种不断的变化将为我们彻底掩盖通往一种永恒秩序与圆满的可能性。

　　在这里，笔者相信普特南所选择的方式最终可以认定为如下路径：人类语言和行动所持续形成的历史，一方面构成了日常生活的表面，另一方面又是深层实在的显现。也就是说，我们确实无法得到一种完全不受人类历史所侵染的本真世界，无论这种世界是胡塞尔意义上作为原初真实、唯一被给予的生活世界，还是现代分析哲学所批判的那种纯粹的所予或直接的、赤裸的接受性。但是在普特南那里，我们无法得到这种本真的自然并不意味着我们失去了世界。恰恰相反，正是人类的语言和行动本身，或者说人类实践所构成的历史本身，就是世界在最深层次的自我展现，是其通过人的思想和行动从而体现在表面的结果。因此，人类历史既构成了日常的表面，却又超越了纯粹的表面。我们的确无法获得一种理论无涉的、前理论的世界，而只能拥有一种已然被人类历史所支配的属人世界。但这正是因为人类历史本身就是世界在本质或实在层面的自我展现：人通过创造历史从而回归了世界之内。我们看到，这种历史意识所构成的思想脉络真正渗透到了普特南实在论从头至尾的全部过程。在早期的科学实在论中，普特南提出科学理论对实在的指称需要依靠语言的社会劳动分工。这并非单纯地试图说明一种语言学的基本现象，而是在试图强调研究实在的科学并不能也不应该与人类的日常社会生活相互区分。这种立场也只有以如下的方式才能理解其全部的哲学内涵：人类的现实生活乃是实在的显现。历史既是表面的，又是深层的。而在后面的内在实在论与自然实在论中，只要我们将考察的视角稍作转换就能意识到，实际上普特南所要阐释的立场就是人类的语言和行动，或者人类的思想和实践所构成的历史，与实在自身或实在的自我显现之间，具有本质上的一致性和相似性。正因如此，我们才能够通过"语言的社会劳动分工从而理解实在"，才能够通过"观念化的认知概念模式和解释模型而理解实在"，才能够通过"持续与环境互动从而涉入到实在之中"。

实际上在这里，普特南是用他本人的哲学语言，试图表达一种祛魅化的黑格尔哲学的基本立场：即人的理性是"精神"自我运动的外化展现，人的思想和实践所构成的历史是绝对精神显露自身的过程。因此人的语言和实践就是世界的自我创造，而人又通过创造自己的历史从而克服了与世界的分裂，或者说回归到了世界之中。在这里我们只能说，普特南所具有的那种现代科学的启蒙视角，使他在表达上述意图时显得格外费力。

二　多元主义与反本质主义

前文总结性地阐释了普特南具有的历史意识对其实在论思想的根本影响。基本性的张力在于表面和深层的关系问题，即我们自身的思想和实践所构成的历史究竟是取代了自然的直接呈现，还是发现了自然的深层本质？换句话说，我们所从事的认识世界的活动，即广泛意义上的科学事业，究竟是用属于人自身的语言和行动取代了世界，还是通达了世界？而普特南历史意识的特殊性正在于，他一方面要求一切认识活动都应该是对世界自身的认识，是对世界具有的深层本质的某种发现；另一方面，他又强调所有认识都不能脱离我们人本身具有的视角，尤其不能脱离个体自发的知性观念。这种张力相互综合的结果是，我们将必然得出如下结论：普特南实际上在主张由我们自身所构成的历史，或者说由人构成的日常社会生活，与世界的深层结构具有深刻的共通性或一致性。我们从事认识活动的一切过程本身就是实在的自我运动或自我显现的过程。按照普特南本人的表达方法就是：心灵与实在是直接相连的。在这种意义上，普特南的历史意识着力于强调人的思想与实践、语言与行动的总和，构成了世界深层本质的一部分。人类历史既是表面的日常生活，又是深层的实在显露。这种特殊的哲学视角自始至终贯穿了普特南诸种实在论转换的全部过程。

同时，普特南的历史意识同样主导并贯穿了其实在论思想的另一条主要的脉络，就是他持续地反对以一种固化的、稳定的、不变的视角去理解世界，从而主张用一种变化的、开放的、暂时的态度去处理哲学。也就是说，普特南虽然自称一位反本质主义者，但这种反本质主义并非主张世界不存在本质性的层面，或我们无法深入到超越现象的维度，而是试图形成这样一种立场：世界不存在一个固定不变的本质。世界没有绝对性、必然性的本质，它在实在的层面上将是变动不居的。因此，包括科学在内的一切认识都只是暂时性的，都需要在未来接受修正和更改。普特南的这种历史意识使他走向了一种反对"必然本质"的反本质主义与反对将各种差异还原为单一形式的多元主义。我们可以看到，普特南在其早期的科学实在论中，就秉承了这种反对固化的哲学观念。从其本人最早的理论建构，即批判一种分析与综合的二分法中，我们就能发现普特南是为了破除在我们的语言中可以具有稳定的先验结构这样一种哲学教条。按照他晚期的回忆性说法，他攻击分析与综合二分法的根本意图，是为了使一切语言陈述都能够处于一种动态性的发展变化当中。[①] 在此之后我们继续看到，普特南又试图通过打造"范例定型"和"理论束族"等概念，使科学中的自然词项和理论词项的含义能够伴随科学自身的历史得到发展变化，而非被某种内在于主体的语义实体或心灵实体一劳永逸地决定。我们同样能够看出，正是这种变化发展的多元化历史意识，促使普特南提出了语义学的外在论，这种外在论认为语言的意义并非跨越任何情境或环境从而必然性地指称了外界事物。相反，语言的意义由语言使用者所处的环境，以及所指之物本身来决定。因此，语言的意义将是伴随不同时空条件和历史情境而多元化发展的。

在普特南的中后期思想中，这种由历史意识所形成的多元主义和反本质主义，即反对世界拥有固化本质的哲学立场体现得更加淋漓尽致。甚而言

---

① Hilary Putnam. Comments on Axel Muller [C]. London, New York：Routledge, 2013：179.

之，普特南已经超越单纯的认识论层面从而试图在本体论层面反对固化的哲学教条。最显著的一点就在于普特南从科学实在论向内在实在论进行过渡的动机：他意识到将整体分解为各部分之和的历史主义实在论仍然并非彻底的多元主义。由于思想永远能够对同一事物形成差异化的认知性观念，因此理论和知识之间的关联模式不可能是一种因果式的叠加。另一方面，普特南意识到其早期的科学实在论仍然以世界在总体上具有不变的结构作为理论的基础。也就是说只有先把世界预先理解为一种业已造好的固定总体，理论之间历史发展式的累加才是可能的。在内在实在论中，普特南开始主张世界在实在的层面也不可能具有固定不变的结构，而是经历着不断扩充和延展自身的过程。真理不是与对象性世界的符合，而是知性观念即合理可接受性的理想化。在自然实在论或直接实在论中，普特南更是改换了认为我们的知识可以具有一种历史性的统一发展目标，并用一种杜威主义取代了皮尔士主义。普特南从杜威那里认识到，只有保持一种对现实的持续性反思和批判，我们才能获得一种内生的进步动力，从而不断调整、试错和改进我们现有的一切知识。因此，我们将永远通过涉入环境来与实在保持持续性的交流，而不是朝向一种单纯固定的历史性发展目标。

普特南的多元主义与反本质主义因而构成了其实在论演变的又一内在线索和脉络。用其本人的话来讲，他的多元主义思想是一种具有很多条腿的凳子，虽然表面并不稳固，但却因此不会翻倒。而通过对普特南实在论思想进行深入阐释，我们能够看到普特南的多元主义与反本质主义实际上同样来自其本人拥有的历史意识。这种历史意识反对将各种不同的图景和复杂的现实还原为单独的框架、必然的本质、不变的结构、绝对的真理或唯一的原则。普特南还试图通过这种多元主义形成如下立场：我们永远也无法完整性地理解世界，世界在实在的层次上将是难以征服的。我们只能通过持续地建构对世界的认识，来回应实在从而表达对实在的崇敬。总之，普特南通过主张一种多元主义从而试图推进历史意识对种种固化意识的取代。不再有一种可以作为世界的内在基础的理解模式，所有的知识都必须处在一种持续变动、演进与调整的过程之中。在早期的科学实在论中，这种变动是科学自身发展的历史；在中期的内在实在论中，发展与演进是理论的多元化增值；而在后期的自然实在论中，历史的无尽延续或进步的无限可能性取代了所有想要一劳永逸把握世界的企图。在这里，普特南试图贯彻尼采在《善恶的彼岸》中所提倡的做法，即对抗哲学家长久以来所秉承的一种"重力精神"和"复仇精神"。[①] 在尼采看来，哲学正是通过结合这两种精神，将世界还原为单纯理性原则的所有物，从而以逃避历史的方式反抗时间、剧变与命运对人类的支配。

三　人与世界的紧密缠结

在本章节中，本书试图挖掘普特南诸种实在论转变背后所埋藏的思想脉络，这种脉络在普特南各种理论的流变背后保持了稳定的一致性。在本研究看来，能够将普特南诸实在论思想所具有的共性串联起来的是普特南本人所具有的历史意识。这种历史意识一方面试图重视人在现实当中的思想与实践、语言与行动，从而要求理论回归现实性，或者要求哲学回归现实中的人类生活。另一方面，这种历史意识又促使普特南用变化、演进、发展与开放的眼光看待一切哲学问题，从而反对一切固化的、封闭的哲学图景。后者要么将世界理解为一种不变的固定总体，要么认为所有认识都可以还原为某种绝对的基础和必然的原则。我们可以将上述两个重要的思想脉络共同总结如下：普特南试图强调人类生活表面的现实活动与世界深层本质的实在层面具有强烈的相互关联，同时这种结合的状态处在一种持续演进发展的动态过程之中。而历史意识是普特南串联表面的哲学理论和这种深层的哲学态度之间的桥梁。通过结合上述两点，我们实际上可以做出下述结论：普特南在试图主张人与世界的一种紧密的缠结状态，人与世界同时处在一种不断朝向未来的进程当中，并在这种过程中持续进行着相互间的融合。也就是说，普特难的历史意识起到了下述三个重要的作用：第一，把人类现实活动的表面生活与世界深层本质的实在层面结合了起来；第二，以开放式的变化发展的历史进步主义代替了各种基础主义或先验论哲学；第三，这种历史意识最终所促成的目标是要求人与世界的紧密缠结，这种缠结将通过历史本身的发展，使人重新回归世界之中。

---

① 弗里德里希·尼采. 善恶的彼岸 [M]. 魏育青，黄一蕾，姚轶励，译. 上海：华东师范大学出版社，2016.

罗塞尔·古德曼将普特南实在论思想整体的主要特点归纳为两个基本要素，即一方面专注于现实性，另一方面专注于暂时性。[①] 按照本书的分析阐释，二者又同时是普特南的历史意识发挥作用的结果。如果以本书的解释框架来补充罗塞尔·古德曼的研究结论的话，普特南专注于现实性与暂时性的最终目的是致力于促成人与世界的相互融合，也就是克服自近代以降的主体与客体之间的分裂。在普特南早期的科学实在论中，虽然其仍以笛卡尔主义或经验论传统来看待现代科学，将世界理解为主体与客体之间的相互对立。但此时的普特南已经试图将揭示世界深层结构的科学认识与社会现实的属人维度相互结合。在《意义的意义》这篇早期论文中，普特南这样总结自己的立场：

> 我们既不能把认知处理成纯粹私人化的问题从而忽略世界；亦
> 不能否定语言劳动的划分现象从而忽略社会的维度。忽略我们称之
> 为大多数词语的索引性的事物，即忽略环境本身的贡献。[②]

有关语言的哲学必须同时处理人与世界之间的联系，为此普特南认为语言的意义负载了包括"范例定型"、外延的集合与所处的现实环境等各种因素。在此我们看到，普特南在早期的科学实在论时期虽然继承了笛卡尔主义对世界的理解，即认为世界具有固定不变的总体结构，但已经在试图主张人类社会的现实活动与科学所揭示的世界秩序之间的相互缠结。科学事业不应该也不可能与广泛的人类实践构成的历史化生活相互隔离。

在内在实在论时期，普特南已经明确意识到其早期的科学实在论所体现的"符合论"是一种疏离与异化的真理观。它必须以人与世界的相互分离与各自封闭作为自身的基础。因此，普特南的内在实在论最深层面的理论意图是要求克服这种人与世界的疏离。抵制一种旁观者的哲学视角，这种视角将僭越到"上帝之眼"的位置，试图形成对世界一劳永逸的观看。内在实在论

① Russell Goodman. Some Sources of Putnam's Pluralism [C]. London，New York：Routledge，2013：205.

② 希拉里·普特南. 普特南文选 [M]. 李真，译. 北京：社会科学文献出版社，2009.

首先通过主张对所有事物的认识都不能脱离于我们自身所具有的概念，进而试图形成下述哲学立场：事实与价值之间是深度缠结，而无法明确区分的。并不存在一种完全割裂的二分法，所有事实都依附于一种属人的认知价值。扩展而言就是，有关事实的认定无法与人类自身所具有的伦理道德或价值观念相互分离。在这里，普特南要求对任何事物的认识都不能脱离人作为认知者所具有的视角，并用这种方法彻底否定了主客体相互对立的二元论图景，从而主张一种人处在世界之中的立场。因此普特南的内在实在论最根本性的特点在于试图弥合主体与客体的疏离，以及否定我们能够对世界形成如其所是的、一览无余的洞察。

　　普特南内在实在论克服主体与客体、心灵与世界分裂问题的结果是倒向了某种主观主义的唯我论。由于一切经验都被理解为观念化的产物，我们不可能直接得到任何单纯来自世界的所予成分，因此我们所拥有的世界本身被转变为受人类概念所支配的理论附属物。而普特南晚近的自然实在论或直接实在论一方面试图解决内在实在论主观主义唯我论的问题，另一方面又希望继续保持这种心灵与世界、主体与客体之间深度的缠结和关联。因此自然实在论在理论的层面上试图抛弃"经验究竟是我们知识形成的保障、中介还是隔阂"这种争论不休的技术性问题，而是直接主张心灵能够通过伸出自己的长手臂，从而涉入环境之内到达实在的彼岸。心灵能够与世界进行直接的无阻隔交流，我们的感知过程并不存在任何来自经验或感官的分界面。在这里，普特南试图克服二元论主客体疏离的哲学图景得到了最全面的展示。在自然实在论或直接实在论中，普特南要求心灵与世界能够建立一种持续性的共生关系。虽然在本研究看来，普特南在这里最大的问题在于他没能够成功地维持心灵与世界之间"以差异性为基础的同一性"，或用黑格尔哲学的语言来讲，二者之间并非对立统一的关系。其结果是祛魅化的谢林主义：所有认识由于全部与实在相互同一，因此都将是合理的。但无论如何，我们在这里看到了普特南致力于打造人与世界深度紧密缠结的哲学努力。

　　最终可以将普特南实在论思想所展现出的诸种理论特质之间的影响关系进行如下总结：我们越是以人与世界相互疏离的观点来看待世界，就越倾向于将世界理解为一个与人无关的封闭客体，也越倾向于将自身理解为旁观世界的封闭主体，从而认为世界将按照固化的原则维持运转或具有不变的内在基础，因此可以被一劳永逸地全面征服。而我们越是以人与世界相互缠结的观点来看待世界，就越意识到难以对世界的完整面貌形成统一的认识，也越意识到对世界的理解无法超越人自身的多元化视角，因而更倾向于关注现实层面的人类活动和实践，从而理解了世界与人同时处在变化发展的过程当中。

第三节　多维视界中的普特南思想

一　一元论与现代科学的意义

在前文中，笔者试图通过正反两方面对普特南实在论的整体思想进行总结性阐释。需要强调的是，本研究所关注的基本问题是普特南诸种实在论转换的内在线索，和其各种实在论思想之间所具有的深层脉络。现在可以将推动普特南实在论变化的根本动力进行如下总结：在最基础的层面上，普特南的实在论思想包含着两种互相矛盾的倾向。第一，他试图用基于现代科学的启蒙理性的视角来看待世界，并致力于追求一种祛魅化的理解自然的方式。第二，他的实在论立场又不能够满足于停留在对世界进行纯粹现象层面的理解。包括科学事业在内的一切认识活动，所描述的不应只是主体内部产生的经验，而应该是对世界的深层本质和内在结构的揭示。这种矛盾就促使普特南整体的实在论思想具有了这样一种特质：他一方面关注现实性的人类活动，要求对世界的认识不能脱离于人自身的社会实践；另一方面，他又试图超越这种对世界纯粹祛魅化的现实性理解方式，或者说试图把这种表面的现实生活理解为人与世界在本体的层面上相互结合或相互缠结的体现。

在这方面，普特南是通过一种历史意识来调和他的实在论立场中所包含的基本矛盾的。他试图达到如下这样的看法或立场：对现实历史中的人类活动的关注，包括对人们持续变化中的语言与行动、思想与实践的关注，实际就是对世界本身的关注。我们必须重视有关现实中的情境、环境和真实的社会活动，因为人的心灵本就与世界在实在的层次上是相互缠结的，主体与客体处在一种紧密结合并相互伴随的持续发展过程之中。这就解释了普特南同样作为一个实用主义哲学家与罗蒂等人的区别。罗蒂与普特南虽然都试图关注人本身及其所处的现实环境，而非关注所谓对象性的客观世界，但对普特南而言，由于人与世界处在相互缠结的状态之下，因此对表面的人类生活的理解就是对世界的深层实在的理解。或者说，人类的语言与行动，或者人类的历史本身就是深层实在的直接反映。在罗蒂那里，实际上他拒绝再去区分世界的表面与深层，由人类话语所组成的历史本身就取代了世界的全部内涵。换言之，罗蒂不再承认有一种透过表面从而通达实在的可能性，不再承认人类生活还需要一种超越之物与之相连通。哲学能够追求的只是人类话语内部的一种旨趣性的社会目标，即具有自我创造力与敏感性精神的差异化个体之间最大限度的团结。但在普特南那里，人的语言本身就是深层实在的自我显现。

　　普特南实在论思想所具有的基本矛盾，即一方面试图回归表面的现实人类生活，一方面又试图接近表面之下的深层实在。两者相互作用的结果是，普特南试图以历史及进步或发展的意识为手段弥合这一困难。对普特南而言，我们确实无法得到一种被直观呈现的自然，一种理论无涉的、胡塞尔意义上最原初的世界。自然在表面上已经是由人的思想、行动、语言、实践所构成的属人世界。但是，由于心灵在最深刻的层次上与实在紧密缠结，因此人自身所构成的历史反过来又是心灵与实在相互沟通的产物。实在通过人的活动来展现自身，人又通过建构自己的历史而重新拥有了世界。

　　但是，这种人与世界、心灵与实在之间的紧密相连，不可能维持在一种既定不变的结构当中。如果二者永远保持在一种稳固的、绝对的秩序之中的话，那么就无法克服二者之间天然的差异性，或者说无法扬弃自身从而达到两者间的结合。因此，为了促成心灵与实在、主体与客体之间的深度缠结，普特南的历史意识实际上还扮演了这样一个重要的角色：必须否定传统的柏拉图主义理解存在的方式。这种方式将存在理解为一种按照自身的法则从而直接呈现的整体，且具有不变的形式结构与确定的内在秩序。对以普特南实在论为代表的现代思想而言，为了达到人与实在的紧密缠结，就必须使二者处在一种相互联合并最终展现为一体的过程当中。在这个意义上，存在绝不能是一种永恒不变，按照自身规律维持现状的稳定整体；而必然需要处在一种持续生成、重塑、延展自身的过程当中。或者说存在必须被处理为朝向某种时间性目标的历史性发展，存在被理解为具有过程性、开放性和流变性的活动，而不再是柏拉图意义上作为永恒的稳定整体。

因此，作为持续生成并重塑自身的实在必须不能拥有任何固定的、单一的、稳定的结构和基础。换言之，世界在本质的层面上将是持续变动的，这种变动带来的时间性指向未来，或者昭示进步的可能性。另一方面，存在被理解为一种变化过程而非直接呈现的稳定整体，这不仅意味着人从一种永恒性秩序中被分离了出来从而获得了全面的自由，同时也意味着对持续生成、重塑与延展过程本身的肯定与赞颂。换句话说，新的哲学观念将彻底拥抱差异性和多元性、拥抱从无到有的创造性、拥抱理性的自主性和自发性。从这个角度上讲，将存在本身"历史化"，即处理为一种时间性过程的现代思想，不仅带来了进步主义的历史观念，无论这种进步主义最终能否与虚无主义相互区分，而且还带来了对差异、多元与创造性的直接肯定，以及对稳固、基础、形式性等观念的完全拒斥。这些基本特点已经充分体现在普特南本人的哲学理念当中。其结果是，人类认识不再具有任何内在的基础和外在的标准，而只是人类自身的社会观念、目的、欲望和行动持续重组与更新的过程。因此，新的哲学将仅仅争论这一问题：作为持续重组与更新的人类观念最终达到的是怎样的状态？是解释的均衡、敏感精神的团结抑或理想化的合理性？还是根本无所谓有这样一种统一的朝向性。

让我们再次回到普特南本人的实在论。现在普特南思想的内在线索和深层脉络已经逐渐清晰，我们也找到了推动其本人实在论思想转换的根本动力。为了促成人与世界紧密缠结的一元论图景，普特南必须反对早期科学哲学中的先验认识论和经验论哲学。二者共同认为在我们的认识或经验中存在着某种不变的形式结构或逻辑基础，认为在理论中具有着无法被后世所更改的必然陈述或绝对真理。同时，普特南又必须反对现代科学看待世界的某种根本方式，即把世界理解为一种对象性的客体，可以通过掌握一种普遍的数学原则从而一劳永逸地把握世界。我们必须再次提及普特南在其哲学生涯之初所提到的那个重要的理论立场：科学应该是我们有希望地获取对自然表达崇敬的方式。因此，一种最终将全面判明世界完整面貌的科学导致的只能是一种技术理性肆无忌惮的泛滥。为了避免这种结果的出现，世界必须不能被处理为笛卡尔主义下的那种广延的状态，尤其不能拥有一种必然性的本质，无论这种本质是否以数学作为其呈现的方式。我们终于理解普特南的做法是将科学塑造为伴随一个延展世界的一种无限开放的事业。也只有在这种动态化的不断演进的过程中，只有在一种与自然持续共生的态度中，我们才可能因永远也无法完全认识自然而不再渴望达到对自然的全面征服。才能够通过永远进步的科学获取对自然的崇敬之感。

二　启蒙理性与启示信仰

至此为止，本书已经基本上把握了普特南从最初的科学实在论开始，到最终的自然实在论为止，所展现出的哲学态度和思想倾向。并回答了普特南为何要不断改变自身实在论立场的原因和动力，从而厘清了普特南诸种实在论转换的内在线索和深层脉络。然而，我们仍然需要回答这样一个问题：普特南究竟为何要试图弥合主体与客体、心灵与实在之间的分裂？为何普特南本人就诞生了这样一种历史意识，以至于需要把包括科学在内的一切事业都理解为朝向未来进步的历史化过程？甚至这种意识还促使普特南将存在本身理解为一种不断生成、重塑并持续延展自身的无定型开放体？为何普特南一方面要求回归人在现实世界下的真实活动，另一方面又强调哲学对世界深层实在的本体论关怀？为何普特南无法容忍一种对世界一劳永逸式的全面把握？又为何亲自挥舞奥卡姆的剃刀，斩断了所有横亘在心灵与世界之间的屏障？

在本章的前面部分中，笔者实际上是为普特南所具有的这些思想特质进行了较为深入的挖掘阐释，并试图给予这些思想特质以内在的影响联系，以此来解释普特南在具体的实在论层面所表现出来的种种理论倾向。简而言之，我们回答了普特南诸实在论转换的内在动力和深层脉络究竟是什么，以及如何起作用的问题。但我们还没有回答普特南这种思想特质的真正来源在哪里，还没有回答为什么普特南就拥有了包括历史意识在内的种种立场。作为一种尝试的可能性，一种还未曾有研究严肃对待的可能性，本研究试图为上述问题做出一种阐释的努力。

对该问题的回答将必然涉及对如下可能性的探讨：在普特南实在论中所表现出来的种种思想特质，是否能够具有一个真正的、统一的源头？在本研究看来，我们已无法在哲学视域之内来单独回答这一问题，而必须将视野放大到普特南本人所拥有的全部思想来源。正是在这一点上，本研究认为，促使普特南在实在论中展现出由本文所阐释的种种思想特质的根本原因，在于那个由普特南本人所暗自察觉到的重大矛盾，即普特南是作为一个虔诚的犹太教信徒投身到一种理性的哲学事业当中的。也就是说，在普特南那里，无论其实在论发生了怎样的理论更换，有一种深层的本质立场是他自始至终不曾动摇过的。即在他的思想中始终包含着来自启蒙理性与启示宗教之间的互动，这种互动一方面是相互融合的，另一方面是相互矛盾并对抗的。

普特南本人曾在种种场合下以"虔诚的犹太信徒"的身份自居。在最初发表的最主要论文集，包括《数学、物质与方法》《心灵、语言与实在》和《实在论与理性》中，普特南就多次谈到自己从年幼时就开始专注于对犹太教本身的思考。在《意义与道德科学》《带有一副人类面孔的实在论》《重塑哲学》《事实与价值二分法的崩溃》以及《无本体论的伦理学》中，普特南亦多次试图以哲学论述的方式来强调包含在犹太教义中的一些基本教诲和价值取向。在《重塑哲学》中，他这样评价其本人思想所拥有的这种宗教维度：

> 作为一个虔诚的犹太人，在我的生活中，宗教维度变得越来越重要，尽管它不是我知道如何进行哲学解释的维度，除了用间接暗示的方法……那个时期起了解我作品的那些人，可能对我如何调和我的宗教性情和我那时的一般科学唯物主义世界观感到好奇。我的回答是，我并未调和它们。我是一个彻底的无神论者，而且我是一个有信仰的人。①

那么普特南真的如其所说的那般将自己的哲学思考与宗教信仰两方面保持相互分离吗？在普特南哲学生涯的晚期，其本人专门出版了论述犹太哲学思想的著作《犹太哲学作为生活的指导》，在其中他详细阐释并评价了著名的犹太哲人或信奉犹太教的哲学家，包括罗森茨威格、马丁·布伯、列维纳

① Hilary Putnam. Renewing Philosophy [M]. Cambridge, Mass.: Harvard University Press, 1992, 1.

斯与维特根斯坦等人的宗教思想。另外值得提及的重要一点是，普特南本人还为罗森茨威格的著作《理解疾病与健康》撰写了英文版序言。

在《犹太哲学作为生活的指导》中，普特南引用了来自维特根斯坦的名言："我并非一位笃信宗教之人，但我禁不住要从宗教的角度去思考所有问题。"对作为一位自称虔诚犹太信徒的普特南而言，我们更应该关注其本人在同一著作中做出的如下描述：

> 我感到自己的立场介乎于杜威《共同的信仰》与布伯的《我与你》之间。我仍然是个笃信宗教之人，而且我还是一个自然主义的哲学家。自然主义而非还原主义。①

而在由普特南所撰写序言的那部罗森茨威格的著作中，我们能够读到来自罗森茨威格下述极具启发性的针对犹太教义的阐释："上帝为了众人进而创造世界的启示，就意味着没有遥远的上帝，没有孤立的个体，没有封闭的世界。"② 这使我们意识到普特南自然实在论或直接实在论所做出的全部哲学努力的最终目的，即试图缔造上帝、人与世界直接连通的可能性，这一切形成了普特南本人所具有的"缠结观"的一元论立场。按照普特南本人的表达方式，这种试图使人通过回归世界从而回归实在的立场，实际上是来自犹太教本身的影响：

> 犹太教即是历史的长久延续……对犹太信仰者而言，有一种永恒的使命，即要在人与上帝之间建立起一座桥梁。③

似乎可以说，我们在某种程度上认识到了普特南必须要求弥合主体与客

---

① Hilary Putnam. Jewish Philosophy as a Guide to Life [M]. Bloomington：Indiana University Press，2008：5.

② Rosenzweig F. Understanding the Sick and the Healthy [M]. Cambridge，Mass.：Harvard University Press，1999：5.

③ Rosenzweig F. Understanding the Sick and the Healthy [M]. Cambridge，Mass.：Harvard University Press，1999：6.

体的相互分裂，从而主张二者间相互缠结融合的根本动机：犹太信仰中与上帝本身建立起联系的努力被转化为一种理性的立场，即试图塑造一种人与世界深度融合的哲学观。对比威廉·詹姆斯在其代表性著作《宗教经验种种》中的说法，宗教体验的判定标准可以归纳为两个基本部分。第一即某种莫名的焦虑感。就是在日常的自然而然的状态下意识到包括我们自己在内的一切事情都有些不对头。第二即对这种焦虑感的解除，通过与超越性的更高力量建立起真正的联系从而把我们从这种不对头的感觉中解救出来。① 对作为虔诚犹太教徒的普特南而言，他必然反对疏离的世界观从而要求心灵与实在的直接交流：实在代替了上帝成为了某种可与我们直接建立联系的超越性存在。

那么，普特南是如何通过一种历史意识来达到与超越性的存在建立联系的呢？一方面如其本人所说，把对世界的认识理解为一种永恒进步的过程，一种长久延续的追随上帝的历史，也就是面向上帝并与之建立桥梁的持续行动。对普特南来说，这一行动被安排在一种被世俗化的认识自然的现实科学当中。而另一方面，普特南借助了来自罗森茨威格、马丁·布伯或斯坦利·卡维尔的理性宗教的哲学资源。也就是说，普特南试图调和启示宗教与启蒙哲学之间的矛盾，并选择用理性来照亮信仰，从而为信仰实施辩护。对普特南而言，人与世界的直接相连必然意味着我们无法在表面上得到一个与人无涉的世界，而只能是一个已经由人的观念和价值以及种种道德与行动所支配的属人世界。但正是在这个意义上，反而意味着世界在最根本的层次上并非人的创造。

按照马丁·布伯在《我与你》中的阐释，我们所接受到的并非来自世界的单纯内容，而是一种来自超越性力量的感召。这种感召包括三个部分：第一，它令我们意识到一种与世界双向互动的充沛的现实性，这种现实性使我们能够领会与超越性力量的联系。第二，这种联系使我们的生活富有意义，或者因此具有一种难以表达的沉重感，我们为何而生活的问题被时刻环绕我们的意义感所回答。第三，这种来自现实的沉重使我们不再去追求任何超越于现实生活的其他慰藉，我们不再留恋来世或者任何来自形而上学的宽慰，

---

① 威廉·詹姆斯. 宗教经验种种［M］. 尚新建，译. 上海：华东师范大学出版社，2005：363.

从而专注于过好属于此世的生活，皈依于完全现实的世界当中。三者相互结合的结果是，我们因而获得了一种保证：这种来自超越性存在的联系将不再希望对我们保持沉默，而是试图通过我们自身的语言和思想从而降临到世界之内。① 在这里，我们已经看到了普特南心灵与世界缠结观下的一元论哲学的思想根源：实在通过人的历史而显现于世界，人又通过缔造历史从而回归实在。

对比斯坦利·卡维尔的说法，在论文《我们必须意味着所说之话吗?》中，卡维尔用自己的语言表达了类似布伯的看法：我们对于世界之存在的认识，不是仅凭知识就能加以证实之事。它需要的是我们对现实环境的一种根本性承认，一种全面互动的过程。② 按照普特南本人的说法，我们确实在通过自己的语言和行动、思想和实践时刻诠释着属于我们的世界，知识和道德或许从根本上只能是我们自己的创造物。但正是在这种意义上，我们并非取代了那个超越之物，而是用我们自己的方法试图对那个从根本上并非我们所创造之物做出反馈和回应。或者说人确实通过创造历史而生产了对世界的各种理解方式，但这并非是人对世界的支配，而是对真正支配世界的那个超越者表达崇敬的方法。在《犹太哲学作为生活的指导》中，普特南以这样的方式对他的看法做出了总结，这是他从杜威那里习得的洞见：我们获得了一种感召，这种感召使我们感到有责任对那些我们不曾创造的事物做出回答，无论这种回答正确与否。③ 在这里我们必须再次提到，普特南在最初的科学实在论时期，就要求科学应当是我们有希望地获取对自然表达崇敬的一种方式。而为了达到这一目的，普特南最终将科学安排在一种持续进步的永恒进程当中。也就是试图不断回答世界，并将其理解为一种根本性的义务，而无论答案正确与否。

甚至在普特南的内在实在论时期，我们也可以说普特南实际上是试图通过对世界构建无限多的差异化观念和解释模型，来表达对实在本身的崇敬。

---

① 马丁·布伯. 我与你 ［M］. 陈维刚，译. 北京：商务印书馆，2015.

② Stanley Cavell. Must We Mean What We Say? ［M］. Cambridge：Cambridge University Press，1969：324.

③ Hilary Putnam. Jewish Philosophy as a Guide to Life ［M］. Bloomington：Indiana University Press，2008，3.

也就是我们感受到有一种不断认识实在的义务，而又永远无法理解实在完整的真实面貌。而这恰恰从一种极端的怀疑论哲学通向了对实在的终极确认：实在是一种并非我们的观念所构造的超越之物。我们可以在普特南哲学生涯的晚期，一篇回复性的文章中确证普特南本人的立场：

> 古德曼认为"我们制造了星星"等等陈述是真实的，而我和谢弗勒并不这么认为。我们构造了对同一世界的不同版本的理解，是的。但说我们构造了不同的世界，不是。①②

三　实在论与"罪"的情节

在上文中，笔者试图挖掘塑造了普特南实在论思想的其他因素。某种程度上，促使普特南具有了一种历史意识，从而试图结合人与世界并将二者理解为一种持续进步和流变过程的；乃是普特南拥有的犹太教信仰。准确地讲，普特南本人所具有的来自启蒙理性和启示信仰之间的相互作用，引发了普特南实在论思想在理论层面的持续变化，同时也塑造了这种变化中统一的脉络和特质。我们借用列奥·施特劳斯的视角来试图澄清作为哲学的理性与作为信仰的启示之间的基本差异。施特劳斯曾深刻指出，属于犹太人的高贵梦想是："对谜一般的终极神秘的真实性的感知。这种真实性即：有一种终极神秘，存在是极端神秘的。"他进而又点明了这种神秘与时间性之间的联系："科学的对象是现存的一切，是存在。科学每个结果都是暂时的，并需要遭受未来的持续修正。科学永远向前推进，暗示出存在的神秘性。"而对于理性的哲学来讲，施特劳斯进一步阐释到："哲学只追求昭彰且必然的知识。它必须先将存在理解为预先给定的世界，进而用人在理论和实践中创造的世界取代它。"③ 通过借助施特劳斯的洞察，我们得以发现普特南实在论

---

① 普特南对此问题的进一步考虑，包括对古德曼思想的批判，还可参考普特南专文《对古德曼构造世界的多种方式的思考》载于《带有一副人类面孔的实在论》。古德曼本人对此问题的继续说明，还可参考《制造星星》，载于《有关心灵与其他问题》，1984。

② Maria Baghramian. Reading Putnam [C]. London, New York: Routledge, 2013: 223.

③ 列奥·施特劳斯. 犹太哲人与启蒙 [M]. 张缨，等，译. 北京：华夏出版社，2009: 415.

中，种种发散性的思想特质之间存在着根本的一致性。这种一致性是普特南所拥有的启示信仰与启蒙理性相互作用的结果，这种作用既是融合的，又是对抗的。第一，普特南必须将哲学所追求的那个真实的世界理解为一种来自上帝的作品。第二，普特南又必然要将对世界本身的认识理解为对上帝本人的遵从。第三，世界作为上帝的作品是无法被彻底认识的，人只能通过在上帝的作品中创造自己的作品从而回应上帝。最后，这一过程就表现为人通过历史从而重构自然的过程。而由于这种重构本身是人蒙受上帝感召的行为，与此同时，人通过重构自然进而认识了自己，并在自己之内发现了上帝从而重新回归了后者。而另一方面，普特南所具有的启蒙理性，又反过来寻求对上述过程的祛魅化。最终，世界的深层结构或内在本质即实在，代替了上帝的位置。人在现实环境中进行活动的历史，成为了人蒙受感召从而融入世界的过程。因此，在最普通的现实活动中，都将包含有令人惊异和具有深刻重要性的东西。普特南本人在为罗森茨威格撰写的序言中极好地表达了这一点："在那被称为平凡生活的超凡中，奇迹在生命的洪流中流淌。"①

可以说，启示信仰本身就预设了普特南所具有的缠结观，也解释了他为何不能忍受一种人与世界的相互疏离：此乃无视上帝的背弃。对启示信仰来讲，一切存在都是上帝的造物。任性的上帝行为不可估量，恣意的上帝意志不可揣测。他仅凭自身的好恶便随意地改变世界。因此，存在是上帝创造的持续更新，它必不可拥有任何稳定的本质与固化的基础。然而世界作为上帝意志的体现，哲学却要寻求这种意志背后的稳定结构或内在一致性。也就是说，哲学对恒在的承认将威胁到上帝意志的绝对权威性。我们终于发现普特南本人奇特的反本质主义所最终凭借的思想来源。普特南一方面反对我们只能认识到单纯的现象或主体自身的经验，反对那些主张没有深层或无法达到深层的哲学立场；但另一方面，普特南同样反对世界在本体的层面上是恒定不变的总体。因此，普特南强调世界在实在的层次上是不断生成、更新、流变和延展的过程，从而在理论的层面上主张一种反基础主义的多元论思想。让·瓦尔的研究显示："多元主义……是一种深刻的实在论。它是对诸现象

---

①　Rosenzweig F. Understanding the Sick and the Healthy [M]. Cambridge, Mass.: Harvard University Press, 1999: 7.

的不可还原性的承认……这种不可还原性拒绝将世界的一部分替换为其他事物。"① 然而，如果世界远非现成的业已造好，思想就没有生产绝对完备理论的可能。对犹太信仰而言，科学本身成为了对上帝创造之物表达崇敬的无限事业。科学因此必须具有一种永恒的进程：当激发惊奇与敬畏之物被置于科学体系之中时，当认识自然成为通往上帝之路时，科学就是不容停歇的义务。

如此，对现实世界的献身构成了对上帝的献身；多元主义——对世间万物都独一无二不可还原的承认，构成了对上帝施奇迹的承认；实在于整体层面的不可征服，正是上帝意志的不可征服。我们终于理解了普特南必须反对一种疏离观和固化观的深层动机：这种传统对上帝意志本身构成了威胁。然而，我们还需要阐释普特南历史意识如何带来了进步主义的理想。也就是把科学与道德理解为朝向未来进步的可能性。而这一点同样需要再次回到对启示信仰的探讨上。由于上帝是"为了"人创造了世界，因此，人与世界是不可分割的：人不应疏离于现实的生活。在另外的关键之处，启示还意味着这样的内涵，即末世得救赎的弥赛亚信仰：上帝将在无限遥远的未来时刻现身于世界，进而赐予人类永福。按照犹太哲学家开普兰的解读，弥赛亚信仰支撑犹太民族坚信人类完善的可能性："先知们的历史观不是空间而是时间，这时间指向未来……历史并非是柏拉图理解的'永恒轮回'，而是朝着人类理想未来的不断进步。"② 启示即意味着对唯一的上帝和末世救赎的信仰。对犹太民族来说，人生就是时刻面向他们的圣父，并走向圆满的过程。普特南正是在这样的意义上，将哲学理解为一种朝向最终目标发展的过程。按照其本人的说法：我是一名对进步可能性的坚定信仰者。上帝自身不是作为一个绝对超越的存在，而是作为历史终点的象征从而直接现身于人类的世界。在黑格尔那里，他将弥赛亚的最终降临解释为绝对精神完全的自我展现，这种展现使人彻底理解了自身进而获得了全部的智慧。也就是所谓人类得到了普遍满足的历史完成状态。后黑格尔主义的全部动机是继续将黑格尔的哲理神

---

① Jean Wahl. Pluralist Philosophies of England and America [M]. London：Routledge，1925：279.

② 赫尔曼·柯恩. 理性宗教 [M]. 孙增霖，译. 山东：山东大学出版社，2013：13.

学进一步祛魅化。历史的完成被历史的无尽延续所取代；黑格尔的整体被碎片化的差异所取代；启示的降临被人类观念的种种历史的或超历史的认知性目标所取代。

　　我们可以用一种来自犹太-基督教传统的"罪"的情节来解释并概括普特南实在论思想中所展现出的种种特质：那种认为人与世界相互疏离，或者认为人可以旁观世界甚至超越世界从而达到"上帝之眼"的企图，即犯傲慢之罪；那种认为无需关注人在现实世界的真实生活，认为可以从表面的历史逃遁到理念化的永恒之所的哲学，即犯倦怠之罪；那种认为可以将多元化的世界还原为单一原则、绝对基础、根本方法或者必然结构的哲学，即犯偶像崇拜之罪；那种想要一劳永逸地描述世界的全部面貌，试图毕其功于一役纵览世界之整全的哲学，即犯贪婪之罪。对普特南本人而言，他自始至终都在强调转变看待世界的方式。其思想中所拥有的那种理性与启示的碰撞，使他注定无法诚实地安于让"自己的两个方面保持分离"。相反，正是这种碰撞从本质上塑造了他实在论思想的特质，也为其不断扬弃自己的哲学立场提供了不变的动机。普特南只在如下意义上是一位无神论者：他拒斥宗教可能包含的庸俗意义，并运用自身理性的力量，重新诠释犹太信仰蕴藏的理想。借用施特劳斯的眼光来看，普特南正是一位被启蒙的现代犹太教徒，是犹太教理性主义的传人。他完全承继着那肇始于迈蒙尼德，并由门德尔松、柯恩、罗森茨维格与马丁·布伯所延续的传统。本书愿以施特劳斯的根本性洞见来结束对普特南实在论思想的全部阐释："犹太哲人接受启示，千百年来未曾中断。他们借助哲学阐述启示，并在任何哲学或非哲学的反对怀疑者面前为启示辩护。"①

---

① 列奥·施特劳斯. 柏拉图式政治哲学研究 [M]. 张缨，等，译. 北京：华夏出版社，2012：315.

参考文献

［1］Alan Malachowski. The New Pragmatism ［M］. Ontario: McGill-Queen's University Press,2010.

［2］Barry Stroud. The Significance of Philosophical Scepticism ［M］. Oxford: Oxford University Press,1984.

［3］Bruno Latour,Steve Woolgar. Laboratory Life: The Construction of Scientific Facts ［M］. New Jersey: Princeton University Press,1986.

［4］Christopher Norris. Hilary Putnam: Realism, Reason and the Uses of Uncertainty ［M］. NY: Manchester University Press,2002.

［5］Crispin Wright. Realism, Meaning and Truth ［M］. Oxford: Blackwell,1987.

［6］Crispin Wright. Truth and Objectivity ［M］. Cambridge, Massachusetts: Harvard University,1992.

［7］Charles Travis. The True and the False ［M］. Amsterdam: John Benjamins,1981.

［8］Daniel Dennett. Content and Consciousness ［M］. London: Routledge,1991.

［9］David Lewis. Putnam's Paradox ［J］. Australasian Journal of Philosophy, 1984 (62): 221-236.

［10］David Liggins. Quine, Putnam, and the 'Quine-Putnam' Indispensability Argument ［J］. Erkenntnis,2008(68):113-127.

［11］David Hildebrand. Putnam, Pragmatism, and Dewey ［J］. Transactions of the Charles S. Peirce Society,2000(36):109-132.

［12］Dermot Moran. Hilary Putnam and Immanuel Kant: Two 'Internal Realist'? ［J］. Synthese,2000(123):65-104.

［13］Donald Davidson. Inquiries into Truth and Interpretation ［M］. Oxford: Clarendon Press,1984.

［14］Donald Davidson. Essays on Actions and Events ［M］. Oxford: Oxford University Press,1980.

[15] Ernest Sosa. Putnam's Pragmatic Realism [J]. Journal of Philosophy, 1993 (90): 605-626.

[16] Gareth Evans. The Varieties of Reference [M]. Oxford: Oxford University Press, 1982.

[17] Merrill G H. The Model-Theoretic Argument Against Realism [J]. Philosophy of Science, 1980(47): 69-81.

[18] Gordon Steinhoff. Putnam on "Empirical Objects"[J]. Dialectica, 1989(43): 231-248.

[19] Herbert Feigl. The "Mental" and the "Physical" [J]. Minnesota Studies in the Philosophy of Science, 1958(2): 370-497.

[20] Hilary Putnam. The Analytic and the Synthetic [J]. Minnesota Studies in the Philosophy of Science, 1962(3): 358-397.

[21] Hilary Putnam. The Meaning of "Meaning"[J]. Minnesota Studies in the Philosophy of Science, 1975(7): 131-193.

[22] Hilary Putnam. Mathematics, Matter and Method (Philosophical Papers, vol. 1) [C]. Cambridge: Cambridge University Press, 1975.

[23] Hilary Putnam. Mind, Language and Reality (Philosophical Papers, vol. 2) [C]. Cambridge: Cambridge University Press, 1975.

[24] Hilary Putnam. Meaning and the Moral Sciences [M]. London: Routledge and Kegan Paul, 1978.

[25] Hilary Putnam. Reason, Truth, and History [M]. Cambridge: Cambridge University Press, 1981.

[26] Hilary Putnam. Realism and Reason (Philosophical Papers, vol. 3)[C]. Cambridge: Cambridge University Press, 1983.

[27] Hilary Putnam. The Many Faces of Realism [M]. La Salle, Illinois: Open Court, 1987.

[28] Hilary Putnam. Representation and Reality [M]. Cambridge, Massachusetts: MIT Press, 1988.

[29] Hilary Putnam. Realism with a Human Face [M]. Cambridge, Massachusetts: Harvard University Press, 1990.

[30] Hilary Putnam. Renewing Philosophy [M]. Cambridge, Massachusetts: Harvard University Press, 1992.

[31] Hilary Putnam. Words and Life [C]. Cambridge, Massachusetts: Harvard University Press, 1994.

[32] Hilary Putnam. The Threefold Cord: Mind, Body, and World [M]. New York: Columbia

University Press,1999.

[33] Hilary Putnam. The Collapse of the Fact/Value Dichotomy and Other Essays [M]. Cambridge,Massachusetts: Harvard University Press,2002.

[34] Hilary Putnam.Ethics Without Ontology [M].Cambridge,Massachusetts: Harvard U-niversity Press,2002.

[35] Hilary Putnam.Jewish Philosophy as a Guide to Life [M].Bloomington: Indiana University Press,2008.

[36] Hilary Putnam.Pragmatism: An Open Question [M].Cambridge,Massachusetts: Harvard University Press,2012.

[37] Hilary Putnam. Philosophy in an Age of Science [C]. Cambridge, Massachusetts: Harvard University Press,2012.

[38] Hilary Putnam.Comments on Axel Muller [C].London,New York: Routledge,2013.

[39] Hilary Putnam: Comments on Russell Goodman [C]. London, New York: Routledge,2013.

[40] Hilary Putnam. Naturalism, Realism, and Normativity [M]. Cam bridge, Mass achusetts: Harvard University Press,2016.

[41] Harry Collins.The Golem: What You Should Know about Science [M].NY: Cambridge University Press,1998.

[42] Ian Hacking.Historical Ontology [M].Cambridge: Harvard University Press,2002.

[43] Jane McIntyre.Putnam's Brains [J].Analysis,1984(44):59-61.

[44] Janet Folina.Putnam,Realism and Truth [J].Synthese,1995(103):141-152.

[45] Jean Wahl. Pluralist Philosophies of England and America [M]. London: Routledge,1925.

[46] Jennifer Case. The Heart of Putnam's Pluralistic Realism [J]. Revue Internationale de Philosophie,2001(4):417-430.

[47] Jerry Fodor.The Modularity of Mind [M].Cambridge: MIT Press,1993.

[48] John Dewey.Experience and Nature [M].New York: Dover,1958.

[49] John Mcdowell.Mind, Value and Reality [M].Cambridge,Massachusetts: Harvard University Press,1998

[50] Jonathan Y T.Putnam's Account of Apriority and Scientific Change: Its Historical and Contemporary Interest [J].Synthese,2010(176):429-445.

[51] Joseph Rouse.Engaging Science: How to Understand its Practices Philosophically [M].

Chicago:Cornell University Press,1996.

[52] Luca Bellotti.Putnam and Constructibility [J].Erkenntnis,2005(62):395-409.

[53] Maria Baghramian.Reading Putnam [C].London,New York:Routledge,2013.

[54] Mark Gottlieb.Putnam on Naturalizing Reference [J].Iyyun:The Jerusalem Philosophical Quarterly,1996(45):67-78.

[55] Maximiliande Gaynesford. Hilary Putnam [C]. Ontario: McGill-Queen's University Press,2006.

[56] Michael Dummett. Origins of analytical philosophy [M]. Cambridge, Massachusetts: Harvard University Press,1993.

[57] Ned Block.Mental Pain and Mental Latex [C].Atascadero:Ridgeview,1996.

[58] Williams E N. Putnam's Traditional Neo-Essentialism [J]. The Philosophical Quarterly,2011(61):151-170.

[59] Neil Tennant.Anti-Realism and Logic [M].Oxford:Clarendon Press,1987.

[60] Nelson Goodman.Ways of worldmaking [M].Indianapolis:Hackett,1978.

[61] Paul Horvich.Wittgenstein and Kripke on the Nature of Meaning [J].Mind and Language,1990(5):105-121.

[62] Panu Raatikainen.Putnam,Languages and Worlds [J].Dialectica,2001(55):167-174.

[63] Peter Clark,Bob Hale.Reading Putnam [C].Oxford:Blackwell,1994.

[64] Peter Strawson.Skepticism and Naturalism:Some Varieties [M].New York:Columbia University Press,1985.

[65] Reichenbach.Experience and Prediction [M].Chicago & London:University of Chicago Press,1938.

[66] Richard Boyd.On the Current Status of the Issue of Scientific Realism [J].Erkenntnis, 1983(19):45-90.

[67] Richard Rorty. Contingency, Irony, and Solidarity [M]. Cambridge: Cambridge University Press,1989.

[68] Richard Rorty.Consequences of Pragmatism [M].Minneapolis:University of Minnesota Press,1982.

[69] Rosenzweig, F. Understanding the Sick and the Healthy [M]. Cambridge, Mass.: Harvard University Press,1999.

[70] Russell Goodman.Some Sources of Putnam's Pluralism [C].London,New York:Routledge,2013.

[71] Saul Kripke. Naming and Necessity [M]. Blackwell: Harvard University Press, 1980.

[72] Stanley Cavell. Must We Mean What We Say? [M]. Cambridge: Cambridge University Press, 1969.

[73] Stanley Cavell. The Claim of Reason [M]. Oxford: Oxford University Press, 1989.

[74] Stanley Rosen. The Quarrel Between Philosophy and Poetry [M]. London, New York: Routledge, 1988.

[75] Stanley Rosen. Nihilism: A Philosophical Essay [M]. New Heaven, London: Yale University Press, 1969.

[76] Stanley Rosen. The Ancients and the Moderns [M]. New Heaven, London: Yale University Press, 1989.

[77] Stanley Rosen. The Limits of Analysis [M]. New Haven: Yale University Press, 1980.

[78] Stanley Rosen. The Elusiveness of the Ordinary [M]. New Haven, London: Yale University Press, 2002.

[79] Stanley Rosen. The Idea of Hegel's "Science of Logic" [M]. Chicago, London: University of Chicago Press, 2013.

[80] Stanley Rosen. Hermeneutics as Politics [M]. New Heaven, London: Yale University Press, 2003.

[81] Steven Gross. Putnam, Context, and Ontology [J]. Canadian Journal of Philosophy, 2004 (34): 507-553.

[82] Timothy Bays. On Putnam and His Models [J]. The Journal of Philosophy, 2001(98): 331-350.

[83] Timothy Bays. More on Putnam's Models: A Reply to Belloti [J]. Erkenntnis, 2007 (67): 119-135.

[84] Timothy Bays. Two Arguments against Realism [J]. The Philosophical Quarterly, 2008 (58): 193-213.

[85] Timothy Bays. The Problem with Charlie: Some Remarks on Putnam, Lewis, and Williams [J]. The Philosophical Review, 2007(116): 401-425.

[86] Tomas Nagel. The Last Word [M]. New York: Oxford University Press, 1997.

[87] Wilfrid Sellars. Empiricism and the philosophy of mind [M]. Cambridge, Mass.: Harvard University Press, 1997.

[88] William Alston. A Realist Conception of Truth [M]. Ithaca, NY: Cornell University Press, 1996.

[89] William James.Works of William James:The Meaning of Truth[M].Cambridge:Harvard University Press,1975.

[90] Yemima Ben-Menahem.Hilary Putnam[C].NY:Cambridge University Press,2005.

[91] 笛卡尔.第一哲学沉思集[M].王太庆,译.北京:商务印书馆,2000.

[92] 大卫·休谟.人性论[M].关文运,译.北京:商务印书馆,1980.

[93] 洛克.人类理解论[M].关文运,译.北京:商务印书馆,1959.

[94] 胡塞尔.欧洲科学的危机与超越论的现象学[M].王炳,文译.北京:商务印书馆,2001.

[95] 卡尔·洛维特.从黑格尔到尼采[M].李秋零,译.北京:三联书店,2014.

[96] 弗雷格.弗雷格哲学论著选辑[M].王路,译.北京:商务印书馆,1994.

[97] 迈克尔·德维特.实在论与真理[M].郝苑,译.北京:科学出版社,2013.

[98] 理查德·罗蒂.哲学和自然之镜[M].李幼蒸,译.北京:上海译文出版社,2009.

[99] 塔尔斯基.逻辑与演绎科学方法论导论[M].周礼全,等,译.北京:商务印书馆,1963.

[100] 威瑟斯布恩.多维视界中的维特根斯坦[M].郝亿春,等,译.上海:华东师范大学出版社,2005.

[101] 麦克道威尔.心灵与世界[M].韩林合,译.北京:中国人民大学出版社,2014.

[102] 唐纳德·戴维森.真与谓述[M].王路,译.上海:上海译文出版社,2007.

[103] 威廉·詹姆斯.宗教经验种种[M].尚新建,译.上海:华东师范大学出版社,2005.

[104] 马丁·布伯.我与你[M].陈维刚,译.北京:商务印书馆,2015.

[105] 列奥·施特劳斯.自然权力与历史[M].彭刚,译.北京:三联书店,2006.

[106] 列奥·施特劳斯.柏拉图式政治哲学研究[M].张缨,等,译.北京:华夏出版社,2012.

[107] 列奥·施特劳斯.犹太哲人与启蒙[M].张缨,等,译.北京:华夏出版社,2009.

[108] 列奥·施特劳斯.霍布斯的宗教批判——论理解启蒙[M].杨丽,等,译.北京:华夏出版社.2012.

[109] 赫尔曼·柯恩.理性宗教[M].孙增霖,译.济南:山东大学出版社,2013.

[110] 谢尔兹.逻辑与罪[M].黄敏,译.北京:华夏出版社,2007.

[111] 孟建伟,郝苑.科学文化前沿探索[M].北京:科学出版社,2017.

[112] 陈亚军.从分析哲学走向实用主义——普特南哲学研究[M].北京:东方出版社,2002.

[113] 涂纪亮.分析哲学及其在美国的发展[M].武汉:武汉大学出版社,2007.